高等职业学校
财经类专业教学标准

高等职业学校财经类专业教学标准编委会　编

中国金融出版社

责任编辑：王效端　张菊香
责任校对：张志文
责任印制：陈晓川

图书在版编目（CIP）数据

高等职业学校财经类专业教学标准/高等职业学校财经类专业教学标准编委会编.
—北京：中国金融出版社，2019.12
ISBN 978 -7-5220-0338-2

Ⅰ.①高…　Ⅱ.①高…　Ⅲ.①经济—课程标准—高等职业教育—教学参考资料
Ⅳ.①F-41

中国版本图书馆CIP数据核字（2019）第246125号

高等职业学校财经类专业教学标准
Gaodeng Zhiye Xuexiao Caijinglei Zhuanye Jiaoxue Biaozhun
出版
发行　中国金融出版社
社址　北京市丰台区益泽路2号
市场开发部　（010）63266347，63805472，63439533（传真）
网 上 书 店　http：//www.chinafph.com
（010）63286832，63365686（传真）
读者服务部　（010）66070833，62568380
邮编　100071
经销　新华书店
印刷　北京七彩京通数码快印有限公司
尺寸　185毫米×260毫米
印张　22
字数　484千
版次　2019年12月第1版
印次　2019年12月第1次印刷
定价　49.50元
ISBN 978 -7-5220-0338-2

编委会

PREFACE | 前 言

为贯彻落实《国家职业教育改革实施方案》《关于实施中国特色高水平高职学校和专业建设计划的意见》，深化落实专业标准体系建设，全面提升职业教育人才培养专业化、规范化水平，树立专业教学标准建设的标杆意识，以“标准化、国际化、信息化”为教学标准开发技术参数，有机融入2017年中国教育科学研究院发布的《中国STEM教育白皮书》与2016年发布的《中国学生发展核心素养》的人才培养价值理念与目标，以打造引领改革、支撑发展、中国特色、国际水平的高等职业教育专业教学标准为目标，汇聚国家教学名师，行业领袖主导，专业骨干教师担纲，完成了《高等职业学校财经类专业教学标准》的编撰工作。其中，金融管理专业教学标准由董瑞丽老师编写，国际金融专业教学标准由李敏老师编写，农村金融专业教学标准由凌海波老师编写，保险专业教学标准由谢朝德老师编写，投资与理财专业教学标准由王静、陆妙燕、潘静波三位老师编写，会计专业教学标准由杨艾老师编写，财务管理专业教学标准由姚军胜老师编写，信用管理专业教学标准由张惠君老师编写，市场营销专业教学标准由罗怀中、戴海容、周宏敏、章金萍四位老师编写，工商企业管理专业教学标准由周斌老师编写，房地产经营与管理专业教学标准由殷世波、傅玳两位老师编写，电子商务专业教学标准由张颖老师编写，国际贸易实务专业教学标准由章安平、张海燕、刘一展、华红娟四位老师编写，国际商务专业教学标准由戴小红、肖旭、王婧三位老师编写，会展策划与管理专业教学标准由金方增、张万里、王东、刘婷婷四位老师编写，商务英语专业教学标准由张敏、胡囡囡、朱慧芬三位老师编写，计算机信息管理专业教学标准由陶再平老师编写，互联网金融专业教学标准由吴金旺老师编写，数字媒体艺术设计专业教学标准由兰岳云老师编写，数字媒体应用技术专业教学标准由朱建新老师编写，文秘专业教学标准由赵志强、方明星、张慧欣三位老师编写。专业教学标准的翻译工作由浙江师范大学吴振阳、祝亚雄两位老师共同主导，浙江师范大学刘湘庭、沈漪文、金高军三位老师以及范盛伟、金安怡、周骞波、邢金彦、施鹏希、付刘梅、葛玉梅、毛志丽、钱佳萍、钱佳萍、钱佳萍、高宛欣、钱佳萍、刘金辉、王禧及洪家希（浙江财经大学）、王钦文（新疆师范大学）、范亚晨（宁波大学）、吴越（北京邮电大学）等同学参加了本次翻译工作，共同完成了金融管理专业等 21 个专业教学标准的的翻译工作。

CONTENTS | 目　录

金融管理专业教学标准

一、专业名称（专业代码）

金融管理（630201）

二、入学要求

普通高级中学毕业、中等职业学校毕业或具备同等学力

三、基本修业年限

三年

四、职业面向

所属专业大类（代码）	所属专业类（代码）	对应行业（代码）	主要职业类别（代码）	主要岗位类别（技术领域）举例	职业资格或职业技能等级证书举例
财经商贸大类（63）	金融类（6302）	货币金融服务（66） 其他金融业（69）	银行综合人员（4-05-01） 证券服务人员（4-05-02） 证券专业人员（2-06-11） 其他金融服务人员（4-05-99）	银行柜员 大堂经理 客户经理 电话客服 业务管理	银行业专业人员资格证书 证券业从业人员资格证书 期货从业人员资格证书

五、培养目标

本专业培养理想信念坚定、德技并修、全面发展，具有一定的科学文化水平、良好的职业道德和工匠精神、较强的就业创业能力，具有支撑终身发展、适应时代要求的关键能力，掌握金融机构一线业务处理与服务营销等专业知识和技术技能，面向各类商业银行等金融机构，从事临柜业务处理、产品服务营销、客户理财等工作的高素质技术技能人才。

六、培养规格

本专业毕业生应在素质、知识和能力等方面达到以下要求。

（一）素质

1. 坚决拥护中国共产党领导，树立中国特色社会主义共同理想，践行社会主义核心

价值观，具有深厚的爱国情感和中华民族自豪感；

2. 崇尚宪法、遵守法律、遵规守纪；

3. 遵守、履行道德准则和行为规范，具有社会责任感和社会参与意识；

4. 崇德向善、诚实守信、爱岗敬业，具有精益求精的工匠精神；

5. 具有质量意识、绿色环保意识、安全意识、信息素养和创新思维；

6. 具有职业生涯规划意识、终身学习的意识和能力；

7. 具有较强的集体意识和团队合作精神，具有良好的行为习惯和自我管理能力；

8. 具有健康的体魄、心理和健全的人格，养成良好的健身与卫生习惯；

9. 具有一定的审美和人文素养。

（二）知识

1. 掌握必备的思想政治理论、科学文化基础知识；

2. 熟悉与本专业相关的方针、政策和法律法规；

3. 掌握经济金融相关基础理论知识；

4. 掌握银行各项柜面业务处理核算要求与操作流程；

5. 掌握银行授信业务的基本知识、业务要求与操作流程；

6. 掌握银行理财业务基本规范与操作规程；

7. 掌握金融服务礼仪的基本规范与金融营销的基本策略与技巧；

8. 熟悉银行风险管理相关业务规范与处理方法；

9. 熟悉现代金融业的新知识、新技术、新方法、新应用。

（三）能力

1. 具有良好的口语表达和书面写作能力，能够在工作中与服务对象进行有效沟通；

2. 掌握金融从业人员各项礼仪规范，能根据金融业务工作的需要，展示规范礼仪服务过程；

3. 能准确快速进行手工点钞与机器点钞，准确鉴别假币及现金挑残，能熟练进行数字键盘的传票录入，能熟练使用形码输入法录入信息；

4. 能进行银行重要凭证、印章的盘点与入库，能准确进行利息计算；

5. 能准确规范处理各类业务凭证的编制、审核、记账与账目核对，能熟练规范地进行银行网点存款、贷款、结算、代理等各类临柜业务的客户接待、业务引导与业务处理；

6. 能正确填写与贷款相关的各种合同、凭证，规范撰写授信业务调查报告，针对不同的有问题的贷款提出相应的处置措施；

7. 能开拓和维护客户，具有较好的银行产品营销能力；

8. 掌握个人理财业务的专业技能，能制订理财方案，具有理财产品销售技巧及客户服务能力；

9.具有本专业需要的信息技术应用能力，能熟练使用软件进行数据处理，能对信息资料进行综合分析与应用，能够运用现代信息技术检索资料，进行金融业务风险的基本分析识别与防范。

七、课程设置及学时安排

（一）课程设置

课程包括公共基础课程和专业课程。

1. 公共基础课程。根据党和国家有关文件规定，将思想政治理论课、中华优秀传统文化、体育、军事课、大学生职业发展与就业指导、心理健康教育等课程列入公共基础必修课程，并将马克思主义理论类课程、党史国史、信息技术、经济数学、公共外语、创新创业教育、健康教育、美育课程、职业素养等列为必修课或选修课。

2. 专业课程。一般包括专业基础课程、专业核心课程、专业拓展课程，并涵盖有关实践性教学环节。学校自主确定课程名称，但应包括以下主要教学内容。

（1）专业基础课程。一般设置 7~8 门课程，主要教学内容应包括经济学基础、现代金融概论、互联网金融、国际金融理论与实务、基础会计、财务会计、银行职业技能等。

（2）专业核心课程。一般设置 7 门课程，主要教学内容应包括金融服务营销、金融服务礼仪、银行会计实务、银行综合柜台业务、银行授信业务、个人理财、反假货币技术等。

（3）专业拓展课程。主要包括银行产品、保险理论与实务、证券投资实务、商业银行风险防范与案例分析、商业银行网点经营管理、银行柜面英语、小微金融、金融数据统计分析、跨文化交流等。

3. 专业核心课程和主要教学内容。

序号	专业核心课程	主要教学内容
1	金融服务营销	金融服务及评价；金融营销包括网络营销准备，网络营销能力；金融营销与网络营销技巧；金融客户维护与培育；金融消费者管理；金融客户资产管理；金融客户关系管理；金融客户风险管理
2	金融服务礼仪	商业银行服务礼仪的本质和基本要求；互联网金融下的商业银行职业人员的服务意识与礼仪修养；商业银行服务人员的仪表礼仪、仪态礼仪、语言礼仪；商业银行柜员服务礼仪；金融行业网络服务过程中的礼仪规范；会议与宴请服务礼仪；电话服务礼仪；接待服务礼仪
3	银行会计实务	银行会计基本核算方法处理；单位存款业务相关知识与操作规程；单位授信业务相关知识与操作规程；支付结算业务相关知识与操作规程；资金清算和金融机构往来业务相关知识与操作规程；年终决算准备和决算日工作相关知识与操作规范；银行会计业务综合操作
4	商业银行综合柜台业务	银行柜员基本职业能力素质培养；个人存款业务相关知识与操作规程；个人贷款业务相关知识与操作规程；个人结算业务相关知识与操作规程；个人外汇业务相关知识与操作规程；个人代理业务相关知识与操作规程；柜面突发事件处理；电子银行业务规范；金融综合业务技能操作
5	商业银行授信业务	商业银行授信业务基本规章制度；不同授信业务品种的操作流程和风险控制点；客户的信用分析相关知识与操作规程；担保贷款相关知识与操作规程；贷款风险分类管理相关知识与操作规程；非贷款类授信业务相关知识与操作规程；网络贷款的基本知识与操作流程；与授信业务相关的各种法律文件、凭证的填写；调查报告的撰写

续表

序号	专业核心课程	主要教学内容
6	个人理财	潜在客户和客户关系管理；家庭资产、负债的分类及整理；银行理财产品的特性；风险的识别、估测和评价，各种保险产品和保险产品组合；股票、债券、基金及其投资的特点，证券投资的技巧；黄金理财产品、房地产投资、收藏品投资的特点和主要产品；理财规划方案及其后续服务
7	反假货币技术	第五套人民币的防伪特征；现行流通的美元、港元、欧元、日元、英镑等常见外币的防伪特征；熟悉假币收缴与鉴定的操作规程；会分析互联网平台上有关货币防伪反假的案例

4. 实践性教学环节。主要包括实训、实习、毕业设计、社会实践等。实训可在校内实训室、校内培训基地等开展完成；社会实践、顶岗实习、跟岗实习可由学校组织在校企合作共建的金融机构实习基地开展完成。

实习实训教学主要包括：金融从业人员服务礼仪仿真实训、银行会计对公业务操作实训、银行客户营销技巧训练、个人理财方案规划设计、银行柜面个人业务综合训练等校内实训；进入金融企业对职业岗位的认知实习、在各商业银行等金融机构开展的临柜业务、大堂经理、客户经理等岗位的跟岗实习、顶岗实习。

要严格执行《职业学校学生实习管理规定》和专业顶岗实习标准的有关要求。实训实习既是实践性教学，也是专业课教学的重要内容，应注重理论与实践一体化教学。

5. 其他要求。学校应结合实际，开设社会责任、安全教育、节能减排、绿色环保、管理等人文素养、科学素养方面的选修课程、拓展课程或专题讲座（活动），并将有关内容融入专业课程教学中；将创新创业教育融入专业课程教学和有关实践性教学环节中；自主开设其他特色课程；组织开展德育活动、志愿服务活动和其他实践活动。

（二）学时安排

总学时数一般为2600~2700学时，每18学时折算1学分。公共基础课总学时不少于总学时的25%。实践性教学学时不少于总学时的50%，其中，顶岗实习累计时间为6个月，可根据实际集中或分阶段安排实习时间。各类选修课程学时累计不少于总学时的10%。

八、教学基本条件

（一）师资队伍

1. 队伍结构。学生数与本专业专任教师数比例一般不高于25∶1。双师素质教师占专业教师比例不低于60%，专任教师队伍要考虑职称、年龄，形成合理的梯队结构。

2. 专任教师。要求具有高校教师资格；具有高尚的师德，爱岗敬业，遵纪守法；具有经济金融相关专业本科及以上学历，具有金融相关岗位工作经历或实践经历，熟悉金融业务；精通金融专业的基本理论与业务知识；具有较强的专业理论与业务实践教学能力；具有信息化条件下的专业教学与科研能力；每5年累计不少于6个月的企业实践经历。

3. 专业带头人。原则上应具有副高及以上职称，能够较好地把握国内外金融行业、专业发展，能密切联系行业企业，了解行业企业对金融管理专业人才的实际需求，教学设计、专业研究能力强，在本区域或本领域有一定的专业影响力。

4. 兼职教师。主要从金融行业企业聘任，具备良好的思想政治素质、职业道德和工匠精神，具有丰富的金融企业实践经验，具有较高的专业素养和职业能力，能承担课程与实训教学、实习指导等专业教学任务。

（二）教学设施

教学设施主要包括专业教室、校内实训室、校外实习基地等。

1. 专业教室基本条件。满足电源、光照、温控、安全条件，配置课桌椅、黑板、基本教具、网络接口或网络环境，满足线上线下多种混合教学模式的需要。安装应急照明装置，并保持良好状态，符合紧急疏散要求，标志明显，保持逃生通道畅通无阻。

2. 校内实训室基本要求。

（1）金融职业技能实训室：配备服务器及网络设备、多媒体教学设备、白板、点钞机、复点机、假币鉴别设备、世界各国主要币种样品、计算器、点钞练习券、传票、字符、货币反假练习题与实训操作软件系统等，计算机 1 台 / 人，支持点钞技术、传票输入、中文输入、反假货币技术等银行职业技能类课程项目教学与实训；

（2）银行综合柜台业务实训室：配备服务器及网络设备、多媒体教学设备、白板、凭证装订设备、密码器、刷卡器、扫描仪、指纹仪、利率牌、高柜、低柜等银行网点职场环境布置、银行综合柜台业务操作软件系统、银行业务印章、银行模拟业务凭证等，计算机 1 台 / 人，支持金融服务礼仪、银行会计核算、本外币储蓄、银行卡、对公对私结算与代理业务处理等课程项目的教学与实训；

（3）金融综合实训室：配备服务器及网络设备、多媒体教学设备、白板、商业银行信贷业务软件、理财业务软件等，计算机 1 台 / 人，支持银行授信业务、个人理财业务、客户营销与客户风险管理等课程项目的教学与实训。

3. 校外实训基地基本要求。选择能够提供金融管理相关业务技能实训的金融企业作为校外实训基地，基地实训设施齐备，实训岗位、实训指导教师确定，实训管理及实施规章制度齐全。与专业建立紧密联系的校外实训基地应达 3 个以上。

4. 学生实习基地基本要求。与各类金融机构有效开展校企合作，建设与本专业学生规模数量相适应的校外实习基地，能提供学生实习的部门岗位，满足专业学生进行跟岗实习、顶岗实习教学活动的有效开展，提供行业兼职指导教师指导学生，能通过观察、体验、接触等方式达到实习目的。

5. 支持信息化教学基本要求。具有利用数字化教学资源库、文献资料、常见问题解答等的信息化条件。引导鼓励教师开发并利用信息化教学资源、教学平台、创新教学方法、提升教学效果。

（三）教学资源

教学资源主要包括能够满足学生专业学习、教师专业教学研究和教学实施需要的教材、图书及数字资源等。

1. 教材选用有关基本要求。按照国家规定选用优质教材，禁止不合格的教材进入课堂。学校建立由专业教师、行业专家和教研人员等参与的教材选用机构，完善教材选用制度，经过规范程序择优选用教材。鼓励与行业企业合作开发特色鲜明的专业课校本教材。

2. 图书、文献配备基本要求。图书、文献配备能满足人才培养、专业建设、教科研等工作的需要，方便师生查询、借阅。其中，专业类图书、文献主要包括金融专业教学相关的图书资料金融行业企业发展的新制度、新法规、新业务、新产品、新做法的图书资料与电子杂志等。

3. 数字资源配备基本要求。建设、配备与本专业有关的音视频素材、教学课件、数字化教学案例库、虚拟仿真软件、图表凭证库、职业考证培训包、数字教材等数字资源，种类丰富、形式多样、使用便捷、动态更新、满足教学。

九、质量保障

（一）学校和二级院系应建立专业建设和教学过程质量监控机制，建全专业教学质量监控管理制度，完善课堂教学、教学评价、实习实训、毕业设计以及专业调研、人才培养方案更新、资源建设等方面的质量标准建设，通过教学实施、过程监控、质量评价和持续改进，达成人才培养规格。

（二）学校、二级院系及专业教研组织应完善教学管理机制，加强日常教学组织运行与管理，定期开展课程建设水平和教学质量诊改，建立健全巡课、听课、评教、评学等制度，严明教学纪律和课堂纪律，强化教学组织功能，定期开展公开课、示范课等教研活动。

（三）学校应建立专业毕业生跟踪反馈机制及社会评价机制，并对生源情况、在校生学业水平、毕业生就业情况等进行分析，定期评价人才培养质量和培养目标达成情况。

（四）专业教研组织应充分利用评价分析结果有效改进专业教学，针对人才培养过程中存在的问题，制定诊断与改进措施，持续提高人才培养质量。

国际金融专业教学标准

一、专业名称（专业代码）

国际金融专业（中澳合作）（630202）

二、入学要求

普通高级中学毕业、中等职业学校毕业或具备同等学力

三、基本修业年限

三年

四、职业面向

所属专业大类（代码）	所属专业类（代码）	对应行业（代码）	主要职业类别（代码）	主要岗位类别（或技术领域）举例	职业资格（职业技能等级）证书举例
财经商贸大类（63）	金融类（6302）	货币金融服务（66） 资本市场服务（64） 保险业（68） 其他金融业（69）	银行服务人员（4-05-01） 证券服务人员（4-05-02） 保险服务人员（4-05-04） 其他金融服务人员（4-05-99）	银行柜员 客户经理 理财经理 大堂经理 客户服务专员 国际结算专员	银行业专业人员职业资格考试初级证书 证券业从业人员资格证书 基金从业人员资格证书 全国大学英语四级考试（CET4） 助理理财规划师职业资格证书

五、培养目标

本专业培养拥护党的基本路线，适应区域经济建设和社会发展需要，面向中外资金融机构、类金融机构、涉外企业等基层业务和管理岗位，具有诚信、合作、敬业的职业素质，掌握经济、金融、营销、理财、创业创新等知识，具备柜面业务操作、外语交流、投资理财、营销服务等技能，能从事银行柜员岗、国际业务岗、客户经理岗、理财经理岗、大堂经理岗和客户服务岗等工作，同时具有较强创新创业能力的德、智、体、美方面全面发展，具有一定国际视野、国际交流能力及较强可持续发展能力的高素质技术技能型金融人才。

六、培养规格

本专业毕业生应在素质、知识和能力等方面达到以下要求。

（一）素质

1. 坚决拥护中国共产党领导，树立中国特色社会主义共同理想，践行社会主义核心

价值观，具有深厚的爱国情感和中华民族自豪感；

2. 崇尚宪法、遵守法律、遵规守纪；
3. 遵守、履行道德准则和行为规范，具有社会责任感和社会参与意识；
4. 崇德向善、诚实守信、爱岗敬业，具有精益求精的工匠精神；
5. 具有质量意识、安全意识、职业生涯规划意识和创新思维；
6. 具有较强的集体意识和团队合作精神，良好的行为习惯和自我管理能力；
7. 具有健康的体魄、心理和健全的人格，养成良好的健身与卫生习惯；
8. 具有一定的信息、审美和人文素养。

（二）知识

1. 掌握经济金融的基本概念与基础理论；
2. 熟悉和掌握我国金融管理方面的方针、政策、法规以及金融运行的国际惯例和规则；
3. 掌握商业银行个人储蓄业务的基本知识、核算要求与操作流程；
4. 掌握财务会计核算的基础知识、核算要求与操作流程；
5. 掌握银行会计业务核算的基本知识、核算要求与操作流程；
6. 掌握商业银行授信业务的基本知识、业务要求与操作流程；
7. 了解国际金融业务的基本概念、基础理论与相关的业务要求；
8. 掌握个人理财业务的基本知识、业务规范与操作规程；
9. 掌握服务营销中沟通与技巧的基本知识；
10. 了解证券投资业务的基本概念、基础理论与相关的业务要求；
11. 掌握计算机和互联网知识的应用；
12. 掌握文献检索、资料查询的基本方法，具备基础科学研究能力；
13. 了解互联网金融发展新业态；
14. 了解创新型人才的素质要求，了解创业的概念、要素与特征；
15. 掌握创新思维和创业的含义、类型与过程；
16. 掌握创业机会的寻找与评估、创业环境分析、创业团队组建、创业融资渠道与方式、创业计划书撰写等相关知识。

（三）能力

1. 能准确快速进行手工点钞与机器点钞；
2. 能流利使用英语进行国际交流；
3. 能准确鉴别本外币的假币及进行现金挑残；
4. 能熟练使用五笔输入法；
5. 能熟练进行数字键盘的传票录入；
6. 能熟练制作和审核国际结算业务的各种单据单证；
7. 能进行良好人际沟通和客户开发；
8. 能进行投资分析和理财规划；

9. 能寻找和评估创业机会，进行创业环境分析，组建创业团队，开展简单的创业。

七、课程设置及学时安排

（一）课程设置

课程包括公共基础课程和专业课程。

1. 公共基础课程。根据党和国家有关文件规定，将思想政治理论课、中华优秀传统文化、体育、军事课、大学生职业发展与就业指导、心理健康教育、计算机基础等课程列入公共基础必修课程，并将马克思主义理论类课程、党史国史、信息技术、经济数学、大学英语、创新创业教育、健康教育、美育课程、互联网金融、剑桥英语、银行柜面操作技能等列为必修课或选修课。

2. 专业课程。一般包括专业基础课程、专业核心课程、专业拓展课程，并涵盖有关实践性教学环节。

（1）专业基础课程

一般开设 8 门，主要教学内容应包括沟通与思考、银行与货币政策、商业经济学、反假货币技术、基础会计、财务会计、会计电算化、金融服务礼仪等。

（2）专业核心课程。一般开设 6 门，主要包括国际金融、国际结算实务、银行会计实务、商业银行综合柜台业务、市场营销、财务规划导论等。

（3）专业拓展课程。一般包括三类，一是拓展专业应用能力的课程，如商业银行授信业务、银行产品、外汇交易实务、国际结算实务、会计原理、管理与组织行为、商业金融、银行实务英语等；二是体现就业方向选择的课程，如证券投资实务、电子商务实务、金融数据统计分析等；三是体现本校优势特色的课程。

3. 专业核心课程和主要教学内容。

序号	专业核心课程	主要教学内容
1	国际金融	包括国际收支、国际储备、国际货币体系、外汇与汇率、汇率制度与外汇管制、外汇交易、外汇风险及其管理；国际金融市场及其业务活动和国际金融组织等
2	国际结算实务	包括国际结算工具，票据业务、国际汇兑业务、托收业务、信用证业务、银行保函和国际保理业务等国际结算方式；各结算方式下融资、信用证项下单据及审核；国际结算惯例及结算系统操作等内容
3	银行会计实务	包括银行会计基本核算方法处理；单位存款业务相关知识与操作规程；单位授信业务相关知识与操作规程；支付结算业务相关知识与操作规程；单位代理业务相关知识与操作规程；单位外汇业务相关知识与操作规程；资金清算和金融机构往来业务相关知识与操作规程；年终决算准备和决算日工作相关知识与操作规范；银行会计业务综合操作
4	商业银行综合柜台业务	包括银行柜员基本职业能力素质培养；个人存款业务相关知识与操作规程；个人贷款业务相关知识与操作规程；个人结算业务相关知识与操作规程；个人外汇业务相关知识与操作规程；个人代理业务相关知识与操作规程；柜面突发事件处理；电子银行业务规范；金融综合业务技能操作

续表

序号	专业核心课程	主要教学内容
5	市场营销	包括商业银行服务营销基础知识；服务质量的定义和度量；服务沟通组合；服务失误与补救；商业银行营销准备；商业银行营销能力培养；商业银行营销技巧（增加网络营销的相关内容）；商业银行客户维护与培育；客户满意度；商业银行服务消费者管理；商业银行客户价值管理；商业银行客户关系管理
6	金融规划概论	包括个人理财相关的经济、金融基础知识以及客户分析、人生规划、现金消费规划、保障规划、个人投资规划、个人税收规划和综合理财规划的基本知识、基本理论和基本技能，并结合相关知识点分析互联网金融理财在国内外发展的现状、趋势以及对个人理财的影响和促进作用

4. 实践性教学环节。主要包括实训、实习、毕业设计和社会实践等。实训可在校内实验实训室、校外实训基地等开展完成；实践、实习主要内容包括银行柜面操作技能、金融从业人员服务礼仪仿真实训、银行会计对公业务操作实训、银行产品调查分析实训、银行柜面个人业务综合实训、银行授信业务操作、会计核算和财务报表分析、商业银行国际结算业务操作、个人外汇模拟交易操作综合实训、商业银行客户营销技巧训练、个人理财方案设计实训、银行柜面业务情境双语交流、互联网金融业务实训用等。要严格执行《职业学校学生实习管理规定》和专业顶岗实习标准的有关要求。在第 1~2 学期安排认识实习，在第 3~4 学期安排跟岗实习，在第 5~6 学期安排顶岗实习。实训实习既是实践性教学，也是专业课教学的重要内容，应注重理论与实践一体化教学。

5. 其他要求。学校应结合实际，开设社会责任、安全教育、节能减排、绿色环保、管理等人文素养、科学素养方面的选修课程、拓展课程或专题讲座（活动），并将有关内容融入专业课程教学中；将创新创业教育融入专业课程教学和有关实践性教学环节中；自主开设其他特色课程；组织开展德育活动、志愿服务活动和其他实践活动。

（二）学时安排

总学时一般为 2600~2700 学时，每 18 学时折算 1 学分。公共基础课总学时不少于总学时的 25%。实践性教学学时不少于总学时的 50%，其中，顶岗实习累计时间为 6 个月，可根据实际集中或分阶段安排实习时间。各类选修课程学时累计不少于总学时的 10%。

八、教学基本条件

（一）师资队伍

1. 队伍结构。学生数与本专业专任教师数比例不高于 25 : 1，双师素质教师占专业教师比例不低于 60%，专任教师队伍要考虑职称、年龄形成合理的梯队结构。

2. 专任教师。要求具有高校教师资格；具有良好的师德，爱岗敬业，遵纪守法；具有金融经济等相关专业本科及以上学历，扎实的国际金融相关理论功底和实践能力；具有信息化教学能力，能够开展课程教学改革和科学研究；每五年累计不少于 6 个月的企业实践经历。

3. 专业带头人。原则上应具有副高及以上职称，能够较好地把握国内外行业、专业发展，能密切联系行业企业，了解行业企业对财务管理专业人才的需求实际，教学设计、专业研究能力强，在本区域或本领域有一定的专业影响力。

4. 兼职教师。主要从行业企业聘任。具备良好的思想政治素质和职业道德；中级及以上金融行业相关专业技术资格；较高的金融职业素养和专业能力，丰富的实践经验，能够胜任专业课程与实训教学、实习指导等专业教学任务。

（二）教学设施

教学设施主要包括能够满足正常的课程教学、实习实训所必需的专业教室、实训室和实训基地、支持信息化教学等。

1. 专业教室基本条件。满足电源、光照、安全条件，配备课桌椅、黑板、多媒体教学设备、基本教具、网络接口或网络环境等，能够满足专业课程理论教学的需要，场所面积、容纳师生数量能够满足开课需求。

2. 校内实训室基本要求

（1）外汇交易综合业务实训室：服务器、投影设备、白板、计算机 1 台 / 人，Wi-Fi 覆盖，安装相关外汇交易软件。用于外汇交易实务、国际结算操作等课程的教学与实训。

（2）商业银行柜面英语实训室：服务器、投影设备、白板、计算机 1 台 / 人，Wi-Fi 覆盖，产品生产线展示，安装相关商业银行柜面英语实训软件。用于银行实务英语等课程的教学与实训，以及英语类教学及练习。

（3）现代银行柜员实训中心：服务器、投影设备、白板、计算机 1 台 / 人，Wi-Fi 覆盖，按照银行柜面岗位设计布置环境，安装商业银行综合柜台业务实训软件。用于商业银行综合柜台业务、银行会计等课程的教学与实训。

（4）银行业务操作实训室：服务器、投影设备、白板、计算机 1 台 / 人，Wi-Fi 覆盖，安装银行业务和金融技能操作实训软件，用于中文输入、电脑传票输入、点钞技术、反假货币技术等课程的教学与实训。

3. 校外实训基地基本要求。选择能够提供银行临柜操作等相关典型职业活动、注重产教融合的银行、其他金融机构或类金融机构作为校外实训基地。实训基地设施齐备，实训岗位、实训指导教师确定，实训管理及实施规章制度齐全。与专业建立紧密联系的校外实训基地应达 3 个以上。

4. 学生实习基地基本要求。选择能够提供银行临柜操作等相关工作岗位的各类代表性金融企业作为学生实习基地，可接纳一定规模的学生安排顶岗实习；能够配备相应数量的指导教师对学生实习进行指导和管理；有保证实习生日常工作、学习和生活的相关规章制度，有安全、保险保障。

5. 支持信息化教学基本要求。具有利用数字化教学资源库、文献资料、常见问题解答等的信息化条件。引导鼓励教师开发并利用信息化教学资源、教学平台，创新教学方法来提升教学效果。

（三）教学资源

教学资源主要包括能够满足学生专业学习、教师专业教学研究和教学实施需要的教材、图书及数字资源等。

1. 教材选用基本要求。按照国家规定选用优质教材，禁止不合格的教材进入课堂。建立由专业教师、行业专家和教研人员等参与的教材选用机构，完善教材选用制度，经过规范程序择优选用教材。

2. 图书、文献配备基本要求。图书、文献配备能满足人才培养、专业建设、教学科研等工作的需要，方便师生查询、借阅。专业类图书包括有关财务管理专业理论、技术、方法、思维以及实务操作类图书和文献。

3. 数字资源配备基本要求。建设、配备与本专业有关的文献、音视频素材、数字教材、教学课件、教辅材料、案例库、政策法规库、习题与试题库、实训软件、专业技术资格考试信息、就业创业信息等，形式多样、种类丰富、使用便捷、动态更新以满足教学需要。探索网上教学资源的开发、建设与应用，以教学资源库、精品在线开放课程为载体，开展线上线下相结合的混合式教学。

九、质量保障

（一）建立专业建设和教学过程质量监控机制，健全专业教学质量监控管理制度，完善课堂教学、教学评价、实习实训、毕业设计以及专业调研、人才培养方案更新、资源建设等方面质量标准建设，通过教学实施、过程监控、质量评价和持续改进，达成人才培养规格。

（二）完善教学管理机制，加强日常教学组织运行与管理，定期开展课程建设水平和教学质量诊改，建立健全巡课、听课、评教、评学等制度，严明教学纪律和课堂纪律，强化教学组织功能，定期开展公开课、示范课等教研活动。

（三）建立专业毕业生跟踪反馈机制及社会评价机制，对生源情况、在校生学业水平、毕业生就业情况等进行分析，定期评价人才培养质量和培养目标达成情况。

（四）充分利用评价分析结果，有效改进专业教学，针对人才培养过程中存在的问题，制定诊断与改进措施，持续提高人才培养质量。

农村金融专业教学标准

一、专业名称（专业代码）

农村金融（630208）

二、入学要求

普通高级中学毕业、中等职业学校毕业或具备同等学力

三、基本修业年限

三年

四、职业面向

所属专业大类（代码）	所属专业类（代码）	对应行业（代码）	主要职业类别（代码）	主要岗位类别（技术领域）举例	职业资格（职业技能等级）证书举例
财经商贸大类（63）	金融类（6302）	货币金融服务（66） 其他金融业（69）	银行综合柜员（4-05-01-01） 银行信贷员（4-05-01-02） 银行客户业务员（4-05-01-03） 其他金融服务人员（4-05-99）	临柜业务处理 贷款客户经理 理财经理 大堂经理 综合内勤 业务营销 电话客服	银行业专业人员职业资格（初级） 反假货币上岗资格 证券从业资格 基金从业资格

五、培养目标

本专业培养拥护党的基本路线，适应区域经济建设和社会发展需要，主要面向股份制商业银行、城市商业银行、农村商业银行、村镇银行等中小商业银行和小额贷款公司、互联网金融公司、消费金融公司、财富管理公司等非银行金融机构的基层业务和管理岗位，具有诚信、合作、敬业、创新创业基本素养，掌握经济金融、会计财务、法律法规、创业创新等知识，具备银行柜台服务、小微贷款业务办理、金融产品营销等能力，能从事银行柜员岗、小微贷款岗、金融产品营销岗、客户经理岗等工作，德、智、体、美全面发展，具有较强可持续发展能力的高素质技术技能型专门人才。

六、培养规格

本专业毕业生应在素质、知识和能力等方面达到以下要求。

（一）素质

1. 热爱祖国，坚决拥护中国共产党领导，树立中国特色社会主义共同理想，践行社会主义核心价值观，具有深厚的爱国情感和中华民族自豪感；

2. 崇尚宪法、遵守法律、遵规守纪，遵守道德准则和行为规范，具有社会责任感和社会参与意识；

3. 诚实守信、爱岗敬业，具有精益求精的工匠精神和良好的职业操守；

4. 具有质量意识、安全意识、职业生涯规划意识和创新思维；

5. 具有较强的集体意识和团队合作精神，良好的行为习惯和自我管理能力；

6. 达到《国家学生体质健康标准》，养成良好的健身与卫生习惯，具有健康的体魄、心理和健全的人格品质；

7. 具有一定的信息、审美和人文素养。

（二）知识

1. 掌握必备的思想政治理论、科学文化基础知识；

2. 掌握经济金融的基本概念与基础理论；

3. 掌握三农经济、农村金融的基础知识；

4. 掌握相关经济金融的法律法规知识；

5. 掌握会计核算和财务分析的基础知识与操作流程；

6. 掌握银行会计业务核算的基础知识与操作流程；

7. 掌握银行综合柜台业务的基础知识、基本规定及操作流程；

8. 掌握小微贷款业务的基础知识、操作流程及技术方法；

9. 掌握个人理财业务的基础知识、业务规范及技术方法；

10. 掌握互联网金融的基础知识和基本业务；

11. 掌握金融产品营销的基础知识和方法技巧；

12. 掌握金融服务礼仪的基本规范与具体要求；

13. 掌握农村金融风险与合规管理的基础知识和基本方法；

14. 掌握必需实用的英语语言；

15. 掌握计算机、互联网、大数据分析的基础知识与基本应用；

16. 掌握创业的概念、特征、类型等基础知识，了解创新型人才素质要求；

17. 掌握创业的机会寻找与评估、环境分析、团队组建、融资渠道与方式、计划书撰写等专业知识。

（三）能力

1. 具有良好的口语表达和书面写作能力，能够在工作中与服务对象进行有效沟通，提供专业的咨询服务；

2. 掌握金融从业人员各项礼仪规范，能够根据金融业务工作的需要，礼仪规范地开展服务；

3. 能够准确快速进行手工点钞与机器点钞，准确鉴别假币及现金挑残，熟练进行数字键盘的传票录入，熟练使用五笔输入法录入信息；

4. 能够熟练进行银行综合柜台业务处理与服务，独立从事小微贷款业务办理，专业地进行银行产品营销，开拓和维护客户关系；

5. 掌握个人理财服务的专业技能，能制订理财方案，具有理财产品销售技巧及客户服务能力；

6. 具有本专业需要的信息技术应用能力，能够熟练使用办公软件等进行数据处理，运用现代信息技术检索资料，并对信息资料进行分析与应用。

七、课程设置及学时安排

（一）课程设置

课程包括公共基础课程和专业课程，课程设置应符合党和国家教育行政管理部门的有关文件规定。

1. 公共基础课程。主要教学内容应包括思想政治理论、思想道德修养与法律基础、形势与政策、中华优秀传统文化、大学英语、体育、军事、就业指导、创新创业指导、经济数学、计算机基础以及其他文化素质、职业素质和身心素质等。

2. 专业课程。一般包括专业基础课程、专业核心课程、专业拓展课程，并涵盖关实践性教学环节。

（1）专业基础课程。一般设置 6~8 门课程，主要教学内容应包括经济学基础、金融学基础、互联网金融基础、三农经济、会计基础、银行职业技能、反假货币技术等。

（2）专业核心课程。一般设置 6~8 门课程，主要教学内容应包括农村金融基础、小额信贷实务、财务会计、银行会计实务、商业银行综合柜台业务、个人理财、金融服务营销、金融服务礼仪等。

（3）专业拓展课程。一般设置 6~8 门课程，主要教学内容应包括农村金融风险与合规、商业银行网点经营管理、证券投资实务、保险理论与实务、金融数据统计分析、银行柜面英语、职场沟通、国际结算操作等。

3. 专业核心课程和主要教学内容。

序号	专业核心课程	主要教学内容
1	农村金融基础	农村金融改革与发展；农村信用合作社、中国农业银行、中国邮政储蓄银行、中国农业发展银行等传统农村金融机构与服务；村镇银行、农村资金互助社、贷款公司等新型农村金融机构与服务；农业保险；农产品期货；农村典当与租赁；农村信用担保；农村民间金融
2	小额信贷实务	小额信贷的概念、分类、发展历程、基本原则、成功要素等概述；小额信贷的业务法规、基本流程、政策与制度、岗位要求等规范；小额信贷技术分析；小微企业贷款实务；个体工商户贷款实务；农户贷款实务；小额信贷管理与绩效评价

续表

序号	专业核心课程	主要教学内容
3	财务会计	货币资金业务核算；应收款项业务核算；存货业务核算；在建工程及固定资产业务核算；投资业务核算；无形资产及其他资产业务核算；流动负债业务核算；非流动负债业务核算；所有者权益业务核算；收入和费用业务核算；利润业务核算；财务会计报告编制
4	银行会计实务	银行会计基本核算方法处理；单位存款业务相关知识与操作规程；单位授信业务相关知识与操作规程；支付结算业务相关知识与操作规程；资金清算和金融机构往来业务相关知识与操作规程；年终决算准备和决算日工作相关知识与操作规范；银行会计业务综合操作
5	商业银行综合柜台业务	银行柜员基本职业能力素质培养；个人存款业务相关知识与操作规程；个人贷款业务相关知识与操作规程；个人结算业务相关知识与操作规程；个人外汇业务相关知识与操作规程；个人代理业务相关知识与操作规程；柜面突发事件处理；电子银行业务规范；金融综合业务技能操作
6	个人理财	个人理财基础知识；客户财务状况、风险特征、理财需求等综合分析；教育与养老规划；现金与消费规划；个人风险管理与保险规划；股票、债券、基金、外汇、黄金等投资规划；个人税收筹划；综合理财规划
7	金融服务营销	认知金融服务与体验金融服务营销；金融服务营销人员职业素养、行为规范、职业道德和团队建设；金融服务营销策略；金融市场调研与营销环境分析；金融服务营销目标市场选择与定位；金融服务营销目标市场介入；金融服务品质评价与客户关系维护；银行、证券、保险等机构客户经理的服务营销训练
8	金融服务礼仪	金融服务意识、礼仪修养概述；金融行业工作人员的仪表礼仪、仪态礼仪、语言礼仪、日常交际礼仪；金融行业的公务礼仪、岗位礼仪、营销礼仪、涉外服务礼仪

4. 实践性教学环节。主要包括实训、认识实习、跟岗实习、顶岗实习、毕业设计等。实训主要基于相关专业课程教学在校内实训室、校内培训基地等完成，实训内容主要包括五笔输入、传票录入、点钞、货币反假等职业技能，以及会计业务实训、银行柜台业务实训、银行贷款业务实训、金融服务礼仪实训、金融产品营销实训、柜面服务英语口语实训等；在第 1~2 学期开展认识实习，在第 3~4 学期开展跟岗实习，在第 5~6 学期开展顶岗实习，实习主要在相关行业企业和校企合作共建的实习基地内完成，制定相关实习管理规定并严格执行，认识实习重在让学生了解工作，跟岗实习重在让学生了解具体岗位，顶岗实习重在让学生胜任岗位工作；毕业设计在第六学期完成，围绕专业领域或岗位工作等开展选题和研究，重在提高学生资料检索、提出问题、分析问题、解决问题以及文本撰写的能力。

将职业素质教育、创新创业教育等融入专业课程教学与实践性教学环节，培养学生的职业素养和创新创业能力；根据需要组织和鼓励学生开展德育活动、志愿者服务活动或其他实践活动。

（二）学时安排

总学时数一般为 2500~2800 学时，其中，公共基础课总学时不少于总学时的 25%，实践性教学学时原则上不少于总学时的 50%。跟岗实习、顶岗实习累计时间约为 6 个月，可根据实际集中或分阶段安排实习时间。除国家明确规定的必修课以外，其他课程的性质界定由学校自主确定，各类选修课程学时累计不少于总学时的 10%。

八、教学基本条件

（一）师资队伍

1. 队伍结构。组建一支“专兼结合”的教学团队，在校生与专任教师生师比例不超过 25∶1。双师素质教师占专任教师比例不低于 60%，专任教师队伍的年龄、专业、学历、职称等梯队结构科学合理。

2. 专任教师。具有高校教师资格，师德高尚、遵纪守法、专业扎实、爱岗敬业，原则上应具有经济金融相关专业硕士及以上学位，具有金融相关岗位工作经历或实践经历，具有较强的专业理论与业务实践教学能力和一定的教研科研能力，每 5 年累计不少于 6 个月的行业企业实践锻炼经历。

3. 专业带头人。原则上应具有副高及以上职称，熟悉本专业发展及人才培养的前沿动态，能够较好地把握专业对口的行业企业发展对职业人才的实际需求，能够科学确定本专业人才培养目标和制订本专业人才培养方案，组织管理专业人才培养工作，具有较强的专业研究和专业建设能力。

4. 兼职教师。主要从专业对口的行业企业聘任一线业务能手和基层业务管理人员，应具备良好的思想政治素质、职业道德、专业素养和职业能力，具备一定的教育教学能力和 5 年及以上行业企业工作经历，能够承担相关课程教学与实训实习指导。

（二）教学设施

本专业必须具备满足课程理论教学与实践教学的条件，具有良好的网络教学环境和现代化的教学辅助手段，具有功能完善的校内实训室和充足的校外实习基地。教学设施主要包括多媒体教室、校内实训室、校外实习基地等。

1. 多媒体教室基本要求。满足电源、光照、温控、安全条件，配置课桌椅、黑板、教学电脑、投影显示设备、扩音设备、网络接口或网络环境等多媒体教室常规硬件和软件，能够满足线上线下多种模式教学的需要。

2. 校内实训室基本要求。具有职业场景氛围和数量匹配的实训工位数，具备专业实训的电脑终端、实训软件操作系统、金融职业技能训练和岗位业务实训的专用机具和材料。实训室功能主要满足金融职业技能练习、银行综合柜台业务处理、小微贷款业务办理、金融产品营销训练、金融服务礼仪训练等实训需要。

（1）金融职业技能实训室：配备服务器及网络设备、多媒体教学设备、白板、点钞机、复点机、假币鉴别设备、世界各国主要币种样品、计算器、点钞练习券、传票、字符、货币反假练习题与实训操作软件系统等，计算机 1 台 / 人，支持中文输入、传票录入、点钞、反假货币技术等金融职业技能类课程项目的教学与实训；

（2）银行综合柜台业务实训室：配备服务器及网络设备、多媒体教学设备、白板、凭证装订设备、密码器、刷卡器、扫描仪、指纹仪、利率牌、高柜、低柜等银行网点环境布置，银行综合柜台业务操作软件系统、银行业务印章、银行模拟业务凭证等，计算机 1 台 / 人，支持商业银行综合柜台业务、银行会计实务、金融服务礼仪等课程项目的教学与实训；

（3）金融客户经理业务实训室：配备服务器及网络设备、多媒体教学设备、白板、商业银行信贷业务软件、理财业务软件、证券业务软件等，计算机 1 台 / 人，支持小额信贷实务、个人理财、证券投资实务、金融服务营销等课程项目的教学与实训。

3. 校外实习基地基本要求。与专业人才培养目标对口的各类中小金融机构和其他企业开展校企合作共建校外实习基地，校外实习基地的区域选择优先布局专业学生的生源地或常住地，基地数量与本专业在校学生数量相适应，能够提供学生实习的部门岗位，满足专业学生进行认识实习、跟岗实习和顶岗实习的需要，能够提供企业导师对实习学生进行指导。

（三）教学资源

教学资源主要包括能够满足学生学习、教师教学和科研等需要的教材、图书、期刊文献资料及数字资源等。

1. 教材选用基本要求。按照国家规定，经过规范程序择优选用教材，优先选用高职高专教育规划教材，鼓励选用特色鲜明的专业课校本教材。

2. 图书、期刊文献配备基本要求。应配备人文素质教育、专业教学与科研、职业资格考证与职业素养等方面的纸质图书资料和期刊文献，定期选购和更新，以满足本专业人才培养、专业建设、教科研等工作的需要，供学生和教师查阅与学习，保障学生和教师能够顺利获取相关知识和信息。

3. 数字资源配备基本要求。建设、配备与本专业有关的电子图书、电子期刊数据库以及数字教材、教学课件、数字化教学案例库、音视频教学素材、虚拟仿真软件、图表凭证库、职业考证培训包等数字资源，应具备使用国家高职金融专业教学资源库、国家精品资源共享课等线上课程资源的条件，鼓励专业其他课程开展在线教学平台建设。

九、质量保障

（一）建立专业建设和教学过程质量监控机制

制订科学的专业人才培养方案，制定专业核心课程的教学标准，制定金融职业技能考核标准，建全专业教学质量监控管理制度，完善课堂教学、教学评价、实训实习、毕业设计以及专业调研、人才培养方案更新、课程资源建设等方面的质量标准，通过教学实施、过程监控、质量评价和持续改进，实现人才培养目标。

（二）完善日常教学管理机制

加强日常教学组织运行与管理，建立校、院两级监控管理机制，建立健全教学检查、巡课听课、评教评学等制度，严明教学纪律和课堂纪律，定期开展课程建设水平、教学方法和教学质量检查与诊改，保障教学质量。

（三）建立专业毕业生跟踪反馈机制及社会评价机制

可委托第三方开展一年一度的毕业生调研，了解毕业生就业状况、就业岗位、薪酬水平、就业满意度等情况，了解用人单位对毕业生职业能力的评价和建议，获取用人单位职业岗位对专业知识、岗位能力和职业素养等方面的要求，评价人才培养质量和培养目标达成情况。

（四）持续改进专业建设，提高人才培养质量

专业教研室应根据毕业生反馈和第三方等社会评价进行科学甄别、筛选和分析，针对人才培养方案、课堂教学、实训实习等人才培养过程中存在的问题，制定有效改进措施，不断加强专业建设，进而促进人才培养质量的持续提升。

保险专业教学标准

一、专业名称（专业代码）

保险（630205）

二、入学要求

普通高级中学毕业、中等职业学校毕业或具备同等学力

三、基本修业年限

三年

四、职业面向

所属专业大类（代码）	所属专业类（代码）	对应行业（代码）	主要职业类别（代码）	主要岗位类别（或技术领域）举例	职业资格（职业技能等级）证书举例
财经商贸大类（63）	金融类（6302）	保险业（68）	保险代理人（4-05-04-01） 保险保全员（4-05-04-02） 保险核保专业人员（2-06-10-02） 保险理赔专业人员（2-06-10-03） 保险资金运用专业人员（2-06-10-04）	营销岗 承保岗理赔岗 客户服务岗 基层管理岗 职业培训岗 保险中介公司业务岗 理财咨询岗	中国个人保险规划师 理财规划师 中国寿险管理师 中国员工福利规划师 中国个人寿险规划师 中国银行寿险规划师

备注：保险涉及保险行业各相关职业岗位。

五、培养目标

本专业培养拥护党的基本路线，适应区域经济建设和社会发展需要，面向保险公司、保险中介机构、商业银行、投资服务类公司等基层业务和管理岗位，具有诚信、合作、敬业、创新创业基本素养，掌握保险学、经济学、金融学、证券投资、个人理财规划、创业创新等知识，具备保险综合业务管理、保险产品营销、保险定损理赔技术、保险理财规划等能力，能从事保险综合业务、风险管理、保险理财顾问等工作，同时具有德、智、体、美方面全面发展，具有较强可持续发展能力的高素质技术技能型专门人才。

六、培养规格

本专业毕业生应在素质、知识和能力等方面达到以下要求。

（一）素质

1. 坚决拥护中国共产党领导，树立中国特色社会主义共同理想，践行社会主义核心价值观，具有深厚的爱国情感和中华民族自豪感；
2. 崇尚宪法、遵守法律、遵规守纪；
3. 遵守、履行道德准则和行为规范，具有社会责任感和社会参与意识；
4. 崇德向善、诚实守信、爱岗敬业，具有精益求精的工匠精神，具有质量意识、绿色环保意识、安全意识、信息素养和创新思维；
5. 具有职业生涯规划意识、终身学习的意识和能力；
6. 具有较强的集体意识和团队合作精神，具有良好的行为习惯和自我管理能力；
7. 具有健康的体魄、心理和健全的人格，养成良好的健身与卫生习惯；
8. 具有一定的审美和人文素养。

（二）知识

1. 掌握必备的思想政治理论、科学文化基础知识；
2. 熟悉与本专业相关的法律法规以及环境保护、安全等知识；
3. 掌握风险管理的基本知识和业务操作流程；
4. 掌握保险基础知识、保险基本法律规范，熟悉保险合同订立、履行及纠纷处理流程；
5. 掌握保险公司展业、承保、理赔、保全等业务的基本知识、业务规范与操作；
6. 熟悉客户的基本要求，掌握保险营销的基本知识与技巧；
7. 掌握保险代理、保险经纪和保险公估的基本知识、业务规范与操作流程；
8. 熟悉投资理财业务的基本知识、业务规范与操作流程；
9. 掌握互联网保险业务规范和操作流程；
10. 了解创新型人才的素质要求，了解创业的概念、要素与特征；
11. 掌握创新思维和创业的含义、类型与过程；
12. 掌握创业机会的寻找与评估、创业环境分析、创业团队组建、创业融资渠道与方式、创业计划书撰写等相关知识。

（三）能力

1. 具有良好的沟通表达能力和团队协作能力；
2. 具备一定的信息技术应用和维护能力；
3. 能开展保险展业、承保、理赔、保全等业务；
4. 能运用保险营销的基本知识与技巧，进行市场调查、分析保险营销渠道、设计保险营销方案、保险产品销售；
5. 运用人身保险的基本知识及人寿保险、人身意外伤害保险和健康保险等主要险种的经营流程，开展人身保险营销、核保、理赔、客户服务等；
6. 能为各类企事业单位进行风险评估及提供合理化的防灾防损财产保险建议；
7. 能运用保险中介业务的基本知识与技能，进行保险代理、保险经纪与保险公估等中介业务的管理；

8. 具有保险咨询及理财规划的能力；

9. 具备互联网保险的业务操作能力；

10. 能运用保险法律法规知识，协调处理简单的保险纠纷案件；

11. 能为保险营销人员进行专业培训，提高专业服务水平；

12. 能运用经济金融知识分析保险市场和行业动态。

七、课程设置及学时安排

（一）课程设置

主要包括公共基础课程和专业课程。

1. 公共基础课程。根据党和国家有关文件规定，将思想政治理论课、中华优秀传统文化、体育、军事课、大学生职业发展与就业指导、心理健康教育等课程列入公共基础必修课程，并将马克思主义理论类课程、党史国史、大学语文、信息技术、高等数学、公共外语、创新创业教育、健康教育、美育课程、职业素养等列为必修课或选修课。

2. 专业课程。一般包括专业基础课程、专业核心课程、专业拓展课程，并涵盖有关实践性教学环节。

（1）专业基础课程。一般开设7门。主要教学内容应包括经济学基础、现代金融基础、会计基础、互联网金融、个人理财、风险管理基础、营销技巧等。

（2）专业核心课程。一般开设6门。主要教学内容应包括保险理论与实务、财产保险实务、人身保险实务、保险中介、车险定损与理赔、保险法规等。

（3）专业拓展课程。主要包括社会保险、保险职业素养、保险客户服务与管理、保险市场调查与分析、保险统计与会计、健康管理、保险英语、保险综合技能、消费心理学、创业投资理论与实务等。

3. 专业核心课程和主要教学内容。

序号	专业核心课程	主要教学内容
1	保险理论与实务	保险的基本原理；主要的保险产品，包括财产保险、人身保险、责任保险、信用保险等；保险市场、保险业务经营与管理、保险监管等
2	财产保险实务	财产保险的基本知识及主要险种的经营流程；财产保险的基本原理、经营原则、财产保险费率及偿付；财产保险的展业、承保、理赔、保全等业务操作
3	人身保险实务	人身保险的基本知识及人寿保险、人身意外伤害保险和健康保险等主要险种的经营流程；人身保险的基本原理；人身保险的产品类别、条款；人身保险的理财规划；人身保险的营销、核保、理赔、客户服务等业务操作
4	保险中介	保险中介的基本理论，保险代理、保险经纪和保险公估的基本原理和业务操作规程，保险中介的监督和管理
5	车险定损与理赔	汽车保险定损与理赔所必需的专业知识和比较熟练的职业技能；汽车保险条款、车险查勘技术、汽车损伤核定及人伤鉴定、查勘与费用核定的有关内容
6	保险法规	保险行业的各种法律法规，保险监督管理机构颁布的各种规定和管理办法，资金运用的相关法律法规以及相关行业标准等

4. 实践性教学环节。主要包括实训、实习、毕业设计和社会实践等。实训可在校内实验实训室、校外实训基地等开展完成；社会实践、顶岗实习、跟岗实习由学校组织在校企合作共建的保险机构实习基地开展完成，实习实训教学主要包括企业认知实习；保险综合业务实践、保险产品营销实践、保险理财规划实践、职业证书技能实践（考证）、保险创新创业实践等校内外实训；进入保险行业开展的基层业务和管理岗位跟岗实习、顶岗实习。

实训实习既是实践性教学，也是专业课教学的重要内容，应注重理论与实践一体化教学。在第 1~2 学期安排认识实习，在第 3~4 学期安排跟岗实习，在第 5~6 学期安排顶岗实习。要严格执行《职业学校学生实习管理规定》，顶岗实习执行教育部发布的《高等职业学校保险专业顶岗实习标准》要求。

5. 其他要求。学校还应结合实际，开设关于社会责任、安全教育、节能减排、绿色环保、管理等人文素养、科学素养方面的选修课程、拓展课程或专题讲座（活动），并将有关内容融入专业课程教学中；将创新创业教育融入专业课程教学和有关实践性教学环节中；自主开设其他特色课程；组织开展德育活动、志愿服务活动和其他实践活动。

（二）学时安排

总学时一般为 2600~2700 学时，每 18 学时折算 1 学分。公共基础课总学时不少于总学时的 25%。实践性教学学时不少于总学时的 50%，其中，顶岗实习累计时间为 6 个月，可根据实际集中或分阶段安排实习时间。各类选修课程学时累计不少于总学时的 10%。

八、教学基本条件

（一）师资队伍

1. 队伍结构。学生数与本专业专任教师数比例不高于 25∶1，双师素质教师占专业教师比例不低于 60%，专任教师队伍要考虑职称、年龄，形成合理的梯队结构。

2. 专任教师。要求具有高校教师资格；具有高尚的师德，爱岗敬业，遵纪守法；具有金融、保险等相关专业本科及以上学历；具有相应的职业资格证书；具有扎实的保险专业相关理论功底和实践能力；具有信息化教学能力，能够开展课程教学改革和科学研究；每五年累计不少于 6 个月的企业实践经历。

3. 专业带头人。原则上应具有副高及以上职称，能够较好地把握国内外行业、专业发展态势，能密切联系行业企业和用人机构，了解行业企业和用人机构对保险专业人才的实际需求，教学设计、专业研究能力强，在本区域或本领域有一定的专业影响力。

4. 兼职教师。主要从保险行业企业聘任，具备良好的思想政治素质、职业道德和“工匠精神”，具有扎实的保险专业知识和丰富的实践工作经验，具有较高的专业素养和职业能力，能承担专业课程与实训教学、实习指导等专业教学任务。

（二）教学设施

教学设施主要包括满足学生专业学习和实习的专业教室、校内实训室、校外实习基地、信息化教学设施等。

1. 专业教室基本条件。满足电源、光照、安全条件，配备课桌椅、黑板、多媒体计算机、投影设备、音响设备，提供互联网接入和网络安全防护系统，场所面积、容纳师生数量能够满足开课需求。安装应急照明装置，并保持良好状态，符合紧急疏散要求，标志明显，保持逃生通道畅通无阻。

2. 校内实训室基本要求。建立“理实一体”的校内专业实训室，配备保险教学软件资源，满足学生从事保险业务岗位内容的教学与实训需要。

（1）财产保险业务实训室：服务器、投影设备、白板、计算机 1 台 / 人，Wi-Fi 覆盖，安装模拟财产保险全险种、全流程业务处理的教学软件。支持保险理论与实务、财产保险实务、保险中介、车险定损与理赔等课程的教学与实训。

（2）人身保险业务实训室：服务器、投影设备、白板、计算机 1 台 / 人，Wi-Fi 覆盖，安装模拟人寿保险、人身意外伤害保险和健康保险等人身保险的全险种、全流程业务处理的教学软件。支持保险理论与实务、人身保险实务、保险中介、健康管理、社会保险等课程的教学与实训。

（3）保险综合技能实训室：服务器、投影设备、白板、计算机 1 台 / 人，Wi-Fi 覆盖，安装模拟保险业务教学软件一套。用于保险综合技能、风险管理、保险统计与会计、保险市场调查与分析、保险英语等课程的教学与实训。

（4）保险职业技能拓展实训室：服务器、投影设备、白板、计算机 1 台 / 人，Wi-Fi 覆盖，安装一体化试（视）听设备 1 套，活动课桌椅 1 套 / 人。用于保险营销、保险客户服务与管理、保险职业素养、消费心理学等课程的教学与实训。

3. 校外实训基地基本要求。积极与保险企业开展产学合作，在各类商业保险公司、保险中介机构和商业银行等金融企业建立紧密型的校外实训基地，实训设施齐备，实训岗位、实训指导教师确定，实训管理及实施规章制度齐全。与专业建立紧密联系的校外实训基地应达 3 个以上。

4. 学生实习基地基本要求。选择能够提供承保、理赔、保险销售等相关岗位的本专业代表性企业作为实习基地；配备相应数量的企业指导教师对学生实习进行指导和管理。同时，实习基地应有保证实习生日常工作、学习、生活的规章制度，有安全、保险保障。

5. 支持信息化教学基本要求。推进落实职业院校数字校园建设相关标准，建设网络教学平台，配置与专业相关的一定数量的多媒体素材（如图形 / 图像、音频、视频和动画）、题库、案例等，能够通过现代信息技术手段开展教学，实施与学生教学互动的功能。引导鼓励教师开发并利用信息化教学资源、教学平台，创新教学方法、提升教学效果。

（三）教学资源

教学资源主要包括能够满足学生专业学习、教师专业教学研究和教学实施需要的教材、图书及数字资源等。

1. 教材选用基本要求。按照国家规定选用优质教材，禁止不合格的教材进入课堂。建立由专业教师、行业专家和教研人员等组成的教材选用机构，完善教材选用制度，经过规范程序择优选用教材。鼓励与行业企业合作开发特色鲜明的专业课校本教材。

2. 图书、文献配备基本要求。图书、文献配备能满足人才培养、专业建设、教科研等工作的需要，方便师生查询、借阅。其中，专业类图书、文献主要包括保险理论、业务操作、行业标准类图书。图书资料要及时融入保险行业发展的新制度法规、新业务、新产品、新做法，满足教师教学设计、课程设计、资料查询等教学需要和学生的学习、阅读需要。

3. 数字资源配备基本要求。建设、配置与本专业有关的文献、音视频资料、电子教材、教辅材料、教学课件、案例库、实训软件、行业政策法规资料、就业创业信息等，形式多样、内容丰富、使用便捷、动态更新、满足教学。

九、质量保障

（一）建立专业建设和教学过程质量监控机制，建全专业教学质量监控管理制度，完善课堂教学、教学评价、实习实训、毕业设计以及专业调研、人才培养方案更新、资源建设等方面质量标准建设，通过教学实施、过程监控、质量评价和持续改进，达成人才培养规格。

（二）完善教学管理机制，加强日常教学组织运行与管理，定期开展课程建设水平和教学质量诊改，建立健全巡课、听课、评教、评学等制度，严明教学纪律和课堂纪律，强化教学组织功能，定期开展公开课、示范课等教研活动。建立与企业联动的实践教学环节督导制度。

（三）建立专业毕业生跟踪反馈机制及社会评价机制，并对生源情况、在校生学业水平、毕业生就业情况等进行分析，定期评价人才培养质量和培养目标达成情况。

（四）应充分利用评价分析结果有效改进专业教学，针对人才培养过程中存在的问题，制定诊断与改进措施，持续提高人才培养质量。

投资与理财专业教学标准

一、专业名称（专业代码）

投资与理财（630206）

二、入学要求

普通高级中学毕业、中等职业学校毕业或具备同等学力

三、基本修业年限

三年

四、就业面向

所属专业大类（代码）	所属专业类（代码）	对应行业（代码）	主要职业类别（代码）	主要岗位类别（或技术领域）	职业资格（职业技能等级）证书
财经商贸大类（63）	金融类（6302）	货币金融服务（66）	银行综合柜员（4-05-01-01）	柜员	银行业专业人员职业资格证书（初级） 初级会计资格证书 国家理财规划师职业资格证书（三级）
			银行客户业务员（4-05-01-03）	理财专员 / 客户经理	
			银行信贷员（4-05-01-02）	客户信贷经理	
			银行信用卡业务员（4-05-01-04）	信用卡销售	
		资本市场服务（67）	证券交易员（2-06-11-02）	交易员	证券从业人员资格证书（初级） 基金从业人员资格证书（初级） 期货从业人员资格证书（初级） 国家理财规划师职业资格证书（三级）
			证券投资顾问（2-06-11-03）	理财顾问 / 客户经理	
			其他证券业务人员（2-06-11）	客户经理	
		保险业（68）	保险专业人员（2-06-10）	保险代理人	中国保险从业人员资格证书
		其他金融业（69）	其他金融服务人员（2-06-99）	理财顾问 / 理财专员 / 财富管理 / 投资顾问	银行业专业人员职业资格证书（初级） 证券从业人员资格证书（初级） 国家理财规划师职业资格证书（三级） 基金从业人员资格证书（初级）

五、培养目标

本专业培养拥护党的基本路线，适应区域经济建设和社会发展需要，面向商业银行、证券公司、期货公司、投资服务类公司、互联网金融企业、企事业单位的投资或财会等部门，从事基层业务和管理岗位，具有诚信、合作、敬业、创新创业基本素养，掌握经济学、金融学、证券投资、个人理财规划、创业创新等知识，具备银行业务、金融投资、个人理财规划、互联网理财、计算机操作、点钞与电脑传票、创业等技能，能从事金融投资分析与咨询、客户理财服务、金融机构柜台操作、金融产品营销与客户推广、企业资本运作与财务等工作，同时具有较强创新创业能力的德、智、体、美方面全面发展，具有较强可持续发展能力的高素质技术技能型专门人才。

六、培养规格

本专业毕业生应在素质、知识和能力等方面达到以下要求。

（一）素质

1. 坚决拥护中国共产党领导，树立中国特色社会主义共同理想，践行社会主义核心价值观，具有深厚的爱国情感和中华民族自豪感；

2. 崇尚宪法、遵守法律、遵规守纪；

3. 遵守、履行道德准则和行为规范，具有社会责任感和社会参与意识；

4. 崇德向善、诚实守信、爱岗敬业，具有精益求精的工匠精神；

5. 具有质量意识、安全意识、职业生涯规划意识和创新思维；

6. 具有较强的集体意识和团队合作精神，良好的行为习惯和自我管理能力；

7. 具有健康的体魄、心理和健全的人格，养成良好的健身与卫生习惯；

8. 具有一定的信息、审美和人文素养。

（二）知识

1. 掌握证券投资、风险投资和实物投资等现代投资的基础知识、基本分析方法和基本操作程序；

2. 掌握金融市场基本理论，熟悉商业银行和投资银行的经营运作与业务内容，通晓金融业各项临柜业务，了解各类金融中介机构的业务及其运作方式；

3. 掌握个人理财业务的基本知识、业务规范与操作规程；

4. 掌握金融业客户服务的基本知识和业务规范；

5. 了解企业会计准则和会计制度，掌握现代企业会计核算方法和统计技术，熟悉企业财务管理、经营管理基本知识；

6. 掌握必需的、实用的英语和计算机知识；

7. 掌握创新思维和创业的含义、类型与过程；

8. 掌握创业机会的寻找与评估、创业环境分析、创业团队组建、创业融资渠道与方式、创业计划书撰写等相关知识，包括创业市场评估、创业融资、创办企业流程与风险管理等。

（三）能力

在具有必备的基本理论知识和专业知识的基础上，通过教学组织形式创新与改革，使学生重点掌握从事本专业领域实际工作的基本操作技巧，取得包括证券投资、理财规划、反假货币、中文输入、点钞技术、电脑传票等在内的相关职业资格证书，具备相关岗位适应能力和相关领域的活动能力，包括：

1. 能够进行初步的金融投资分析，具有为企事业单位、居民提供投资理财服务的能力；

2. 能够为金融机构的客户提供一线综合服务，并具备一线金融业务管理及市场开拓能力；

3. 能够从事企业的会计业务以及进行初步的投融资分析；

4. 具有一定的阅读和翻译专业英文资料的能力以及初步的英语听说和写作能力；

5. 能够利用计算机工具进行专业相关信息处理和专业业务处理；

6. 能根据自身条件，结合经济发展机遇，确定创新创业的发展方向、目标战略并制订具体实施方案；具有一定的创业规划与财务管理能力；熟悉创业流程、政策，并能与相关部门和个人进行有效的协调和沟通。

七、课程设置与教学安排

（一）课程设置

主要包括公共基础课程和专业课程。

1. 公共基础课程。根据党和国家有关文件规定，将思想政治理论课、中华优秀传统文化、体育、军事课、大学生职业发展与就业指导、心理健康教育等课程列入公共基础必修课程，并将马克思主义理论类课程、党史国史、大学语文、信息技术、高等数学、公共外语、创新创业教育、健康教育、美育课程、职业素养等列为必修课或选修课。

2. 专业课程。专业课程一般包括专业基础课程、专业核心课程和专业拓展课程。

（1）专业基础课程。专业基础课程， 一般设置 7 门。课程名称可以有差异，但主要教学内容应包括经济学基础、现代金融学基础、会计学基础、金融服务礼仪、互联网金融、风险管理、营销技巧等。

（2）专业核心课程。专业核心课程，一般设置 7 门，包括个人理财、证券投资实务、商业银行综合柜台业务、保险理论与实务、投资基金、期货与金融衍生品、理财综合技能等。

（3）专业拓展课程。本专业的专业拓展课程有两类，一类是能够促进人才在某一领域深层次发展或跨界发展的课程，包括理财规划方案设计、投资学、信托、租赁、公司理财（双语课）、财务会计、创业投资理论与实务等；另一类是职业资格类考试辅导，包括证券从业人员资格考证辅导、银行业专业人员职业资格考证辅导、基金从业人员资格考证辅导、期货从业人员资格考证辅导等。专业拓展课程还可以依据区域金融内部发展结构进行适当调整。

3. 专业核心课程及主要教学内容。

序号	专业核心课程	主要教学内容
1	个人理财	理财规划师基本素质培养，进行财务计算、客户交流、收集客户资料、理财客户服务的相关操作 客户分析，包括客户财务、风险和理财需求分析 人生规划，包括为客户制定合理的教育规划和养老规划 现金和消费规划，为客户现金管理、购房和购车做好相应的规划 保险规划，结合客户自身的风险情况，为客户制定较为全面的保险产品组合 投资规划，结合客户的风险承受能力和偏好等情况，制定风险和收益合适的投资工具组合 综合利用各类理财产品设计，为客户制订具有一定可行性的综合家庭理财规划方案
2	证券投资实务	证券投资的主要品种，包括基本概念和特征等；证券市场运行体系，分析我国多层次的证券市场 下载股票行情分析和交易软件 收集资料分析证券市场的运行体系；能够掌握证券发行与承销的各个具体环节；能够分析证券市场流通环节和交易流程 通过各类金融经济网站获取信息；能从宏观、中观以及微观的分析中，判断投资品种的基本投资价值并进行实际操作 运用相关技术分析方法进行投资品种的选择，较合适地选择交易策略及投资技巧 证券网络操作，了解目前已经开设“网店”的证券公司及其营销、盈利模式
3	商业银行综合柜台业务	银行柜员基本职业能力素质培养 个人存款业务相关知识与操作规程；个人贷款业务相关知识与操作规程；个人结算业务相关知识与操作规程 个人代理业务相关知识与操作规程；个人外汇业务相关知识与操作规程 柜面突发事件处理；电子银行业务规范；金融综合业务技能操作 金融互联网背景下的新业务（个人银行账户、移动支付、电子化印章、手机银行、微信银行等）
4	投资基金	基金软件基本的使用功能以及网上交易操作 利用封闭式基金进行套利交易、开放式基金定投，熟悉各种交易方法适用的情形 通过基金公司、投资结构等，判断某基金的投资价值；运用相关技术分析方法进行基金的选择和比较；能较合适地选择交易策略及投资技巧 新出现的互联网平台基金相关操作
5	期货与金融衍生品	期货软件基本的使用功能以及网上交易操作，熟悉主要期货交易的品种 期货的套期保值交易、投机与套利交易方法，熟悉各种交易方法适用情形 通过各类金融经济网站获取基本信息，并进行期货与金融衍生品基本面分析；能够收集资料分析期货和衍生品市场的运行体系；能通过期货技术分析，判断某期货价格的未来走势；运用相关技术分析方法进行具体品种的选择和模拟投资；能运用期货交易策略及投资技巧 期权的要素、期权价格分析，掌握期权的交易基本策略，运用期权损益状态图分析标的资产价格变化对期权损益的影响
6	保险理论与实务	保险的基本内容，熟悉保险公司的展业、建议书的制作、投保书的填写、核保承保、签订合同、保单保全和保险理赔等流程 主要的保险产品，掌握财产保险、人身保险、责任保险、信用保险等 保险市场与监管，能了解保险市场、保险业务经营与管理、保险监管等
7	理财综合技能	通过各类金融经济网站获取股票、基金、期货、外汇及黄金等的信息 运用相应行情分析软件 对具体的品种进行投资基本分析和技术分析 进行股票、基金、期货、外汇及黄金等的投资模拟

4. 实践性教学环节。主要包括实训、各类实习和社会实践、毕业设计等。专业的实训可在校内实验实训室、校外实训基地等开展完成，主要由课程主讲教师负责设计和考核；社会实践、顶岗实习、跟岗实习、认知实习主要由学校组织在校企合作共建的金融机构实习基地开展完成。实习的内容主要包括：如认知实习要求，初步了解银行、证券、期货、基金、互联网金融等金融企业和其他企业的运作过程，对于企业的资金管理与资本运作有初步的感性认识，初步了解企业相关岗位工作的基本内容，着重了解岗位人员的基本素质与能力的要求，为今后的专业课程学习奠定基础；跟岗实习则要求在实习期间，实习生分别深入银行、券商、期货、投资、互联网金融公司等金融机构以及各企事业单位，结合专业知识，进行业务和相关流程实习，达到熟悉、掌握和运用专业知识，提升自身综合能力的目的；校外顶岗实习是组织学生到企业进行专业对口实习，培养学生适应社会，综合运用所学理论解决实际问题的能力。

实训实习既是实践性教学，也是专业课教学的重要内容，应注重理论与实践一体化教学。在第1~2学期安排认识实习，在第3~4学期安排跟岗实习，在第5~6学期安排顶岗实习。要严格执行《职业学校学生实习管理规定》，顶岗实习执行教育部发布的《高等职业学校保险专业顶岗实习标准》要求。

5. 其他要求。学校还应结合实际，开设关于社会责任、安全教育、节能减排、绿色环保、管理等人文素养、科学素养方面的选修课程、拓展课程或专题讲座（活动），并将有关内容融入专业课程教学中；将创新创业教育融入专业课程教学和有关实践性教学环节中；自主开设其他特色课程；组织开展德育活动、志愿服务活动和其他实践活动。

（二）学时安排

总学时一般为2600~2700学时，每18学时折算1学分。公共基础课总学时一般不少于总学时的25%。实践性教学学时原则上不少于总学时的50%。其中，顶岗实习累积时间原则上为6个月，一般为550~600学时，可根据实际集中或分阶段安排实习实践。各类选修课程学时累积不少于总学时的10%。

八、教学基本条件

（一）师资队伍

1. 队伍结构。学生数与本专业专任教师数比例不高于25∶1，双师素质教师占专业教师比例不低于80%，专任教师队伍要考虑职称、年龄形成合理的梯队结构。

2. 专任教师。要求具有高校教师资格；具有良好的师德，爱岗敬业，遵纪守法；具有金融学、经济学等相关专业本科及以上学历，扎实的投资理财专业相关理论功底和实践能力；具有信息化教学能力，能够开展课程教学改革和科学研究；每五年累计不少于6个月的企业实践经历。

3. 专业带头人。原则上应具有副高及以上职称，能够较好地把握国内外行业、专业发展态势，能密切联系行业企业，了解行业企业对投资理财专业人才的需求实际，教学设计、专业研究能力强，在本区域或本领域有一定的专业影响力。

4. 兼职教师。主要从行业企业聘任，具备良好的思想政治素质、职业道德和工匠精神，具有丰富的实践经验，具有较高的专业素养和职业能力，能承担课程与实训教学、实习指导等专业教学任务。

（二）教学设施

教学设施主要包括满足学生专业学习和实习的专业教室、校内实训室、校外实习基地、信息化教学设施等。

1. 专业教室基本条件。教室面积与座位数应符合学生人数的要求；桌椅配备和摆放应达到各类课程教学模式的要求；教室应满足电源、光照、安全条件，配备书写板、多媒体教学设备，以及教学所需的展示设备、音响设备、交换机等；具备网络使用条件，能进行实时信息查询、金融类交易、查询软件的使用，以及线上教学资源的实时使用要求；能达到环保、工程质量要求，保证学生课堂的人身安全；安装应急照明装置，并保持良好状态，符合紧急疏散要求，标志明显，保持逃生通道畅通无阻。

2. 校内实验实训基地基本要求。建立“理实一体”的校内专业实训室，配备投资理财教学软件资源，满足学生从事专业相关业务岗位内容的教学与实训需要。

（1）808 理财实训中心：服务器、投影设备、电子触摸屏（含白板功能）、计算机 1 台 / 人，Wi-Fi 覆盖，安装模拟同花顺软件、外汇行情软件、理财投资技能大赛相关软件、智能理财综合实训软件等。支持个人理财、证券投资实务、理财综合技能、投资基金、期货与金融衍生品、互联网理财、理财规划方案设计等课程的教学与实训。实训中心还需兼顾理财顾问咨询、理财方案设计等业务的需求。

（2）证券实训中心：服务器、投影设备、白板、计算机 1 台 / 人，Wi-Fi 覆盖，安装模拟同花顺软件、外汇行情软件、国泰君安期货软件等。支持个人理财、证券投资实务、理财综合技能、投资基金、期货与金融衍生品、期货从业资格考证辅导等课程的教学与实训。该实训中心还兼顾证券投顾、期货投顾等业务的需求，能了解期货行业的发展历程，并能对风险有充分的认知。

（3）智能投顾中心暨投资者教育基地：服务器、投影设备、白板、计算机 1 台 / 人，Wi-Fi 覆盖，安装模拟同花顺软件、外汇行情软件、理财投资技能大赛相关软件、智能理财综合实训软件等。支持个人理财、证券投资实务、理财综合技能、投资基金、期货与金融衍生品、互联网理财、投资学、理财规划方案设计等课程的教学与实训。该实训中心还兼顾模拟投资与理财、了解证券行业的发展历程的功能，并面向社会公众开放，具有证券期货知识普及、风险提示、信息服务等投资者教育服务功能的场所和网络平台，是开展投资者教育的重要平台。

3. 校外实训基地应达到的基本要求。校外实训基地数量及实习人数容量应与学生人数形成合理比例，保证不同年级学生校外实训需求的满足。本专业积极与专业职业面向符合的机构开展产教融合工作，包括银行、证券、期货、基金、保险以及其他金融投资机构等，建立紧密型的校外实训基地，实训设施齐全，实训岗位及相应的指导教师确定，实训管理与实施规章制度完备。另外，校外实训基地能承担教师行业实践或挂职锻炼等任务。一般专业的校外实训基地不少于 15 个。

4. 学生实习基地应达到的基本要求。学生实习基地数量应与学生人数形成合理比例，保证不同年级学生认识实习、跟岗实习和顶岗实习等不同需求的满足；学生实习基地要符合专业职业面向，可包括银行、证券、期货、基金、保险以及其他金融投资机构等；学生实习基地需以 1 : 1 的比例配备校内专任教师和校外行业专家作为指导教师团队。同时，实习基地应有保证实习生日常工作、学习、生活的规章制度，有安全、保险保障。

5. 支持信息化教学基本要求。推进落实职业院校数字校园建设相关标准，建设网络教学平台，配置与专业相关的一定数量的多媒体素材（如图形 / 图像、音频、视频和动画）、题库、案例库等，能够通过现代信息技术手段开展教学，实施与学生教学互动的功能。引导鼓励教师开发并利用信息化教学资源、教学平台，创新教学方法，实现课程线上和线下的混合式教学，提升教学效果。

（三）教学资源

教学资源主要包括能够满足学生专业学习、教师专业教学研究和教学实施需要的教材、图书及数字资源等。

1. 教材选用的基本要求。优先从国家和省两级规划教材目录中选用教材，禁止不合格的教材进入课堂。学校应建立由专业教师、行业专家和教研人员等组成的教材选用工作小组，完善教材选用的规章制度，按照规章制度，经过一定程序遴选评议，择优选用教材。

2. 图书、文献资料库的基本要求。图书、文献资料库能满足人才培养、专业建设、教学科研等工作的需要，方便师生查询、借阅。内容上主要包括：中国特色社会主义理论、哲学、文学、艺术、宗教、教育论、教学法类图书，银行、证券、期货、基金、保险及投资理财等相关专业书籍，银行、证券、保险、基金等各类职业资格考试配套书籍等。资料库应满足教师教学设计、课程设计、资料查询等教学需要和学生的学习、阅读需要。学校图书馆应配有同样的手册和资料，或公众号，供学生随时查阅。

3. 数字资源配备基本要求。应建立、配置与本专业有关的文献、音视频资料、电子教材、教辅材料、教学课件、案例库、实训软件、行业政策法规资料、就业创业信息等，形式多样、使用便捷、动态更新以满足教学需要。

整合教学素材和竞赛、创业项目，引导学生利用数字资源进行技能训练，积累工程经验，提升学生专业能力。

九、质量保障

（一）学校和二级院系应建立专业建设和教学过程质量监控机制，建全专业教学质量监控管理制度，完善课堂教学、教学评价、实习实训、毕业设计以及专业调研、人才培养方案更新、资源建设等方面质量标准建设，通过教学实施、过程监控、质量评价和持续改进，达成人才培养规格。

（二）学校、二级院系及专业教研组织应完善教学管理机制，加强日常教学组织运行与管理，定期开展课程建设水平和教学质量诊改，建立健全巡课、听课、评教、评学等制度，严明教学纪律和课堂纪律，强化教学组织功能，定期开展公开课、示范课等教研活动。

（三）学校应建立专业毕业生跟踪反馈机制及社会评价机制，并对生源情况、在校生学业水平、毕业生就业情况等进行分析，定期评价人才培养质量和培养目标达成情况。

（四）专业教研组织应充分利用评价分析结果有效改进专业教学，针对人才培养过程中存在的问题，制定诊断与改进措施，持续提高人才培养质量。

会计专业教学标准

一、专业名称（专业代码）

会计（630302）

二、入学要求

普通高级中学毕业、中等职业学校毕业或具备同等学力

三、基本修业年限

三年

四、职业面向

<table>
<tr><th>所属专业大类（代码）</th><th>所属专业类（代码）</th><th>对应行业（代码）</th><th>主要职业类别（代码）</th><th>主要岗位类别（技术领域）举例</th><th>职业资格（职业技能等级）证书举例</th></tr>
<tr><td rowspan="5">财经商贸大类（63）</td><td rowspan="5">财务会计类（6303）</td><td rowspan="5">会计、审计及税务服务（7241）</td><td>会计专业人员（2-06-03）</td><td rowspan="5">会计核算
会计主管
审计助理
代理记账
管理会计
会计监督
税务管理
银行柜员
客户经理
证券经纪人</td><td rowspan="5">初级会计师
初级审计师
银行业初级资格
证券从业资格
管理会计师</td></tr>
<tr><td>审计专业人员（2-06-04）</td></tr>
<tr><td>税务专业人员（2-06-05）</td></tr>
<tr><td>银行专业人员（2-06-09）</td></tr>
<tr><td>证券专业人员（2-06-11）</td></tr>
</table>

五、培养目标

本专业培养拥护党的基本路线，适应区域经济建设和社会发展需要，面向中小企业、金融机构、会计师事务所等基层业务和管理岗位，具有诚信、合作、敬业、创新创业基本素养，掌握财务会计、税务、管理会计、财务管理、审计、互联网技术、创业创新等知识，具备企业会计核算、涉税处理、财务管理、年报审计、会计信息处理、创业等能力，能从事出纳、会计、银行综合柜员、审计助理、代理记账等工作，同时具有较强网络应用能力和创新创业能力的德、智、体、美方面全面发展，具有较强可持续发展能力的高素质技术技能型专门人才。

六、培养规格

本专业毕业生应在素质、知识和能力等方面达到以下要求。

（一）素质

1. 坚决拥护中国共产党领导，树立中国特色社会主义共同理想，践行社会主义核心价值观，具有深厚的爱国情感和中华民族自豪感；
2. 崇尚宪法、遵守法律、遵规守纪；
3. 遵守、履行道德准则和行为规范，具有社会责任感和社会参与意识；
4. 崇德向善、诚实守信、爱岗敬业，具有精益求精的工匠精神；
5. 具有质量意识、安全意识、职业生涯规划意识和创新思维；
6. 具有较强的集体意识和团队合作精神，良好的行为习惯和自我管理能力；
7. 具有健康的体魄、心理和健全的人格，养成良好的健身与卫生习惯；
8. 具有一定的信息、审美和人文素养。

（二）知识

1. 掌握必备的思想政治理论、科学文化基础知识；
2. 了解与本专业相关的法律法规以及文明生产、绿色环保、安全消防、创新创业等知识；
3. 掌握管理、经济、统计、金融等财务职业素养的相关基础知识；
4. 掌握企业财务会计、成本核算与管理、预算管理、财务分析、投融资管理、营运管理、绩效管理、内部控制与风险防范等方面的知识；
5. 掌握企业涉税业务处理、税收筹划等税收管理方面的知识；
6. 掌握企业资源计划（ERP）信息管理、财务制度设计、业财融合、财务共享服务、管理会计等方面的知识。

（三）能力

1. 具有探究学习和终身学习、分析问题和解决问题的能力；
2. 具有组织、协调、管理、沟通、团队协作、语言和文字表达的能力；
3. 具有文字、表格、图像的计算机处理能力，本专业必需的信息技术应用能力；
4. 具备良好的自我管理能力、适应与抗压能力；
5. 具备会计核算、成本计算、成本分析、成本控制与成本效益评价以及财务分析与决策能力；
6. 具备预算管理、营运管理、投融资管理、绩效管理能力；
7. 具备企业涉税业务处理和税收筹划能力；
8. 具备企业内部控制与风险管理的能力；
9. 具备业财融合与财务制度设计能力；
10. 具备财务信息的数据挖掘、数据分析、数据应用能力。

七、课程设置及学时安排

（一）课程设置

课程包括公共基础课程和专业课程。

1. 公共基础课程。根据党和国家有关文件规定，将思想政治理论课、中华优秀传统文化、体育、军事课、大学生职业发展与就业指导、心理健康教育等课程列入公共基础必修课程，并将马克思主义理论类课程、党史国史、财经应用文写作、信息技术、高等数学、公共外语、创新创业教育、健康教育、美育课程、财务职业素养等列为必修课或选修课。

2. 专业课程。一般包括专业基础课程、专业核心课程、专业拓展课程，并涵盖有关实践性教学环节。

（1）专业基础课程 。一般开设5门，主要教学内容应包括管理学基础、经济学基础、现代金融基础、经济法基础、统计学基础等。

（2）专业核心课程 。一般开设 9 门，主要包括基础会计、会计信息化、企业财务会计、成本核算与管理、税收基础、ERP 信息管理、财务管理实务、管理会计、Excel 财务应用等。

（3）专业拓展课程。一般包括三类，一是拓展专业应用能力的课程，例如，中级会计实务、银行会计实务、企业纳税实务、审计实务、会计综合技能、行业会计比较、会计制度设计、财务分析等；二是体现行业发展新技术的课程，例如，财务共享服务、业财融合财务、大数据在财务中的应用等；三是体现职业素养的课程，例如，明理课程、淑女课程、中国会计文化、职业礼仪、职场沟通技术等课程。

3. 专业核心课程和主要教学内容。

序号	专业核心课程	主要教学内容
1	基础会计	包括原始凭证的审查、原始凭证的填制和审核、记账凭证的填制、日记账、明细账、总账的登记、会计账务处理流程运用
2	企业财务会计	包括货币资金业务、应收款项业务、存货业务、在建工程及固定资产业务、投资业务、无形资产及其他资产业务、流动负债业务、非流动负债业务、收入和费用业务、利润业务等核算，财务会计报告编制
3	ERP 信息管理	包括会计信息化的初始化及总账、固定资产、工资、应收和应付账款、报表等模块的基本操作；ERP 系统物流（采购、销售、库存）、生产、财务、计划等主要功能模块的操作，分模块实施，依据企业信息化实施方法解决企业实际问题
4	成本核算与管理	包括材料费用、人工费用、辅助生产费用和制造费用归集、分配和管理方法；生产费用在完工产品和在产品之间分配方法；分批法、品种法和分步法的核算方法；成本预测、成本控制、成本分析、成本效益评价的基本方法，以及标准成本管理、作业成本管理等现代成本管理方法的应用
5	财务管理实务	包括货币时间价值应用、筹资管理、项目投资决策、证券投资决策、资产管理、资金的筹集决策、财务管理软件操作以及财务分析与评价
6	税收基础	包括增值税、消费税、企业所得税、个人所得税、关税、资源税、城市建设维护税、房产税、印花税，以及其他税种的征收基本规定；应纳税额计算方法，纳税申报流程与方法

4. 实践性教学环节。主要包括实训、实习、毕业设计和社会实践等。实训可在校内实验实训室、校外实训基地等开展完成；实践、实习主要内容包括：会计职业基础能力实训、会计岗位核算能力实训、会计信息化岗位实训、税务岗位实训、财务管理能力实训、银行会计核算能力实训、成本核算岗位实训、会计主管岗位实训、出纳岗位实训、审计岗位实训、管理会计岗位实训、财务分析岗位实训、财务共享核心能力实训、业财融合能力实训、大数据财务处理能力实训等。要严格执行《职业学校学生实习管理规定》和专业顶岗实习标准的有关要求。在第 1~2 学期安排认识实习，在第 3~4 学期安排跟岗实习，在第 5~6 学期安排顶岗实习。实训实习既是实践性教学，也是专业课教学的重要内容，应注重理论与实践一体化教学。

5. 其他要求。学校应结合实际，开设社会责任、安全教育、节能减排、绿色环保、管理等人文素养、科学素养方面的选修课程、拓展课程或专题讲座（活动），并将有关内容融入专业课程教学中；将创新创业教育融入专业课程教学和有关实践性教学环节中；自主开设其他特色课程；组织开展德育活动、志愿服务活动和其他实践活动。

（二）学时安排

总学时一般为 2600~2700 学时，每 18 学时折算 1 学分。公共基础课总学时不少于总学时的 25%。实践性教学学时不少于总学时的 60%，其中，顶岗实习累计时间为 6 个月，可根据实际集中或分阶段安排实习时间。各类选修课程学时累计不少于总学时的 20%。

八、教学基本条件

（一）师资队伍

1. 队伍结构。学生数与本专业专任教师数比例不高于 20 : 1，双师素质教师占专业教师比例不低于 90%，专任教师队伍要考虑职称、年龄形成合理的梯队结构。

2. 专任教师。要求具有高校教师资格；具有良好的师德，爱岗敬业，遵纪守法；具有会计、财务管理等相关专业硕士研究生及以上学历，扎实的会计相关理论功底和实践能力；具有信息化教学能力，能够开展课程教学改革和科学研究；每五年累计不少于 6 个月的企业实践经历。

3. 专业带头人。原则上应具有副高及以上职称，能够较好地把握国内外行业、专业发展，能密切联系行业企业，了解行业企业对会计专业人才的需求实际，教学设计、专业研究能力强，在本区域或本领域有一定的专业影响力。

4. 兼职教师。主要从行业企业聘任，具备良好的思想政治素质和职业道德；中级及以上会计行业相关专业技术资格；较高的会计职业素养和专业能力，丰富的实践经验，能够胜任专业课程与实训教学、实习指导等专业教学任务。

（二）教学设施

教学设施主要包括能够满足正常的课程教学、实习实训所必需的专业教室、实训室和实训基地、支持信息化教学等。

1. 专业教室基本条件。满足电源、光照、安全条件，配备课桌椅、黑板、多媒体教学设备、基本教具、网络接口或网络环境等，能够满足专业课程理论教学的需要，场所面积、容纳师生数量能够满足开课需求。

2. 校内实训室基本要求。

（1）会计技能实训室：服务器、投影设备、白板、计算机 1 台 / 人，Wi-Fi 覆盖，安装相关会计核算软件。用于基础会计、企业财务会计、ERP 信息管理、银行会计实务、会计综合技能等课程的教学与实训。

（2）成本管理实训室：服务器、投影设备、白板、计算机 1 台 / 人，Wi-Fi 覆盖，产品生产线展示，安装相关成本核算与管理软件。用于成本管理、项目实践等课程的教学与实训。

（3）税务技能实训室：服务器、投影设备、白板、计算机 1 台 / 人，Wi-Fi 覆盖，安装纳税申报与税务实训软件。用于税务管理、项目实践等课程的教学与实训。

（4）现代会计综合技能实训室：服务器、投影设备、白板、计算机 1 台 / 人，Wi-Fi 覆盖，按照大数据、业财融合要求设计布置环境，安装业财融合综合实训相关软件和工具。用于会计综合技能、业财融合财务、大数据在财务中的应用等课程的教学与实践。

（5）云会计财务共享中心：服务器、投影设备、白板、计算机 1 台 / 人，Wi-Fi 覆盖，按照财务共享中心要求设计布置环境，安装财务共享业务实训相关软件和工具，用于财务共享服务等课程的教学与实践。

3. 校外实训基地基本要求。选择能够提供会计相关典型职业活动、注重产教融合的优质企业或社会中介机构作为校外实训基地。实训基地设施齐备，实训岗位、实训指导教师确定，实训管理及实施规章制度齐全。与专业建立紧密联系的校外实训基地应达 50 个以上。

4. 学生实习基地基本要求。选择能够提供会计相关工作岗位的各类代表性企业和社会中介机构作为学生实习基地，可接纳一定规模的学生安排顶岗实习；能够配备相应数量的指导教师对学生实习进行指导和管理；有保证实习生日常工作、学习和生活的相关规章制度，有安全、保险保障。

5. 支持信息化教学基本要求。具有利用数字化教学资源库、文献资料、常见问题解答等的信息化条件。引导鼓励教师开发并利用信息化教学资源、教学平台、创新教学方法、提升教学效果。

（三）教学资源

教学资源主要包括能够满足学生专业学习、教师专业教学研究和教学实施需要的教材、图书及数字资源等。

1. 教材选用基本要求。按照国家规定选用优质教材，禁止不合格的教材进入课堂。建立由专业教师、行业专家和教研人员等参与的教材选用机构，完善教材选用制度，经过规范程序择优选用教材。

2. 图书、文献配备基本要求。图书、文献配备能满足人才培养、专业建设、教科研等工作的需要，方便师生查询、借阅。专业类图书包括有关会计专业理论、技术、方法、思维以及实务操作类图书和文献。

3. 数字资源配备基本要求。建设、配备与本专业有关的文献、音视频素材、数字教材、教学课件、教辅材料、案例库、政策法规库、习题与试题库、实训软件、专业技术资格考试信息、就业创业信息等，形式多样、种类丰富、使用便捷、动态更新、满足教学。

九、质量保障

（一）建立专业建设和教学过程质量监控机制，健全专业教学质量监控管理制度，完善课堂教学、教学评价、实习实训、毕业设计以及专业调研、人才培养方案更新、资源建设等方面质量标准建设，通过教学实施、过程监控、质量评价和持续改进，达成人才培养规格。

（二）完善教学管理机制，加强日常教学组织运行与管理，定期开展课程建设水平和教学质量诊改，建立健全巡课、听课、评教、评学等制度，严明教学纪律和课堂纪律，强化教学组织功能，定期开展公开课、示范课等教研活动。

（三）建立专业毕业生跟踪反馈机制及社会评价机制，对生源情况、在校生学业水平、毕业生就业情况等进行分析，定期评价人才培养质量和培养目标达成情况。

（四）建立专业教学诊断与改进制度。分专业层面、课程层面、师资层面、学生层面进行分层教学诊断与反馈，注重数据采集的源头管控、定期分析汇总，明确改进目标，提出改进意见，评价改进效果，持续提高人才培养质量。

财务管理专业教学标准

一、专业名称（专业代码）

财务管理（630301）

二、入学要求

普通高级中学毕业、中等职业学校毕业或具备同等学力

三、基本修业年限

三年

四、职业面向

所属专业大类（代码）	所属专业类（代码）	对应行业（代码）	主要职业类别（代码）	主要岗位类别（技术领域）举例	职业资格（职业技能等级）证书举例
财经商贸大类（63）	财务会计类（6303）	会计、审计及税务服务（7241）	会计专业人员（2-06-03） 税务专业人员（2-06-05）	会计核算 会计主管 财务分析 预算管理 成本管理 投融资管理 税务管理 营运管理 绩效管理 风险管理	会计初级专业技术资格证书

五、培养目标

本专业培养理想信念坚定、德技并修、全面发展，具有一定的科学文化水平、良好的职业道德和工匠精神、较强的就业创业能力，具有支撑终身发展、适应时代要求的关键能力，掌握财务管理专业知识和技术技能，面向会计、审计及税务服务行业各类中小微企业、非营利组织的会计专业人员、税务专业人员等职业群的相关技术领域，能够从事会计、审计及税务服务行业会计核算、会计主管、财务分析、预算管理、成本管理、投融资管理、税务管理、营运管理、绩效管理、风险管理等工作的高素质技术技能人才。

六、培养规格

本专业毕业生应在素质、知识和能力等方面达到以下要求。

（一）素质

1. 坚决拥护中国共产党领导，树立中国特色社会主义共同理想，践行社会主义核心价值观，具有深厚的爱国情感和中华民族自豪感；

2. 崇尚宪法、遵守法律、遵规守纪；

3. 遵守、履行道德准则和行为规范，具有社会责任感和社会参与意识；

4. 崇德向善、诚实守信、爱岗敬业，具有精益求精的工匠精神；

5. 具有质量意识、安全意识、职业生涯规划意识和创新思维；

6. 具有较强的集体意识和团队合作精神，良好的行为习惯和自我管理能力；

7. 具有健康的体魄、心理和健全的人格，养成良好的健身与卫生习惯；

8. 具有一定的信息、审美和人文素养。

（二）知识

1. 掌握必备的思想政治理论、科学文化基础知识；

2. 了解与本专业相关的法律法规以及文明生产、绿色环保、安全消防、创新创业等知识；

3. 掌握管理、经济、统计、金融等财务职业素养的相关基础知识；

4. 掌握企业财务会计、成本管理、预算管理、财务分析、投融资管理、营运管理、绩效管理、内部控制与风险防范等方面的知识；

5. 掌握企业涉税业务处理、税收筹划等税收管理方面的知识；

6. 掌握 ERP 信息管理、财务制度设计、业财融合财务、财务共享服务、管理会计等方面的知识。

（三）能力

1. 具有探究学习和终身学习、分析问题和解决问题的能力；

2. 具有组织、协调、管理、沟通、团队协作、语言和文字表达的能力；

3. 具有文字、表格、图像的计算机处理能力，本专业必需的信息技术应用能力；

4. 具备良好的自我管理能力、适应与抗压能力；

5. 具备会计核算、成本计算、成本分析、成本控制与成本效益评价以及财务分析与决策能力；

6. 具备预算管理、营运管理、投融资管理、绩效管理能力；

7. 具备企业涉税业务处理和税收筹划能力；

8. 具备企业内部控制与风险管理的能力；

9. 具备业财融合与财务制度设计能力；

10. 具备财务信息的数据挖掘、数据分析、数据应用能力。

七、课程设置及学时安排

（一）课程设置

课程包括公共基础课程和专业课程。

1. 公共基础课程。根据党和国家有关文件规定，将思想政治理论课、中华优秀传统文化、体育、军事课、大学生职业发展与就业指导、心理健康教育等课程列入公共基础必修课程，并将马克思主义理论类课程、党史国史、财经应用文写作、信息技术、高等数学、公共外语、创新创业教育、健康教育、美育课程、财务职业素养等列为必修课或选修课。

2. 专业课程。一般包括专业基础课程、专业核心课程、专业拓展课程，并涵盖有关实践性教学环节。

（1）专业基础课程。一般开设7门，主要教学内容应包括管理学基础、经济学基础、现代金融基础、经济法基础、统计学基础、财务管理基础、基础会计等。

（2）专业核心课程。一般开设7门，主要包括企业财务会计、预算管理、成本管理、投融资管理、税务管理、内部控制与风险管理、财务分析与业绩评价等。

（3）专业拓展课程 。一般包括三类，一是拓展专业应用能力的课程，例如，营运管理、绩效管理、财务制度设计、ERP信息管理、中国会计文化等；二是体现行业发展新技术的课程，例如，财务共享服务、业财融合财务、大数据在财务中的应用等；三是体现本校优势特色的课程。

3. 专业核心课程和主要教学内容。

序号	专业核心课程	主要教学内容
1	企业财务会计	包括货币资金业务、应收款项业务、存货业务、在建工程及固定资产业务、投资业务、无形资产及其他资产业务、流动负债业务、非流动负债业务、收入和费用业务、利润业务等核算，财务会计报告编制
2	成本管理	包括企业成本核算的基本原理，产品成本计算、成本预测、成本控制、成本分析、成本效益评价的基本方法，以及标准成本管理、作业成本管理等现代成本管理方法的应用
3	预算管理	包括全面预算的内容、全面预算管理的目标；全面预算的编制程序、编制方法；经营预算的编制、专门预算的编制、财务预算的编制；全面预算的执行、调整、分析与考核
4	投融资管理	包括项目投资决策程序，项目投资现金流量的估算，项目投资决策评价方法；证券投资的种类，各种有价证券的投资决策方法；企业资金需要量预测，负债资金筹集，权益资金筹集，资金成本及资本结构决策方法
5	税务管理	包括增值税、消费税、企业所得税、个人所得税、关税、资源税、城市建设维护税、房产税、印花税，以及其他税种的征收基本规定，应纳税额计算方法，纳税申报流程与方法，税收筹划方法
6	内部控制与风险管理	包括我国内部控制与风险管理规范，内部环境、风险识别、风险分析、风险应对、控制活动、信息与沟通、内部监督等的基本内容与基本方法
7	财务分析与业绩评价	包括财务报表分析方法，偿债能力分析、盈利能力分析、营运能力分析、发展能力分析、上市公司财务指标分析，内部业绩评价，企业业绩评价

4. 实践性教学环节。主要包括实训、实习、毕业设计和社会实践等。实训可在校内实验实训室、校外实训基地等开展完成；实践、实习主要内容包括：会计核算技能实训、

成本管理技能实训、财务分析技能实训、投融资管理技能实训、税务技能实训、财务链管理与供应链管理实训、营运管理技能实训、绩效管理技能实训、内部控制技能实训、财务管理综合实训等。要严格执行《职业学校学生实习管理规定》和专业顶岗实习标准的有关要求。在第 1~2 学期安排认识实习，在第 3~4 学期安排跟岗实习，在第 5~6 学期安排顶岗实习。实训实习既是实践性教学，也是专业课教学的重要内容，应注重理论与实践一体化教学。

5. 其他要求。学校应结合实际，开设社会责任、安全教育、节能减排、绿色环保、管理等人文素养、科学素养方面的选修课程、拓展课程或专题讲座（活动），并将有关内容融入专业课程教学中；将创新创业教育融入专业课程教学和有关实践性教学环节中；自主开设其他特色课程；组织开展德育活动、志愿服务活动和其他实践活动。

（二）学时安排

总学时一般为 2600~2700 学时，每 18 学时折算 1 学分。公共基础课总学时不少于总学时的 25%。实践性教学学时不少于总学时的 50%，其中，顶岗实习累计时间为 6 个月，可根据实际集中或分阶段安排实习时间。各类选修课程学时累计不少于总学时的 10%。

八、教学基本条件

（一）师资队伍

1. 队伍结构。学生数与本专业专任教师数比例不高于 25∶1，双师素质教师占专业教师比例不低于 60%，专任教师队伍要考虑职称、年龄形成合理的梯队结构。

2. 专任教师。要求具有高校教师资格；具有良好的师德，爱岗敬业，遵纪守法；具有会计、财务管理等相关专业本科及以上学历，扎实的财务管理相关理论功底和实践能力；具有信息化教学能力，能够开展课程教学改革和科学研究；每五年累计不少于 6 个月的企业实践经历。

3. 专业带头人。原则上应具有副高及以上职称，能够较好地把握国内外行业、专业发展，能密切联系行业企业，了解行业企业对财务管理专业人才的需求实际，教学设计、专业研究能力强，在本区域或本领域有一定的专业影响力。

4. 兼职教师。主要从行业企业聘任，具备良好的思想政治素质和职业道德；中级及以上会计行业相关专业技术资格；较高的财务职业素养和专业能力，丰富的实践经验，能够胜任专业课程与实训教学、实习指导等专业教学任务。

（二）教学设施

教学设施主要包括能够满足正常的课程教学、实习实训所必需的专业教室、实训室和实训基地、支持信息化教学等。

1. 专业教室基本条件。满足电源、光照、安全条件，配备课桌椅、黑板、多媒体教学设备、基本教具、网络接口或网络环境等，能够满足专业课程理论教学的需要，场所面积、容纳师生数量能够满足开课需求。

2. 校内实训室基本要求。

（1）会计技能实训室：服务器、投影设备、白板、计算机 1 台 / 人，Wi-Fi 覆盖，安装相关会计核算软件。用于基础会计、企业财务会计、ERP 信息管理等课程的教学与实训。

（2）成本管理实训室：服务器、投影设备、白板、计算机 1 台 / 人，Wi-Fi 覆盖，产品生产线展示，安装相关成本核算与管理软件。用于成本管理、项目实践等课程的教学与实训。

（3）税务技能实训室：服务器、投影设备、白板、计算机 1 台 / 人，Wi-Fi 覆盖，安装纳税申报与税务实训软件。用于税务管理、项目实践等课程的教学与实训。

（4）财务管理综合技能实训室：服务器、投影设备、白板、计算机 1 台 / 人，Wi-Fi 覆盖，按照财务管理岗位设计布置环境，安装财务分析、财务管理等相关软件和工具。用于财务分析与业绩评价、预算管理、投融资管理、内部控制与风险管理、营运管理、绩效管理等课程的教学与实践。

3. 校外实训基地基本要求。选择能够提供财务管理相关典型职业活动、注重产教融合的优质企业或社会中介机构作为校外实训基地。实训基地设施齐备，实训岗位、实训指导教师确定，实训管理及实施规章制度齐全。与专业建立紧密联系的校外实训基地应达 3 个以上。

4. 学生实习基地基本要求。选择能够提供财务管理相关工作岗位的各类代表性企业和社会中介机构作为学生实习基地，可接纳一定规模的学生安排顶岗实习；能够配备相应数量的指导教师对学生实习进行指导和管理；有保证实习生日常工作、学习和生活的相关规章制度，有安全、保险保障。

5. 支持信息化教学基本要求。具有利用数字化教学资源库、文献资料、常见问题解答等的信息化条件。引导鼓励教师开发并利用信息化教学资源、教学平台、创新教学方法提升教学效果。

（三）教学资源

教学资源主要包括能够满足学生专业学习、教师专业教学研究和教学实施需要的教材、图书及数字资源等。

1. 教材选用基本要求。按照国家规定选用优质教材，禁止不合格的教材进入课堂。建立由专业教师、行业专家和教研人员等参与的教材选用机构，完善教材选用制度，经过规范程序择优选用教材。

2. 图书、文献配备基本要求。图书、文献配备能满足人才培养、专业建设、教学科研等工作的需要，方便师生查询、借阅。专业类图书包括有关财务管理专业理论、技术、方法、思维以及实务操作类图书和文献。

3. 数字资源配备基本要求。建设、配备与本专业有关的文献、音视频素材、数字教材、教学课件、教辅材料、案例库、政策法规库、习题与试题库、实训软件、专业技术资格考试信息、就业创业信息等，形式多样、种类丰富、使用便捷、动态更新满足教学。

九、质量保障

（一）建立专业建设和教学过程质量监控机制，健全专业教学质量监控管理制度，完善课堂教学、教学评价、实习实训、毕业设计以及专业调研、人才培养方案更新、资源建设等方面质量标准建设，通过教学实施、过程监控、质量评价和持续改进，达成人才培养规格。

（二）完善教学管理机制，加强日常教学组织运行与管理，定期开展课程建设水平和教学质量诊改，建立健全巡课、听课、评教、评学等制度，严明教学纪律和课堂纪律，强化教学组织功能，定期开展公开课、示范课等教研活动。

（三）建立专业毕业生跟踪反馈机制及社会评价机制，对生源情况、在校生学业水平、毕业生就业情况等进行分析，定期评价人才培养质量和培养目标达成情况。

（四）充分利用评价分析结果，有效改进专业教学，针对人才培养过程中存在的问题，制定诊断与改进措施，持续提高人才培养质量。

信用管理专业教学标准

一、专业名称（专业代码）

信用管理（630207）

二、入学要求

普通高级中学毕业、中等职业学校毕业或具备同等学力

三、基本修业年限

三年

四、职业面向

所属专业大类（代码）	所属专业类（代码）	对应行业（代码）	主要职业类别（代码）	主要岗位类别（技术领域）举例	职业资格（职业技能等级）证书举例
财经商贸大类（63）	金融类（6302）	信托服务（691）	信托服务人员（4–05–06）	信用管理 风险管理 银行柜员 客户经理 会计核算 会计主管 财务分析	初级会计师 证券从业资格证 初级经济师 助理信用管理师 管理会计师
		会计、审计及税务服务（7241）	会计专业人员（2–06–03）		
			信贷审核专业人员（2–06–09–05）		
			银行综合柜员（4–05–01–01）		
			银行信贷员（4–05–01–02）		
			证券专业人员（2–06–11）		

五、培养目标

本专业培养拥护党的基本路线，适应大数据征信需求、产业增长和区域经济特色发展需要，面向大中型工商企业、金融机构、会计师事务所、资信评级机构等基层业务和管理岗位，具有诚信、合作、敬业、创新创业基本素养，掌握资信调查、信用评级、企业与个人信用管理、信用管理咨询、商账追收以及互联网征信、创业创新等知识，具备大数据背景下风险管理、信用评价、信用分析、创业等能力，能从事信用数据处理、信用管理、信用分析等工作，同时具有德、智、体、美方面全面发展，具有较强可持续发展能力的高素质技术技能型专门人才。

六、培养规格

本专业毕业生应在素质、知识和能力等方面达到以下要求。

（一）素质

1. 坚决拥护中国共产党领导，树立中国特色社会主义共同理想，践行社会主义核心价值观，具有深厚的爱国情感和中华民族自豪感；
2. 崇尚宪法、遵守法律、遵规守纪；
3. 遵守、履行道德准则和行为规范，具有社会责任感和社会参与意识；
4. 崇德向善、诚实守信、爱岗敬业，具有精益求精的工匠精神；
5. 具有质量意识、安全意识、职业生涯规划意识和创新思维；
6. 具有较强的集体意识和团队合作精神，良好的行为习惯和自我管理能力；
7. 具有健康的体魄、心理和健全的人格，养成良好的健身与卫生习惯；
8. 具有一定的信息、审美和人文素养。

（二）知识

1. 掌握《企业会计准则》等相关规定；掌握不同行业企业的资产、负债、所有者权益、收入、费用、利润等会计要素的核算原理、方法及会计报表的编制方法；
2. 掌握《会计法》《合同法》《公司法》《财政法》等财经相关法律基础知识，掌握会计人员职业道德的基本要求；
3. 掌握互联网以及互联网征信等基础知识；
4. 掌握会计信息化的初始化及总账、固定资产、工资、应收和应付账款等模块的基本操作方法；
5. 掌握经济、金融、理财、行业制度比较、ERP、计算机日常操作和互联网运用的基础知识，掌握与本专业岗位相关的基础英语知识；
6. 掌握信用管理体系的运作原理，熟悉失信惩戒机制的基本原理；
7. 理解企业信用风险转移的方式，熟悉信用风险转移基本工具的使用条件和实施对象；
8. 理解企业信用评级的评级符号、评级方法；
9. 理解财务分析的基本知识，熟悉各个财务指标，理解各个财务指标之间的关系；
10. 理解企业信用管理部门的基本职能，熟悉商情、授信、商账和外勤等各岗位的基本工作内容；
11. 理解信用风险管理的基础知识，熟悉信用风险分析的主要方法；
12. 了解互联网金融发展新业态，了解互联网金融的专业化、规模化和多样化；
13. 掌握创新思维和创业的含义、类型与过程，掌握创业机会的寻找与评估、创业环境分析、创业团队组建、创业融资渠道与方式、创业计划书撰写等相关知识。

（三）能力

1. 具备资信调查能力，能运用大数据平台，对企业开展征信调查；

2. 掌握信用分析方面的专业知识，能熟练应用财务和非财务分析方法；

3. 熟悉计算机和互联网知识的应用，能运用计算机对专业相关信息和专业业务进行处理；

4. 具备一定的信用评级能力，能够针对不同行业企业的实际情况对企业资信状况进行客观评价；

5. 具备一定的内勤催收和外勤催收、委托专业机构催收、法律催收的能力，能够熟练运用所学知识对应收账款采取行之有效的催收方法，使企业坏账风险降到最低；

6. 具备一定的行业分析、企业竞争力分析、企业风险综合分析的技能，能对企业的信用风险进行全面分析；

7. 具备识别原始凭证、填制记账凭证、登记账簿、期末对账、报表编制和分析的能力，能够准确地进行企业日常经济业务的会计核算；

8. 具备一定的阅读和翻译专业英文资料的能力以及英语的听、说、读、写能力；

9. 能根据主客观条件，因地制宜，准确确定创新创业的发展方向、目标、战略以及制订具体实施方案，具有一定的人员和财务管理能力，能与相关部门和个人进行有效的协调和沟通。

七、课程设置及学时安排

（一）课程设置

课程包括公共基础课程和专业课程。

1. 公共基础课程。根据党和国家有关文件规定，将思想政治理论课、中华优秀传统文化、体育、军事课、大学生职业发展与就业指导、心理健康教育等课程列入公共基础必修课程，并将马克思主义理论类课程、党史国史、财经应用文写作、信息技术、高等数学、公共外语、创新创业教育、健康教育、美育课程、财务职业素养等列为必修课或选修课。

2. 专业课程。一般包括专业基础课程、专业核心课程、专业拓展课程，并涵盖有关实践性教学环节。

（1）专业基础课程。一般开设7门，主要教学内容应包括经济学基础、现代金融基础、个人理财、互联网金融、Excel 财务应用、基础会计、ERP 信息管理等。

（2）专业核心课程。一般开设6门，主要包括财务会计、信用管理实务、互联网思维与大数据、信用评级、信用大数据处理、信用管理综合实训等。

（3）专业拓展课程。一般包括三类，一是拓展专业应用能力的课程，例如，财务分析、跨文化商务沟通、企业纳税实务、行业会计比较、市场营销等；二是体现行业发展新技术的课程，例如，征信理论与实务、互联网金融营销、网络借贷与众筹等；三是体现职业素养的课程，例如，明理课程、淑女课程、中国会计文化、职业礼仪、职场沟通技术等课程。

3. 专业核心课程和主要教学内容。

序号	专业核心课程	主要教学内容
1	财务会计	包括货币资金业务、应收款项业务、存货业务、在建工程及固定资产业务、投资业务、无形资产及其他资产业务、流动负债业务、非流动负债业务、收入和费用业务、利润业务等核算，财务会计报告编制
2	互联网思维与大数据	包括互联网思维的维度，互联网思维在传统企业的运用，揭开大数据的面纱，大数据在信用管理中的运用等
3	信用管理实务	包括信用管理基础理论，组织信用管理工作，熟悉社会信用体系的框架，我国社会信用体系的建设与发展；信用管理岗位的业务操作技巧；运用现代信息技术和互联网平台查询企业信用信息
4	信用评级	包括信用评级的基本理论和实务操作技能；运用现代信息技术和互联网金融终端平台收集受评企业信息，并撰写信用评级报告
5	信用大数据处理	运用大数据时代信息技术和互联网金融终端平台收集信用信息，并用相关软件进行数据处理
6	信用管理综合技能	对各种类型的信用报告进行分析，并能完成一份质量较高的信用报告

4. 实践性教学环节。根据不同课程的特点及初学者由浅入深的学习认识规律，采用分阶段的基础实践 + 单项实践 + 综合实践的“三段式”模式，主要包括实训、实习、毕业设计和社会实践等，具体运作形式为线上线下混合式。实训可在校内实验实训室、校外实训基地等开展完成；实践、实习主要内容包括会计核算技能实训、财务管理技能实训、信用管理技能实训、财务分析技能实训、信用评级技能实训、信用大数据处理实训、信用管理综合实训和会计的一天、信用管理行业的一天综合实训等。要严格执行《职业学校学生实习管理规定》和专业顶岗实习标准的有关要求。在第 1~2 学期安排认识实习，在第 3~4 学期安排跟岗实习，在第 5~6 学期安排顶岗实习。实训实习既是实践性教学，也是专业课教学的重要内容，应注重理论与实践一体化教学。

5. 其他要求。学校（本专业）应结合实际，开设社会责任、安全教育、节能减排、绿色环保、管理等人文素养、科学素养方面的选修课程、拓展课程或专题讲座（活动），并将有关内容融入专业课程教学中；将创新创业教育融入专业课程教学和有关实践性教学环节中；自主开设其他特色课程，如明理课程、淑女课程和国际化课程；组织开展德育活动、志愿服务活动和其他实践活动。

（二）学时安排

总学时一般为 2600~2700 学时，每 18 学时折算 1 学分。公共基础课总学时不少于总学时的 25%。实践性教学学时不少于总学时的 60%，其中，顶岗实习累计时间为 6 个月，可根据实际集中或分阶段安排实习时间。各类选修课程学时累计不少于总学时的 50%。

八、教学基本条件

（一）师资队伍

1. 队伍结构。学生数与本专业专任教师数比例不高于 20∶1，双师素质教师占专业教师比例不低于90%，专任教师队伍要考虑职称、年龄形成合理的梯队结构。

2. 专任教师。要求具有高校教师资格；具有良好的师德，爱岗敬业，遵纪守法；具有会计、财务管理等相关专业硕士研究生及以上学历，扎实的信用管理相关理论功底和实践能力；具有信息化教学能力，能够开展课程教学改革和科学研究；每三年累计不少于6个月的企业实践经历。

3. 专业带头人。原则上应具有副高及以上职称，能够较好地把握国内外行业、专业发展，能密切联系行业企业，了解行业企业对财务（信用）管理专业人才的需求实际，教学设计、专业研究能力强，在本区域或本领域有一定的专业影响力。

4. 兼职教师。主要从行业企业聘任，具备良好的思想政治素质和职业道德；中级及以上信用管理行业相关专业技术资格；较高的信用管理职业素养和专业能力，丰富的实践经验，能够胜任专业课程与实训教学、实习指导等专业教学任务。

（二）教学设施

教学设施主要包括能够满足正常的课程教学、实习实训所必需的专业教室、实训室和实训基地、支持信息化教学等。

1. 专业教室基本条件。满足电源、光照、安全条件，配备课桌椅、黑板、多媒体教学设备、基本教具、网络接口或网络环境等，能够满足专业课程理论教学的需要，场所面积、容纳师生数量能够满足开课需求。

2. 校内实训室基本要求。

（1）会计技能实训室：服务器、投影设备、白板、计算机1台/人，Wi-Fi覆盖，安装相关会计核算软件。用于基础会计、财务会计、企业ERP信息管理等课程的教学与实训。

（2）“云之家”财务共享中心体验室：服务器、投影设备、白板、计算机1台/人，Wi-Fi覆盖，安装云之家移动工作平台。用于财务管理实务、信用管理实务项目实践等课程的教学与实训。

（3）互联网征信实训室：服务器、投影设备、白板、计算机1台/人，Wi-Fi覆盖，按照信用管理岗位设计布置环境，安装信用管理、信用评级、大数据处理等相关软件和工具。用于信用管理实务、信用评级、信用大数据处理、信用管理综合实训等课程的教学与实践。

3. 校外实训基地基本要求。选择能够提供信用管理相关典型职业活动、注重产教融合的优质企业或社会中介机构作为校外实训基地。实训基地设施齐备，实训岗位、实训指导教师确定，实训管理及实施规章制度齐全。与专业建立紧密联系的校外实训基地应达50个以上。

4. 学生实习基地基本要求。选择能够提供信用管理相关工作岗位的各类代表性企业和社会中介机构作为学生实习基地，可接纳一定规模的学生安排顶岗实习；能够配备相应数量的指导教师对学生实习进行指导和管理；有保证实习生日常工作、学习和生活的相关规章制度，有安全、保险保障。

5. 支持信息化教学基本要求。具有利用数字化教学资源库、文献资料、常见问题解答等的信息化条件。引导鼓励教师开发并利用信息化教学资源、教学平台、创新教学方法、提升教学效果。

（三）教学资源

教学资源主要包括能够满足学生专业学习、教师专业教学研究和教学实施需要的教材、图书及包括电子图书在内的数字资源等。

1. 教材选用基本要求。按照国家规定选用优质教材，禁止不合格的教材进入课堂。建立由专业教师、行业专家和教研人员等参与的教材选用机构，完善教材选用制度，经过规范程序择优选用教材。

2. 图书、文献配备基本要求。图书、文献配备能满足人才培养、专业建设、教科研等工作的需要，方便师生查询、借阅。专业类图书包括有关信用管理专业理论、技术、方法、思维以及实务操作类图书和文献。

3. 数字资源配备基本要求。建设、配备与本专业有关的文献、在线开放课程、立体化教材、音视频素材、微课 、教学课件、教辅材料、案例库、政策法规库、习题与试题库、实训软件、专业技术资格考试信息、就业创业信息等，形式多样、种类丰富、使用便捷、动态更新、满足教学。

九、质量保障

（一）在专业层面构建起“主体明确、职责明晰、责任到人”的专业建设和教学过程质量监控机制，建全专业教学质量监控管理制度，完善课堂教学、教学评价、实习实训、毕业设计以及专业调研、人才培养方案更新、资源建设等方面质量标准建设，通过教学实施、过程监控、质量评价和持续改进，达成人才培养规格。

（二）在课程层面，完善教学管理机制，加强日常教学组织运行与管理，定期开展课程建设水平和教学质量诊改，建立健全巡课、听课、评教、评学等制度，严明教学纪律和课堂纪律，强化教学组织功能，定期开展公开课、示范课等教研活动。

（三）在学生层面，建立专业毕业生跟踪反馈机制、在校生质量反馈机制及社会评价机制，对生源情况、在校生学业水平、毕业生就业情况等进行分析，定期评价人才培养质量和培养目标达成情况。

（四）在师资层面，逐步建立起建专业发展规划、专业组织实施、专业过程控制、专业质量提升与教师发展融为一体的机制，增强教师对质量文化的认同感，促进专业特色质量文化的形成。

市场营销专业教学标准

一、专业名称（专业代码）

市场营销（630701）

二、入学要求

普通高级中学毕业、中等职业学校毕业或具备同等学力

三、基本修业年限

三年

四、职业面向

所属专业大类（代码）	所属专业类（代码）	对应行业（代码）	主要职业类别（代码）	主要岗位类别（技术领域）举例	职业资格（职业技能等级）证书举例
财经商贸大类（63）	市场营销类（6307）	商务服务业（72）	批发与零售服务人员（4-01） 金融服务人员（4-05）	营销策划专员 市场分析专员 市场推广专员 产品销售专员 客户服务专员 客户关系管理专员 网络营销专员 销售主管 市场主管等	助理营销师

五、培养目标

本专业培养拥护党的基本路线，适应互联网背景下区域经济建设和社会发展需要，具有诚信、合作、敬业、创新创业基本素养，掌握市场营销、工商管理、经济金融、创业创新等知识，具备市场调研、营销策划、产品销售、商务谈判、客户服务及管理、网络及新媒体营销、创新创业能力等核心技能，面向金融、商贸等各类工商企业的基层业务和管理等相关岗位，能够从事市场分析、市场推广、产品销售、客户服务及管理、网络营销、营销管理等工作，同时具有德、智、体、美全面发展和较强可持续发展能力的高素质技术技能型专门人才。

六、培养规格

本专业毕业生应在素质、知识和能力等方面达到以下要求。

（一）素质

1. 坚决拥护中国共产党领导，树立中国特色社会主义共同理想，践行社会主义核心价值观，具有深厚的爱国情感和中华民族自豪感；

2. 崇尚宪法、遵守法律、遵规守纪；

3. 遵守、履行道德准则和行为规范，具有社会责任感和社会参与意识；

4. 崇德向善、诚实守信、爱岗敬业，具有精益求精的工匠精神；

5. 具有质量意识、安全意识、职业生涯规划意识和创新思维；

6. 具有较强的集体意识和团队合作精神，良好的行为习惯和自我管理能力；

7. 具有健康的体魄、心理和健全的人格，养成良好的健身与卫生习惯；

8. 具有一定的信息、审美和人文素养。

（二）知识

1. 掌握市场营销系统理论及基础知识；

2. 掌握企业经营管理及经济法律法规知识；

3. 掌握市场调查、目标市场分析、营销组合策划的基本知识；

4. 掌握产品推销和商务谈判的基础知识；

5. 掌握客户关系开发、维护及管理的基础知识；

6. 掌握连锁门店、商业综合体及新型零售业态的营销知识；

7. 掌握新媒体营销、电子商务的基础知识；

8. 了解金融产品知识，掌握各类金融产品的营销方法；

9. 掌握消费者心理知识，熟悉各类商务礼仪；

10. 掌握供应链管理、立体化渠道管理、销售管理的基础知识；

11. 熟悉计算机和互联网知识的应用；

12. 掌握创业机会的寻找与评估、创业环境分析、创业团队组建、创业融资渠道与方式、创业计划书撰写等相关知识。

（三）能力

1. 能进行市场调研方案的设计并开展调研工作，具备较强的市场信息分析处理能力，会撰写调研报告；

2. 能在市场环境分析的基础上，策划各类营销方案；

3. 能针对目标市场，进行企业产品及品牌的推广；

4. 能有效整合各种媒体传播方式，开展线上线下整合营销；

5. 能根据方案协调各种资源，组织实施各类营销活动；

6. 能寻找目标客户，进行客户开发、客户关系维护和管理；

7. 能根据消费心理识别客户类型，有针对性地开展销售工作；

8. 能与客户进行有效沟通，开展商务谈判并签订合同；

9. 具有良好的商务礼仪，能完成客户现场接待和拜访工作；

10. 能准确及时处理客户异议及投诉，有效开展售后服务并提升客户满意度；
11. 能在掌握新媒体营销技术的基础上，有效开展电子商务工作；
12. 能充分利用各类营销资源，设计和管理立体化销售渠道；
13. 具有一定的人员和财务管理能力，能通过对营销活动全过程的计划、组织、激励、控制，开展有效的销售管理工作；
14. 具有较强的计算机和互联网知识的应用能力，能利用计算机工具进行专业相关信息处理和专业业务处理；
15. 能根据主客观条件，因地制宜，准确确定创新创业的发展方向、目标、战略以及制订具体实施方案。

七、课程设置及学时安排

（一）课程设置

课程包括公共基础课程和专业课程。

1. 公共基础课程。根据党和国家有关文件规定，将思想政治理论课、中华优秀传统文化、体育、军事课、大学生职业发展与就业指导、心理健康教育等课程列入公共基础必修课程，并将马克思主义理论类课程、党史国史、财经应用文写作、信息技术、公共外语、创新创业教育、健康教育、美育课程、营销职业素养等列为必修课或选修课。

2. 专业课程。一般包括专业基础课程、专业核心课程、专业拓展课程，并涵盖有关实践性教学环节。

（1）专业基础课程。一般开设6~8门，主要包括管理学基础、经济学基础、会计基础、经济法基础、商业文化伦理、市场营销基础、电子商务基础等。

（2）专业核心课程。一般开设6~8门，主要包括市场调研、消费者行为分析、营销策划、推销技巧、商务谈判、新媒体营销、广告策划与创意等。

（3）专业拓展课程。一般包括三类，一是拓展专业应用能力的课程，例如零售管理、服务营销、客户经理、现代物流管理、商务礼仪等；二是体现行业发展新技术的课程，例如营销模拟综合实训、网店运营、大数据在营销中的应用等；三是体现本校优势特色的课程。

3. 专业核心课程和主要教学内容。

序号	专业核心课程	主要教学内容
1	市场调研	市场调研的基本知识及市场调研技术在互联网环境下的演变，市场调研项目的策划、准备调研工具（观察表和调查问卷）、实施调查，调研结果的整理、分析，撰写调研报告
2	营销策划	市场营销策划的基本知识、战略策划、市场调研策划、CIS 策划、新产品开发及品牌策划、营销 4P 策划等方面的内容，以及在互联网环境下的发展变化。通过学习和训练，学生能够具备从事市场营销和营销管理工作所必需的市场营销策划的基础知识和基本技能

续表

序号	专业核心课程	主要教学内容
3	推销技巧	推销技巧的基本理论、基本知识和基本方法，推销过程中各阶段的推销方法和技巧，以及在互联网环境下的发展变化。包括推销前准备工作，制订有针对性的推销方案；寻找和管理潜在客户；接近客户的基本策略；有效开展销售沟通并达成交易
4	商务谈判	商务谈判的基本理论、谈判流程、技巧和策略等内容，以及在互联网环境下的演变，使学生具备从事通过包括互联网渠道在内的一般商务谈判及沟通活动所必需的基础知识和基本技能。能就具体的谈判项目，进行全面深入的收集情报资讯并撰写商务调查报告；制订完整的商务谈判计划书；掌握商务谈判的基本技巧和策略
5	新媒体营销	互联网环境下新媒体营销基础知识、新媒体营销推广工具、新媒体营销实施战略、新媒体营销应用方法、新媒体营销效果评价与用户研究等。通过学习和训练，学生能够具备从事新媒体营销工作所必需的基础知识和基本技能
6	广告策划与创意	广告策划的基本理论、基本知识和基本方法，以及在互联网环境下的演变。包括广告策划认知、广告策略制定、广告策划方案撰写、广告构成要素、广告创意设计、广告编排设计、常见平面广告的设计等，通过学习和训练，学生能够具备从事广告策划工作所必需的基础知识和基本技能
7	消费者行为分析	消费者购买决策的过程及其内外影响因素分析，以及在互联网环境下的演变。包括消费者购买决策过程（包括消费者对问题的认识、信息收集、评价与选择、购买和购后行为）；影响和决定消费者行为的个人与心理因素（包括消费者的知觉、注意、学习与记忆、态度、需要与动机、个性、自我概念与生活方式）；影响消费者行为的外部因素（包括文化、社会阶层、社会群体、家庭和情境因素），使学生能够具备从事营销或销售工作中观察与把握顾客心理的职业能力

4. 实践性教学环节。主要包括实训、实习、毕业设计和社会实践等。实训可在校内实验实训室、校外实训基地等开展完成；实践、实习主要内容包括：市场调研技能实训、营销策划技能实训、商务谈判技能实训、推销技巧技能实训、广告策划技能实训、电子商务技能实训、物流管理实训、新媒体营销技能实训、客户经理岗位综合技能实训、零售管理技能实训、商务礼仪技能实训、市场营销综合实训等。要严格执行《职业学校学生实习管理规定》和专业顶岗实习标准的有关要求。在第 1~2 学期安排认识实习，在第 3~4 学期安排跟岗实习，在第 5~6 学期安排顶岗实习。实训实习既是实践性教学，也是专业课教学的重要内容，应注重理论与实践一体化教学。

5. 其他要求。学校应结合实际，开设社会责任、安全教育、节能减排、绿色环保、管理等人文素养、科学素养方面的选修课程、拓展课程或专题讲座（活动），并将有关内容融入专业课程教学中；将创新创业教育融入专业课程教学和有关实践性教学环节中；自主开设其他特色课程；组织开展德育活动、志愿服务活动和其他实践活动。

（二）学时安排

总学时一般为 2600~2700 学时，每 18 学时折算 1 学分。公共基础课总学时不少于总学时的 25%。实践性教学学时不少于总学时的 50%，其中，顶岗实习累计时间为 6 个月，可根据实际集中或分阶段安排实习时间。各类选修课程学时累计不少于总学时的 10%。

八、教学基本条件

（一）师资队伍

1. 队伍结构。学生数与本专业专任教师数比例不高于 25∶1，双师素质教师占专业教师比例不低于 60%，专任教师队伍要考虑职称、年龄形成合理的梯队结构。

2. 专任教师。要求具有高校教师资格；具有良好的师德，爱岗敬业，遵纪守法；具有市场营销、经济管理等相关专业本科及以上学历，扎实的市场营销相关理论功底和实践能力；具有信息化教学能力，能够开展课程教学改革和科学研究；每五年累计不少于 6 个月的企业实践经历。

3. 专业带头人。原则上应具有副高及以上职称，能够较好地把握国内外行业、专业发展，能密切联系行业企业，了解行业企业对市场营销专业人才的需求实际，教学设计、专业研究能力强，在本区域或本领域有一定的专业影响力。

4. 兼职教师。主要从行业企业聘任，具备良好的思想政治素质和职业道德；中级及以上行业相关专业技术资格；较高的营销职业素养和专业能力，丰富的实践经验，能够胜任专业课程与实训教学、实习指导等专业教学任务。

（二）教学设施

教学设施主要包括能够满足正常的课程教学、实习实训所必需的专业教室、实训室和实训基地、支持信息化教学等。

1. 专业教室基本条件。满足电源、光照、安全条件，配备课桌椅、黑板、多媒体教学设备、基本教具、网络接口或网络环境等，能够满足专业课程理论教学的需要，场所面积、容纳师生数量能够满足开课需求。

2. 校内实训室基本要求。

（1）营销综合技能实训室：服务器、投影设备、白板、计算机 1 台 / 人，Wi-Fi 覆盖，安装相关专业实训软件，并营造职场氛围，能提供仿真化的各类校内专业课程教学、单项及综合技能实训和社会服务功能，并制定完善的实训室管理制度。

（2）营销新技术实训室：服务器、投影设备、白板、计算机 1 台 / 人，Wi-Fi 覆盖，安装新媒体及新技术营销实训软件，并营造职场氛围，还可选配耳麦、二维码扫描仪、微信公众号、液晶电视、打印机等，主要用于新媒体、新技术营销实训及本专业核心课程教学。

（3）营销模拟实训室：服务器、投影设备、白板、计算机 1 台 /1~4 人，Wi-Fi 覆盖，讨论工位，安装营销模拟教学软件，并营造职场氛围，主要用于开展营销模拟综合实训教学。通过模拟一个产业环境中多个企业之间相互竞争的市场环境，学生们分别扮演各个虚拟企业的营销小组，根据所获得的调查资料分析市场变化、竞争者动态等市场环境因素，确定公司营销战略，围绕“4P”的核心制定各种具体营销决策，决策数据由软件进行模型运算，产生模拟的市场运作结果。在课堂里营造一个真实的行业、企业竞争环境，模拟企业营销决策和管理过程，帮助学生系统地实践、体验和学习市场营销的完整方法体系。

3. 校外实训基地基本要求。选择能够提供市场营销相关典型职业活动、注重产教融合的优质企业或社会中介机构作为校外实训基地。实训基地设施齐备，实训岗位、实训指导教师确定，实训管理及实施规章制度齐全。与专业建立紧密联系的校外实训基地应达 3 个以上。

4. 学生实习基地基本要求。选择能够提供市场营销相关工作岗位的各类代表性企业和社会中介机构作为学生实习基地，可接纳一定规模的学生安排顶岗实习；能够配备相应数量的指导教师对学生实习进行指导和管理；有保证实习生日常工作、学习和生活的相关规章制度，有安全、保险保障。

5. 支持信息化教学基本要求。具有利用数字化教学资源库、文献资料、常见问题解答等的信息化条件。引导鼓励教师开发并利用信息化教学资源、教学平台、创新教学方法、提升教学效果。

（三）教学资源

教学资源主要包括能够满足学生专业学习、教师专业教学研究和教学实施需要的教材、图书及数字资源等。

1. 教材选用基本要求。按照国家规定选用优质教材，禁止不合格的教材进入课堂。建立由专业教师、行业专家和教研人员等参与的教材选用机构，完善教材选用制度，经过规范程序择优选用教材。

2. 图书、文献配备基本要求。图书、文献配备能满足人才培养、专业建设、教学科研等工作的需要，方便师生查询、借阅。专业类图书包括有关市场营销专业理论、技术、方法、思维以及实务操作类图书和文献。

3. 数字资源配备基本要求。建设、配备与本专业有关的文献、音视频素材、数字教材、教学课件、教辅材料、案例库、政策法规库、习题与试题库、实训软件、专业技术资格考试信息、就业创业信息等，形式多样、种类丰富、使用便捷、动态更新以满足教学需要。

九、质量保障

（一）建立专业建设和教学过程质量监控机制，健全专业教学质量监控管理制度，完善课堂教学、教学评价、实习实训、毕业设计以及专业调研、人才培养方案更新、资源建设等方面质量标准建设，通过教学实施、过程监控、质量评价和持续改进，达成人才培养规格。

（二）完善教学管理机制，加强日常教学组织运行与管理，定期开展课程建设水平和教学质量诊改，建立健全巡课、听课、评教、评学等制度，严明教学纪律和课堂纪律，强化教学组织功能，定期开展公开课、示范课等教研活动。

（三）建立专业毕业生跟踪反馈机制及社会评价机制，对生源情况、在校生学业水平、毕业生就业情况等进行分析，定期评价人才培养质量和培养目标达成情况。

（四）充分利用评价分析结果，有效改进专业教学，针对人才培养过程中存在的问题，制定诊断与改进措施，持续提高人才培养质量。

工商企业管理专业教学标准

一、专业名称（专业代码）

工商企业管理（630601）

二、入学要求

普通高级中学毕业、中等职业学校毕业或具备同等学力

三、基本修业年限

三年

四、职业面向

所属专业大类（代码）	所属专业类（代码）	对应行业（代码）	主要职业类别（代码）	主要岗位类别（技术领域）举例	职业资格（职业技能等级）证书举例
财经商贸大类（63）	工商管理类（6306）	零售业（52） 餐饮业（62） 商务服务业（72）	人力资源专业人员（2-06-08） 销售人员（4-01-02） 商务咨询服务人员（2-06-07）	人力资源管理专业人员 人力资源服务专业人员 营销员 管理咨询专业人员	人力资源管理员（三级） 人力资源管理员（四级） 助理营销师

五、培养目标

本专业培养拥护党的基本路线，适应区域经济建设和社会发展需要，面向以现代服务业为核心的企业基层管理和一线服务岗位，具有诚信、合作、敬业、创新创业等基本素养，掌握企业门店管理、人力资源管理、行政管理、客户关系管理、创新创业等基础知识，具备企业门店管理、人力资源管理、行政管理、客户关系管理等技能，同时具有较强创新创业能力的德、智、体、美全面发展，具有较强可持续发展能力的高素质技术技能型企管人才。

六、培养规格

本专业毕业生应在素质、知识和能力等方面达到以下要求。

（一）素质

1. 思想政治素质：热爱祖国，拥护党的基本路线，掌握马克思列宁主义、毛泽东思想和中国特色社会主义理论体系的基本原理，有正确的人生观、价值观、道德观和法

制观；

2. 人文与科学素质：具有科学精神和科学思维习惯，有健康、高雅的艺术与审美修养，有国际视野与跨文化理解能力，有较强的集体主义精神、鲜明的个性并学有所长；

3. 身心素质：达到《国家学生体质健康标准》，养成良好的健身与卫生习惯，掌握一定的竞技运动和职业体育技能，具有积极向上的态度、良好的人际关系和健全的人格；

4. 专业伦理与职业道德：符合工商企业管理专业伦理要求和相关企业从业人员职业道德要求，具有良好的职业态度、职业修养和终身学习能力，具有忠诚诚信、高度负责、爱岗敬业、开拓进取等职业精神，具有严格执行相关法律法规的态度，具有勤奋、严谨的职业习惯，具有较强的工作热情；

5. 创新创业素质：具有互联网思维、创新精神和创业意识，具备独立工作能力以及技术、社交、管理、交往协调等基本创新创业素养。

（二）知识

1. 掌握管理学、经济学的基本原理和现代企业管理的基本理论、基本知识；
2. 掌握企业管理的定性、定量分析方法；
3. 熟悉我国企业管理的有关方针、政策和法规；
4. 了解本学科的理论前沿和发展动态。

（三）能力

1. 能运用现代技术和现代理论进行企业实务管理的能力以及人力资源开发运用等方面的能力；
2. 具备企业融资、行政管理、外贸、市场营销等岗位的适应能力，以及门店管理、项目管理、物流管理、人力资源管理等相关领域的活动能力；
3. 具有较强的语言与文字表达、人际沟通以及分析和解决问题的基本能力；
4. 熟悉计算机和互联网知识的应用，能利用计算机工具进行专业相关信息处理和专业业务处理；
5. 具备自我学习能力和创新发展能力。

七、课程设置及学时安排

（一）课程设置

课程包括公共基础课程和专业课程。

1. 公共基础课程。根据党和国家有关文件规定，将思想政治理论课、中华优秀传统文化、体育、军事课、大学生职业发展与就业指导、心理健康教育等课程列入公共基础必修课程，并将马克思主义理论类课程、党史国史、财经应用文写作、信息技术、高等数学、公共外语、创新创业教育、健康教育、美育课程、企业管理职业素养等列为必修课或选修课。

2. 专业课程。一般包括专业基础课程、专业核心课程、专业拓展课程，并涵盖有关实践性教学环节。

（1）专业基础课程。一般开设8门，主要教学内容应包括管理学基础、市场营销实务、市场调研、企业管理沙盘演练、商业文化伦理、职场沟通、电子商务实务、创新创业财务知识等。

（2）专业核心课程。一般开设4门，主要包括门店管理、人力资源管理、企业行政管理、互联网与客户关系管理等。

（3）专业拓展课程。一般包括三类，一是拓展专业应用能力的课程，例如，商务办公软件高级应用、现代物流管理、应用文写作等；二是体现行业发展新技术的课程，例如，管理心理学、商务谈判、ERP软件演练等；三是体现本校优势特色的课程。

3. 专业核心课程和主要教学内容。

序号	专业核心课程	主要教学内容
1	门店管理	卖场布局的内容、原则、作用、方式；商品陈列的原则、方法；理货员的基本素质和岗位职责、理货员应具备的商品和设备保养知识；商品的进货模式与原则；收银人员的工作职责和礼仪服务规范及作业纪律、收银作业流程；顾客购买的心理过程和购买行为，销售人员的顾客接待技巧；门店促销的作用，门店促销的方式；顾客投诉的类型及其处理方式，顾客投诉处理的流程；门店经营中损耗产生的原因及门店安全管理的重要性，损耗的防范方法和措施等；互联网背景下线上线下门店营销策略
2	企业行政管理	制订公司会议文书、经济合同、市场调查报告、可行性研究报告、广告文案、传播文案，其中会议文书包括：会议通知、会议议程、会议讲话、会议发言、提案、会议记录、会议纪要等；制订企业节假日值班计划表、会务方案等；运用互联网开展企业行政管理工作
3	人力资源管理	人力资源规划，企业工作岗位分析与设计、员工招聘与选拔、绩效考评、薪酬管理、员工激励、培训与开发；职业生涯规划、劳动关系管理；互联网普及趋势下，人力资源管理的理念与方式、方法
4	互联网与客户关系管理	客户关系管理理念，如何开发客户，如何对客户实施分层管理，客户服务与沟通技巧；客户满意度的概念以及提高客户满意度的途径，客户忠诚度的概念以及留住客户的技巧；互联网背景下新型客户关系管理的技巧

4. 实践性教学环节。主要包括实训、实习、毕业设计和社会实践等。实训可在校内实验实训室、校外实训基地等开展完成；实践、实习主要内容包括：ERP软件实训、企业管理沙盘演练实训、管理心理学应用实训等。要严格执行《职业学校学生实习管理规定》和专业顶岗实习标准的有关要求。在第1~2学期安排认识实习，在第3~4学期安排跟岗实习，在第5~6学期安排顶岗实习。实训实习既是实践性教学，也是专业课教学的重要内容，应注重理论与实践一体化教学。

5. 其他要求。学校应结合实际，开设社会责任、安全教育、节能减排、绿色环保、管理等人文素养、科学素养方面的选修课程、拓展课程或专题讲座（活动），并将有关内容融入专业课程教学中；将创新创业教育融入专业课程教学和有关实践性教学环节中；自主开设其他特色课程；组织开展德育活动、志愿服务活动和其他实践活动。

（二）学时安排

总学时一般为 2600~2700 学时，每 18 学时折算 1 学分。公共基础课总学时不少于总学时的 25%。实践性教学学时不少于总学时的 50%，其中，顶岗实习累计时间为 6 个月，可根据实际集中或分阶段安排实习时间。各类选修课程学时累计不少于总学时的 10%。

八、教学基本条件

（一）师资队伍

1. 队伍结构。学生数与本专业专任教师数比例不高于 16∶1，双师素质教师占专业教师比例不低于 60%，专任教师队伍要考虑职称、年龄形成合理的梯队结构。

2. 专任教师。要求具有高校教师资格；具有良好的师德，爱岗敬业，遵纪守法；具有企业管理相关岗位工作经历或实践经历，熟悉企业管理业务，精通本专业的基本理论与知识；具有较强的教学与科研能力。

3. 兼职教师。主要从行业企业聘任。具备良好的思想政治素质和职业道德；具有 5 年以上企业管理相关岗位的工作经历，有丰富的企业管理工作经验；具有一定的教学组织能力。

（二）教学设施

教学设施主要包括能够满足正常的课程教学、实习实训所必需的专业教室、实训室和实训基地、支持信息化教学等。

1. 专业教室基本条件。满足电源、光照、安全条件，配备课桌椅、黑板、多媒体教学设备、基本教具、网络接口或网络环境等，能够满足专业课程理论教学的需要，场所面积、容纳师生数量能够满足开课需求。

2. 校内实训室基本要求。

（1）企业管理综合实训中心：服务器、投影设备、白板、计算机 1 台 / 人，Wi-Fi 覆盖，安装相关会计核算软件。用于创业项目的 SWOT 分析、进行市场调研设计与分析工作，上网收集与创业相关的政策与法规，以及撰写一些方案和创业计划书等实训活动。

（2）企业管理实操实验室：由企业管理沙盘实验室、ERP 实验室两个实验平台组成。这两大实验配有电脑，投影仪以及其他相关的教学设备，以及企业电子沙盘模拟经营、ERP 管理等经营管理类软件以及物理沙盘教具。并配套采购部、销售部、财务部、仓储部、生产部、信息部（服务器）、质检部等七个部门的软硬件设施，以及一定数量的产品材料等。力图为学生实训创造尽可能真实的环境，使实训教学能达到良好效果。企业管理沙盘模拟实验，操作较简单，实验目的主要是让学生掌握企业从创立及生产运营的流程，适合低年级学生使用。ERP 实验室有利于学生对企业资源的信息化管理流程及业务操作方法的掌握；通过模拟企业管理、运营、加工过程，是将企业搬进课堂，在课堂里营造一个真实的企业环境，模拟企业运营过程，使学生在学校期间就能到真实的企业中工作，更好地将理论与实践相结合。

3. 校外实训基地基本要求。选择能够提供企业管理相关典型职业活动、注重产教融合的优质企业或社会中介机构作为校外实训基地。实训基地设施齐备，实训岗位、实训指导教师确定，实训管理及实施规章制度齐全。与专业建立紧密联系的校外实训基地应达 3 个以上。

4. 学生实习基地基本要求。选择能够提供企业管理相关工作岗位的各类代表性企业和社会中介机构作为学生实习基地，可接纳一定规模的学生安排顶岗实习；能够配备相应数量的指导教师对学生实习进行指导和管理；有保证实习生日常工作、学习和生活的相关规章制度，有安全、保险保障。

5. 支持信息化教学基本要求。具有利用数字化教学资源库、文献资料、常见问题解答等的信息化条件。引导鼓励教师开发并利用信息化教学资源、教学平台，创新教学方法，提升教学效果。

（三）教学资源

教学资源主要包括能够满足学生专业学习、教师专业教学研究和教学实施需要的教材、图书及数字资源等。

1. 教材选用基本要求。按照国家规定选用优质教材，禁止不合格的教材进入课堂。建立由专业教师、行业专家和教研人员等参与的教材选用机构，完善教材选用制度，经过规范程序择优选用教材。

2. 图书、文献配备基本要求。图书、文献配备能满足人才培养、专业建设、教科研等工作的需要，方便师生查询、借阅。专业类图书包括有关工商管理专业理论、技术、方法、思维以及实务操作类图书和文献。

3. 数字资源配备基本要求。建设、配备与本专业有关的文献、音视频素材、数字教材、教学课件、教辅材料、案例库、政策法规库、习题与试题库、实训软件、专业技术资格考试信息、就业创业信息等，形式多样、种类丰富、使用便捷、动态更新满足教学。

九、质量保障

（一）建立专业建设和教学过程质量监控机制，建全专业教学质量监控管理制度，完善课堂教学、教学评价、实习实训、毕业设计以及专业调研、人才培养方案更新、资源建设等方面质量标准建设，通过教学实施、过程监控、质量评价和持续改进，达成人才培养规格。

（二）完善教学管理机制，加强日常教学组织运行与管理，定期开展课程建设水平和教学质量诊改，建立健全巡课、听课、评教、评学等制度，严明教学纪律和课堂纪律，强化教学组织功能，定期开展公开课、示范课等教研活动。

（三）建立专业毕业生跟踪反馈机制及社会评价机制，对生源情况、在校生学业水平、毕业生就业情况等进行分析，定期评价人才培养质量和培养目标达成情况。

（四）充分利用评价分析结果，有效改进专业教学，针对人才培养过程中存在的问题，制定诊断与改进措施，持续提高人才培养质量。

房地产经营与管理专业教学标准

一、专业名称（专业代码）

房地产经营与管理（540701）

二、入学要求

普通高级中学毕业、中等职业学校毕业或具备同等学力

三、基本修业年限

三年

四、职业面向

所属专业大类（代码）	所属专业类（代码）	对应行业（代码）	主要职业类别（代码）	主要岗位类别（技术领域）	职业资格（职业技能等级）
土木建筑大类（54）	房地产类（5407）	房地产业（70）	房地产中介服务人员（4-06-02）	房地产经纪人	房地产经纪人协理（初级）
				房地产策划师	助理房地产策划师（初级）
			评估专业人员（2-06-06）	房地产估价专业人员	房地产估价员（初级）
			商务专业人员（2-06-07）	房地产开发人员	助理房地产分析师（初级）

五、培养目标

本专业培养拥护党的基本路线，适应区域经济建设和社会发展需要，面向房地产开发公司、房地产中介服务公司、房地产投资公司和房地产管理部门等单位的房地产营销、房地产经纪、房地产估价、商业地产运营、房地产投资等基层业务和管理岗位，具有诚信、合作、敬业、创新创业基本素养，了解宏观懂市场、熟悉估价懂金融、了解建筑懂房屋、熟悉营销懂文化、重视服务懂法律、熟悉网络能创新，能从事房地产营销、房地产经纪、房地产估价、商业地产运营管理、房地产投资置业等工作，同时具有较强创新创业能力的德、智、体、美方面全面发展，具有较强可持续发展能力的高素质技术技能型专门人才。

六、培养规格

该专业毕业生应在素质、知识和能力等方面达到以下要求。

（一）素质

1. 坚决拥护中国共产党领导，树立中国特色社会主义共同理想，践行社会主义核心

价值观，具有深厚的爱国情感和中华民族自豪感；

2. 崇尚宪法、遵守法律、遵规守纪；

3. 掌握房地产的开发、经营、管理、营销与物业管理实务；

4. 崇德向善、诚实守信、爱岗敬业，具有精益求精的工匠精神；

5. 具有质量意识、安全意识、职业生涯规划意识和创新思维；

6. 具有较强的集体意识和团队合作精神，良好的行为习惯和自我管理能力；

7. 具有健康的体魄、心理和健全的人格，养成良好的健身与卫生习惯；

8. 具有一定的信息、审美和人文素养。

（二）知识

1. 掌握房地产的基本制度与法规；

2. 掌握投资、管理、金融、会计的基础知识；

3. 掌握房地产的开发、经营、管理、营销与房地产物业管理实务；

4. 掌握房地产投资的分析和通过资本市场融资的方法；

5. 掌握房地产估价方法；

6.掌握实用、必备的房地产专业英语；

7. 掌握房地产业信息收集、分析和处理的知识，能用互联网思维解决问题；

8. 掌握创新思维和创业的含义、类型与过程，掌握创业机会的寻找与评估、创业环境分析、创业团队组建、创业融资渠道与方式、创业计划书撰写等相关知识。

（三）能力

1. 具备一定的商业地产运营管理及物业管理相关业务操作能力；

2. 具备房地产营销能力和房地产经纪及相关业务处理能力；

3. 具备较强的房地产价格评估、资金融通能力；

4. 具备一定的房地产经营管理能力；

5. 具备一定的房屋结构分析能力；

6. 具备各类金融机构包括商业银行的房地产相关业务操作能力；

7. 具备运用计算机进行专业相关信息处理和专业业务处理能力；

8. 具备互联网思维和大数据分析、运用能力；

9. 具备创新创业能力，能根据主客观条件，因地制宜，准确确定创新创业的发展方向、目标、战略以及制订具体实施方案；具有一定的人员和财务管理能力；能与相关部门和个人进行有效的协调和沟通。

七、课程设置及学时安排

（一）课程设置

课程包括公共基础课程和专业课程。

1. 公共基础课程。根据党和国家有关文件规定，将思想政治理论课、中华优秀传统文化、体育、军事课、大学生职业发展与就业指导、心理健康教育等课程列入公共基础必修课程。

2. 专业课程。一般包括专业基础课程、专业核心课程、专业拓展课程，并涵盖有关实践性教学环节。

（1）专业基础课程。一般开设9门，主要教学内容应包括管理学基础、市场营销实务、现代商业文化伦理、职场沟通、网络营销、创新创业财务知识、房地产经营基础、建筑工程构造与识图、房地产消费心理学等。

（2）专业核心课程。一般开设5门，主要包括房地产法规制度与政策、房地产经纪、房地产估价、房地产市场调查与分析、房地产营销等。

（3）专业拓展课程。一般开设6门，商业地产运营管理、房地产经纪门店管理、房地产营销策划、物业管理实务、房地产信息化经营、房地产投融资实务。

3. 专业核心课程和主要教学内容。

序号	专业核心课程	主要教学内容
1	房地产经纪	房地产经纪人职业道德、房地产租赁业务操作、房地产经纪置换业务操作、房地产经纪代理业务操作、利用互联网收集并发布房源信息、线上约看房、签订合同等
2	房地产营销	房地产置业顾问职业道德、房地产市场调查、房地产项目定位、制定房地产价格、选择营销渠道及促销策略，网络时代下新的营销理念、策略及方法
3	房地产估价	房地产估价人员职业道德、房地产基础知识和估价原则、房地产估价的主要方法、房地产估价的程序、运用互联网收集相关资料
4	房地产法规制度与政策	房地产权属、房屋拆迁、房地产交易、房地产税收等房地产法规制度及政策、运用互联网了解最新的房地产政策
5	房地产市场调查与分析	房地产市场调查方法、内容和流程、市场调查问卷的设计、利用互联网进行资料的收集整理与分析

4. 实践性教学环节。主要包括实训、实习、毕业设计和社会实践等。实训可在校内实验实训室、校外实训基地等开展完成；实践、实习主要内容包括房地产营销技能实训、房地产经纪技能实训、房地产估价技能实训、物业管理技能实训、工程概预算技能实训等。要严格执行《职业学校学生实习管理规定》和专业顶岗实习标准的有关要求。在第1~2学期安排认识实习，在第3~4学期安排跟岗实习，在第5~6学期安排顶岗实习。实训实习既是实践性教学，也是专业课教学的重要内容，应注重理论与实践一体化教学。

5. 其他要求。学校应结合实际，开设社会责任、安全教育、节能减排、绿色环保、管理等人文素养、科学素养方面的选修课程、拓展课程或专题讲座（活动），并将有关内容融入专业课程教学中；将创新创业教育融入专业课程教学和有关实践性教学环节中；自主开设其他特色课程；组织开展德育活动、志愿服务活动和其他实践活动。

（二）学时安排

总学时一般为2600~2700学时，每18学时折算1学分。公共基础课总学时不少于总学时的25%。实践性教学学时不少于总学时的50%，其中，顶岗实习累计时间为6个月，可根据实际集中或分阶段安排实习时间。各类选修课程学时累计不少于总学时的 10%。

八、教学基本条件

（一）师资队伍

1. 队伍结构。学生数与该专业专任教师数比例不高于 25∶1，双师素质教师占专业教师比例不低于 60%，专任教师队伍要考虑职称、年龄形成合理的梯队结构。

2. 专任教师。要求具有高校教师资格；具有良好的师德，爱岗敬业，遵纪守法；具有管理、经济、土建等相关专业本科及以上学历，扎实的相关理论功底和实践能力；具有信息化教学能力，能够开展课程教学改革和科学研究；每五年累计不少于 6 个月的企业实践经历。

3. 专业带头人。原则上应具有副高及以上职称，能够较好地把握国内外行业、专业发展，能密切联系行业企业，了解行业企业对房地产专业人才的需求实际，教学设计、专业研究能力强，在本区域或本领域有一定的专业影响力。

4. 兼职教师。主要从行业企业聘任。具备良好的思想政治素质和职业道德；中级及以上相关专业技术资格；较高的职业素养和专业能力，丰富的实践经验，能够胜任专业课程与实训教学、实习指导等专业教学任务。

（二）教学设施

教学设施主要包括能够满足正常的课程教学、实习实训所必需的专业教室、实训室和实训基地、支持信息化教学等。

1. 专业教室基本条件。满足电源、光照、安全条件，配备课桌椅、黑板、多媒体教学设备、基本教具、网络接口或网络环境等，能够满足专业课程理论教学的需要，场所面积、容纳师生数量能够满足开课需求。

2. 校内实训室基本要求。

（1）房地产业务综合实训中心：服务器、投影设备、白板、计算机 1 台 / 人，Wi-Fi 覆盖，安装房地产相关软件。用于房地产营销、房地产经纪、房地产估价等课程的教学与实训。

（2）房地产业务情景模拟实训中心：服务器、投影设备、白板，Wi-Fi 覆盖，楼盘、沙盘、模型展示，配备楼盘图、土地级别图、各业务流程图，安装相关房地产经纪、营销软件，用于相关教学与实训。

3. 校外实训基地基本要求。选择能够提供房地产经营与管理相关典型职业活动、注重产教融合的优质企业或社会中介机构作为校外实训基地。实训基地设施齐备，实训岗位、实训指导教师确定，实训管理及实施规章制度齐全。与专业建立紧密联系的校外实训基地应达 3 个以上。

4. 学生实习基地基本要求。选择能够提供房地产经营与管理相关工作岗位的各类代表性企业和社会中介机构作为学生实习基地，可接纳一定规模的学生安排顶岗实习；能够配备相应数量的指导教师对学生实习进行指导和管理；有保证实习生日常工作、学习和生活的相关规章制度，有安全、保险保障。

5. 支持信息化教学基本要求。具有利用数字化教学资源库、文献资料、常见问题解答等的信息化条件。引导鼓励教师开发并利用信息化教学资源、教学平台，创新教学方法，提升教学效果。

（三）教学资源

教学资源主要包括能够满足学生专业学习、教师专业教学研究和教学实施需要的教材、图书及数字资源等。

1. 教材选用基本要求。按照国家规定选用优质教材，禁止不合格的教材进入课堂。建立由专业教师、行业专家和教研人员等参与的教材选用机构，完善教材选用制度，经过规范程序择优选用教材。

2. 图书、文献配备基本要求。图书、文献配备能满足人才培养、专业建设、教科研等工作的需要，方便师生查询、借阅。专业类图书包括有关房地产经营与管理专业理论、技术、方法、思维以及实务操作类图书和文献。

3. 数字资源配备基本要求。建设、配备与该专业有关的文献、音视频素材、数字教材、教学课件、教辅材料、案例库、政策法规库、习题与试题库、实训软件、专业技术资格考试信息、就业创业信息等，形式多样、种类丰富、使用便捷、动态更新、满足教学。

九、质量保障

（一）建立专业建设和教学过程质量监控机制，建全专业教学质量监控管理制度，完善课堂教学、教学评价、实习实训、毕业设计以及专业调研、人才培养方案更新、资源建设等方面质量标准建设，通过教学实施、过程监控、质量评价和持续改进，达成人才培养规格。

（二）完善教学管理机制，加强日常教学组织运行与管理，定期开展课程建设水平和教学质量诊改，建立健全巡课、听课、评教、评学等制度，严明教学纪律和课堂纪律，强化教学组织功能，定期开展公开课、示范课等教研活动。

（三）建立专业毕业生跟踪反馈机制及社会评价机制，对生源情况、在校生学业水平、毕业生就业情况等进行分析，定期评价人才培养质量和培养目标达成情况。

（四）充分利用评价分析结果，有效改进专业教学，针对人才培养过程中存在的问题，制定诊断与改进措施，持续提高人才培养质量。

电子商务专业教学标准

一、专业名称（专业代码）

电子商务专业（630801）

二、入学要求

普通高级中学毕业、中等职业学校毕业或具备同等学力

三、基本修业年限

三年

四、职业面向

所属专业大类（代码）	所属专业类（代码）	对应行业（代码）	主要职业类别（代码）	主要岗位类别（技术领域）举例	职业资格（职业技能等级）证书举例
财经商贸大类（63）	电子商务类（6308）	互联网批发（5193）	电子商务师（4-01-02-02） 营销员（4-01-02-01）	客服 店铺运营 策划 网站推广 外贸业务员	助理电子商务师（初级） 电子商务师（中级） 阿里巴巴电商人才认证证书 国际商务单证员

五、培养目标

本专业培养有理想信念、有良好品德、全面发展，适应区域经济建设和社会发展需要，面向各类电子商务行业相关企业的基层业务和管理岗位，具有互联网思维和诚信、合作、敬业的职业素养，掌握电子商务、网络营销、商务管理、创业创新等基本知识与技能，能从事网络推广、网店运营、网络编辑、客户关系管理、图像编辑与处理、网上自主创业等工作的德、智、体、美方面全面发展，具有较强可持续发展能力的高素质技术技能型专门人才。

六、培养规格

（一）素质

1. 思想政治素质：热爱祖国，拥护党的基本路线，掌握马克思列宁主义、毛泽东思想和中国特色社会主义理论体系的基本原理，有正确的人生观、价值观、道德观和法制观。

2. 人文与科学素质：具有科学精神和科学思维习惯，有健康、高雅的艺术与审美修养，有国际视野与跨文化理解能力，有较强的集体主义精神、鲜明的个性并学有所长。

3. 身心素质：达到《国家学生体质健康标准》，养成良好的健身与卫生习惯，掌握一定的竞技运动和职业体育技能，具有积极向上的态度、良好的人际关系和健全的人格。

4. 专业伦理与职业道德：符合遵守国家的各项法律法规、诚信为本等专业伦理要求和忠于职守、坚持原则、吃苦耐劳、谦虚谨慎、遵纪守法等职业道德要求，具有良好的职业态度、职业修养和终身学习能力，具有敬业、勤业、创业、立业等职业精神，具有严格执行相关法律法规的态度，具有勤奋、严谨的职业习惯，具有较强的工作热情。

5. 职业素质：具备良好的思想品德、职业道德和政治素养；具有较强的自学能力和信息获取能力;具备良好的心理素质和抗压能力,掌握良好的社会交往、与客户沟通能力，运用所掌握的专业知识和沟通技巧，培养良好的营销能力；熟练运用电子商务从业相关软件,具有电商网站整体策划和运营能力、网站页面设计与制作能力、网站美工处理能力、营销和推广能力、客户服务和客户关系维护能力。

6. 创新创业素质：具有一定的创业热情和创新精神，具有较强的团队合作精神，敏锐的洞察能力、学习能力、技术能力、解决问题能力和环境适应能力。

（二）知识

1. 掌握管理学、经济学的基本原理和现代企业管理的基本理论、基本知识；
2. 掌握电子商务实务操作相关知识；
3. 掌握电子商务网页维护与制作的相关知识；
4. 掌握网络营销、物流管理的相关知识；
5. 了解本学科的理论前沿和发展动态；
6. 掌握创业机会识别、创业操作、创业财务、创业领导力等相关知识。

（三）能力

1. 具有较强的语言与文字表达、人际沟通以及分析和解决企业管理工作问题的基本能力；
2. 具备电子商务实务操作相关技能；
3. 具备网络调研、策划和网络营销的能力；
4. 能利用计算机进行信息处理和专业业务处理；
5. 具备一定的电子商务网页维护与制作的能力和多媒体制作能力；
6. 具备网络采购、仓储等物流管理方面的能力；
7. 具备一定的英文资料阅读、翻译以及听说写方面的能力；
8. 具备自我学习能力和可持续发展能力；
9. 具备创业计划书写作、创业公司管理、创业资金筹措等能力。

七、课程设置及学时安排

（一）课程设置

课程包括公共基础课程和专业课程。

1. 公共基础课程。根据党和国家有关文件规定，将思想政治理论课、中华优秀传统文化、体育、军事课、大学生职业发展与就业指导、心理健康教育等课程列入公共基础必修课程，并将马克思主义理论类课程、党史国史、财经应用文写作、信息技术、高等数学、公共外语、创新创业教育、健康教育、美育课程、财务职业素养等列为必修课或选修课。

2. 专业课程。一般包括专业基础课程、专业核心课程、专业拓展课程，并涵盖有关实践性教学环节。

（1）专业基础课程。一般开设7门，主要教学内容应包括经济学基础、现代金融基础、管理学基础、商业文化伦理、摄影摄像技术、电子商务编程、外贸基础等。

（2）专业核心课程。一般开设6门，主要包括电子商务实务、网络营销、电子商务媒体技术、网店装修、网店运营、网页设计等。

（3）专业拓展课程。一般包括两类，一是专业深化课程，例如数据分析与处理、跨境电商实务、出口业务操作、进口业务操作、外贸单证操作等；二是体现本校优势特色的课程。

3. 专业核心课程和主要教学内容。

序号	专业核心课程	主要教学内容
1	电子商务实务	移动互联网思维；网络市场调研；淘宝开店、装修等；电子商务安全技术；网络营销基础知识；物流概念
2	网络营销	智能网络营销、网络营销市场定位、网络营销平台建设、网络营销推广和网络营销管理
3	电子商务媒体技术	运用 Flash 软件提供的工具和功能，制作图形对象和特效文本；制作项目元件和实例；创作补间动画、遮罩动画、骨骼动画、多场景动画、MV 动画、广告动画、互动动画；会在互联网上发布动画，能够在互联网上搜索动画素材
4	网店装修	店招的设计与制作；海报的设计与制作；首页的设计与制作；主图的设计与制作；详情页的设计制作
5	网店运营	根据宏观经济、市场需求、目标群体等因素选择经营品类并确定进货渠道；进行商品照片拍摄并完成照片的后期处理，完成首页及详情页的设计与制作；使用多种营销工具进行店铺导流；正确完成商品入库及出库操作，并完成商品打包和发货工作；客服沟通及客户关系管理
6	网页设计	Dreamweaver 工具的使用；HTML5 的页面元素及属性；CSS3 选择器；H5 多媒体技术；盒子模型、元素的浮动与定位、表单的应用

4. 实践性教学环节。主要包括实训、实习、毕业设计和社会实践等。实训可在校内实验实训室、校外实训基地等开展完成；实践、实习主要内容包括电子商务技能实训、网页设计实训、电子商务编程实训、跨境电子商务实训、网店运营实训、网络营销实训、电子商务媒体技术实训等。要严格执行《职业学校学生实习管理规定》和专业顶岗实习标准的有关要求。在第 1~2 学期安排认识实习，在第 3~4 学期安排跟岗实习，在第 5~6 学期安排顶岗实习。实训实习既是实践性教学，也是专业课教学的重要内容，应注重理论与实践一体化教学。

5. 其他要求。学校应结合实际，开设社会责任、安全教育、节能减排、绿色环保、管理等人文素养、科学素养方面的选修课程、拓展课程或专题讲座（活动），并将有关内容融入专业课程教学中；将创新创业教育融入专业课程教学和有关实践性教学环节中；自主开设其他特色课程；组织开展德育活动、志愿服务活动和其他实践活动。

（二）学时安排

总学时一般为 2600~2700 学时，每 18 学时折算 1 学分。公共基础课总学时不少于总学时的 25%。实践性教学学时不少于总学时的 50%，其中，顶岗实习累计时间为 6 个月，可根据实际集中或分阶段安排实习时间。各类选修课程学时累计不少于总学时的 10%。

八、教学基本条件

（一）师资队伍

1. 队伍结构。学生数与本专业专任教师数比例不高于 25∶1，双师素质教师占专业教师比例不低于 60%，专任教师队伍要考虑职称、年龄形成合理的梯队结构。

2. 专任教师。要求具有高校教师资格；具有良好的师德，爱岗敬业，遵纪守法；具有电子商务、市场营销、企业管理等相关专业本科及以上学历，扎实的电子商务、市场营销、企业管理等相关理论功底和实践能力；具有信息化教学能力，能够开展课程教学改革和科学研究；每五年累计不少于 6 个月的企业实践经历。

3. 专业带头人。具有副高及以上职称，能够较好地把握国内外行业、专业发展，能密切联系行业企业，了解行业企业对电子商务专业人才的需求实际，教学设计、专业研究能力强，在领域有一定的专业影响力。

4. 兼职教师。主要从行业企业聘任。具备良好的思想政治素质和职业道德；中级及以上互联网、电商行业相关专业技术资格；较高的电商职业素养和专业能力，丰富的实践经验，能够胜任专业课程与实训教学、实习指导等专业教学任务。

（二）教学设施

教学设施主要包括能够满足正常的课程教学、实习实训所必需的专业教室、实训室和实训基地、支持信息化教学等。

1. 专业教室基本要求。满足电源、光照、安全条件，配备课桌椅、黑板、多媒体教学设备、基本教具、网络接口或网络环境等，能够满足专业课程理论教学的需要，场所面积、容纳师生数量能够满足开课需求。

2. 校内实训室基本要求。教学软件功能齐备，涵盖电子商务领域最新的商务模式及其相关后台实现过程，可进行演示、验证、综合、设计等电子商务实验项目的操作，全方位、多层次地满足实验教学的需要。

3. 校外实训基地基本要求。选择能够提供电子商务相关典型职业活动、注重产教融合的优质企业或社会中介机构作为校外实训基地。实训基地设施齐备，实训岗位、实训指导教师确定，实训管理及实施规章制度齐全。与专业建立紧密联系的校外实训基地应达3个以上。

4. 学生实习基地基本要求。选择能够提供网络营销、电商运营、物流仓储、客户服务相关工作岗位的各类代表性企业和社会中介机构作为学生实习基地，可接纳一定规模的学生安排顶岗实习；能够配备相应数量的指导教师对学生实习进行指导和管理；有保证实习生日常工作、学习和生活的相关规章制度，有安全、保险保障。

5. 支持信息化教学基本要求。具有利用数字化教学资源库、文献资料、常见问题解答等的信息化条件。引导鼓励教师开发并利用信息化教学资源、教学平台，创新教学方法、提升教学效果。

（三）教学资源

教学资源主要包括能够满足学生专业学习、教师专业教学研究和教学实施需要的教材、图书及数字资源等。

1. 教材选用基本要求。按照国家规定选用优质教材，禁止不合格的教材进入课堂。建立由专业教师、行业专家和教研人员等参与的教材选用机制，完善教材选用制度，经过规范程序择优选用教材。

2. 图书、文献配备基本要求。图书、文献配备能满足人才培养、专业建设、教科研等工作的需要，方便师生查询、借阅。专业类图书包括有关电子商务专业理论、技术、方法、思维以及实务操作类图书和文献。

3. 数字资源配备基本要求。建设、配备与本专业有关的文献、音视频素材、数字教材、教学课件、教辅材料、案例库、政策法规库、习题与试题库、实训软件、专业技术资格考试信息、就业创业信息等，形式多样、种类丰富、使用便捷、动态更新、满足教学。

九、质量保障

（一）建立专业建设和教学过程质量监控机制，健全专业教学质量监控管理制度，完善课堂教学、教学评价、实习实训、毕业设计以及专业调研、人才培养方案更新、资源建设等方面质量标准建设，通过教学实施、过程监控、质量评价和持续改进，达成人才培养规格。

（二）完善教学管理机制，加强日常教学组织运行与管理，定期开展课程建设水平和教学质量诊改，建立健全巡课、听课、评教、评学等制度，严明教学纪律和课堂纪律，强化教学组织功能，定期开展公开课、示范课等教研活动。

（三）建立专业毕业生跟踪反馈机制及社会评价机制，对生源情况、在校生学业水平、毕业生就业情况等进行分析，定期评价人才培养质量和培养目标达成情况。

（四）充分利用评价分析结果，有效改进专业教学，针对人才培养过程中存在的问题，制定诊断与改进措施，持续提高人才培养质量。

国际贸易实务专业教学标准

一、专业名称（专业代码）

国际贸易实务（630501）

二、入学要求

普通高级中学毕业、中等职业学校毕业或具备同等学力

三、基本修业年限

三年

四、职业面向

所属专业大类（代码）	所属专业类（代码）	对应行业（代码）	主要职业类别（代码）	主要岗位类别（技术领域）举例	职业资格（职业技能等级）证书举例
财经商贸大类（63）	经济贸易类（6305）	批发业（51） 零售业（52）	国际商务专业人员（2-06-07-01）	外贸单证员 外贸跟单员 外贸业务员 跨境电商专员（B2B）	全国跨境电商专员（B2B）岗位证书

五、培养目标

本专业培养理想信念坚定、德技并修、全面发展，具有一定的科学文化水平，良好的职业道德、工匠精神和创新精神，具有较强的就业能力、一定的创业能力和支撑终身发展的能力；掌握国际贸易专业知识和技术技能，面向批发业、零售业的外贸企业的商务专业人员，能够从事外贸业务操作、外贸单证操作、外贸跟单操作和跨境电商 B2B 操作等工作的高素质技术技能人才。

六、培养规格

本专业毕业生应在素质、知识和能力等方面达到以下要求。

（一）素质

1. 坚定拥护中国共产党领导，在习近平新时代中国特色社会主义思想指引下，践行社会主义核心价值观，具有深厚的爱国情感和中华民族自豪感；

2. 崇尚宪法、遵法守纪、崇德向善、诚实守信、尊重生命、热爱劳动，履行道德准则和行为规范，具有社会责任感和社会参与意识；

3. 具有质量意识、环保意识、安全意识、信息素养、工匠精神、创新思维、全球视野和市场洞察力；

4. 具有自我管理能力、职业生涯规划的意识，有较强的集体意识和团队合作精神；

5. 具有健康的体魄、心理和健全的人格，掌握基本运动知识和一两项运动技能，养成良好的健身与卫生习惯，良好的行为习惯；

6. 具有一定的审美和人文素养，能够形成一两项艺术特长或爱好。

（二）知识

1. 掌握必备的思想政治理论、科学文化基础知识和中华优秀传统文化知识；

2. 熟悉与本专业相关的法律法规以及环境保护、安全消防等相关知识；

3. 掌握本专业所必需的应用文写作、经济数学、商务外语（以英语为主）、计算机及互联网等基础知识；

4. 掌握与国际贸易实务专业相关的经济、管理知识；

5. 掌握进出口业务、外贸单证、外贸跟单、外贸英文函电、跨境电子商务等基本专业知识；

6. 掌握从事对外贸易活动的国际贸易惯例、法律和公约等知识；

7. 掌握外贸风险的种类及外贸风险管理的方法；

8. 掌握创业机会的寻找与评估、创业环境分析、创业团队组建、创业融资渠道与方式、创业计划书撰写等相关知识；

9. 熟悉国际市场营销的基本原理及网络营销的主要方法；

10. 熟悉国际商务文书、国际商务沟通等相关知识；

11. 了解会计准则和会计制度，熟悉现代企业会计核算方法和统计技术；

12. 了解人文艺术、历史、心理健康等基础知识；

13. 了解国际贸易的发展趋向、外贸发展的最新业务以及跨境电子商务发展的最新态势；

14. 了解与我国交往主要国家和地区的经济发展状况及其贸易政策。

（三）能力

1. 具有探究学习、终身学习、分析问题和解决问题的能力；

2. 具有良好的语言、文字表达能力和沟通能力；

3. 具备托运单证、报检单证、报关单证和结汇单证的制作能力；

4. 具备开展国际货运代理相关业务的工作能力；

5. 具备开展托运、报检、报关、保险、接货等的工作能力；

6. 具备利用跨境电商平台开展客户开发、客户跟踪、客户关系营造和客户服务等业务工作能力；

7. 具备互联网思维能力以及网络推广和国际营销的能力；

8. 具备进出口争议的处理能力；

9. 具备一定的财务管理能力；

10. 具备各种常见外贸风险防范和处理能力；
11. 具备较强的创新创业能力；
12. 具备较强的信息技术应用能力和分析解决问题能力；
13. 具备较强的跨文化沟通能力和团队合作能力。

七、课程设置及学时安排

（一）课程设置

课程包括公共基础课程和专业课程。

1. 公共基础课程。根据党和国家有关文件规定，将思想政治理论、中华优秀传统文化、体育、军事理论与军训、大学生职业发展与就业指导、心理健康教育等列入公共基础必修课；可将党史国史、大学语文、信息技术、高等数学、公共外语、创新创业教育、健康教育、美育课程、职业素养等列入必修课或选修课。

2. 专业课程。一般包括专业基础课程、专业核心课程、专业拓展课程，并涵盖有关实践性教学环节。

（1）专业基础课程。一般开设6~8门。主要包括国际贸易基础、经济学基础、会计基础、商务英语、外贸英语口语、国际商务礼仪、国际市场营销、国际商法等。

（2）专业核心课程。一般开设6~8门。主要包括进出口业务操作、外贸单证操作、外贸跟单操作、国际结算操作、外贸英文函电、外贸风险管理和跨境电商B2B实务等。

（3）专业拓展课程。包括体现行业发展新趋势的课程、体现拓展就业岗位技能要求的课程、体现本校优势特色的课程等。

3. 专业核心课程和主要教学内容。

序号	专业核心课程	主要教学内容
1	进出口业务操作	进出口准备、磋商签约、进出口履约和进出口善后等操作知识；进出口报价和还价；各种进出口往来函电；拟订进出口合同、国内购货合同、进口代理协议和国内销售合同；进出口履约操作；出口收汇、进口付汇和出口退税操作
2	外贸单证操作	托运单证、报检单证、报关单证和结汇单证的制作要领；进口单证和官方单证的办理、单证管理知识；制作或办理商业发票、装箱单、订舱委托书、报检单、报关单、产地证、海运提单、投保单、保险单、汇票、受益人证明、装运通知等单据；审核和修改信用证；审核各种支付方式下的单据；办理单证归档
3	外贸跟单操作	商品基础知识和产品工艺基础知识，选择供应商、样品跟单、原材料跟单、生产进度跟单、质量跟单、包装跟单和运输跟单的操作要领；进行选择供应商、样品跟单、原材料跟单、生产进度跟单、质量跟单、包装跟单和运输跟单的操作
4	国际结算操作	主要结算工具、结算方式，熟悉银行保函、备用信用证、进出口贸易融资和跨境贸易人民币结算知识；国际票据业务、国际汇款业务、国际托收业务、信用证业务、银行保函、备用信用证业务、出口贸易融资业务、进口贸易融资业务和跨境贸易人民币结算业务等
5	外贸英文函电	外贸英文函电的常见格式、专用词、惯用句型。书写建交函、询盘函、发盘函、还盘函、受盘函、催证函、改证函、装船指示、装船通知、投保函、投诉函、索赔函和理赔函等外贸英文函电

续表

序号	专业核心课程	主要教学内容
6	外贸风险管理	外贸风险的含义和种类，掌握外贸风险识别、外贸风险估测、外贸风险评价的方法；对宏观环境风险、各交易方风险、合同条款风险、履约过程风险等外贸风险实施有效的控制和妥善处理风险所致的损失
7	跨境电商 B2B 实务	跨境电商 B2B 平台规则、基本操作流程；目标客户分析与整体营销方案拟订；跨境店铺建设与优化；推广引流与数据分析；商机获取与管理；订单处理与结算；客户服务与维护等跨境 B2B 业务知识

4. 实践性教学环节。主要包括实训、实习、毕业设计、社会实践等。实训可在校内实验实训室、校外实训基地等开展完成；社会实践、顶岗实习、跟岗实习由学校组织可在外贸企业开展完成，实习主要包括：企业认知实习、外贸业务操作、外贸单证操作、外贸跟单操作等校内外实训；进入外贸行业开展的外贸单证、外贸跟单、外贸业务岗位跟岗实习、顶岗实习。要严格执行《职业学校学生实习管理规定》要求。实训实习既是实践性教学，也是专业课教学的重要内容，应注重理论与实践一体化教学。

5. 其他要求。学校应结合实际，开设社会责任、安全教育、绿色环保、管理等人文素养、科学素养方面的选修课程、拓展课程或专题讲座（活动），并将有关内容融入专业课程教学中；将创新创业教育融入专业课程教学和有关实践性教学环节中；自主开设其他特色课程；组织开展德育活动、志愿服务活动和其他实践活动。

（二）学时安排

总学时一般为 2700 学时，每 18 学时折算 1 学分。其中，公共基础课总学时一般不少于总学时的 25%。实践性教学学时原则上不少于总学时的 50%。其中，顶岗实习累计时间一般为 6 个月，可根据实际集中或分阶段安排实习时间。各类选修课程学时累计不少于总学时的 10%。

八、教学基本条件

（一）师资队伍

1. 队伍结构。学生数与本专业专任教师数比例不高于 25∶1，双师素质教师占专业教师比例一般不低于 60%，专任教师队伍要考虑职称、年龄，形成合理的梯队结构。

2. 专任教师。具有高校教师资格和本专业职业资格或技能等级证书；有理想信念、有道德情操、有扎实学识、有仁爱之心；具有国际经济与贸易、国际商务等相关专业本科及以上学历；具有扎实的国际贸易实务相关理论功底和实践能力；具有较强信息化教学能力，能够开展课程教学改革和科学研究；每五年累计不少于 6 个月的企业实践经历。

3. 专业带头人。原则上应具有副高及以上职称，能够较好地把握国内外国际贸易行业、专业发展，能广泛联系行业企业，了解行业企业对国际贸易专业人才的需求实际，教学设计、专业研究能力强，组织开展教科研工作能力强，在本区域或本领域具有一定的专业影响力。

4. 兼职教师。主要从国际贸易企业聘任，具备良好的思想政治素质、职业道德和工匠精神，具有扎实的国际贸易专业知识和丰富的实际工作经验，具有中级及以上行业相关专业技术资格，能承担课程与实训教学、实习指导等专业教学任务。

（二）教学设施

教学设施主要包括能够满足正常的课程教学、实习实训所需的专业教室、实训室和实训基地。

1. 专业教室基本条件。一般配备黑（白）板、多媒体计算机、投影设备、音响设备，互联网接入或 Wi-Fi 环境，并具有网络安全防护措施。安装应急照明装置并保持良好状态，符合紧急疏散要求，标志明显，保持逃生通道畅通无阻。

2. 校内实训室基本要求。

（1）外贸单证实训室：服务器、投影设备、白板、外贸单证实训软件、计算机每人 1 台，Wi-Fi 覆盖等。支持外贸单证操作、国际结算操作、外贸单证实训等课程的教学与实训。

（2）外贸跟单实训室：服务器、投影设备、白板、外贸样品、外贸跟单实训软件、计算机每人 1 台，Wi-Fi 覆盖等。支持外贸跟单操作、外贸跟单实训等课程的教学与实训。

（3）外贸业务实训室：服务器、投影设备、白板、外贸业务实训软件、计算机每人 1 台，Wi-Fi 覆盖等。支持进出口业务操作、外贸英文函电、外贸风险管理、外贸业务实训等课程的教学与实训。

以上实训室还可以作为学生创新创业的实践平台。

3. 校外实训基地基本要求。具有稳定的校外实训基地。能够提供开展外贸业务操作、外贸单证操作、外贸跟单操作、跨境电子商务运营推广、国际市场营销策划等实训活动，实训设施齐备，实训岗位、实训指导教师确定，实训管理及实施规章制度齐全。

4. 学生实习基地基本要求。具有稳定的校外实习基地。能提供外贸单证员、外贸跟单员、外贸业务员等相关实习岗位，能涵盖当前国际贸易产业发展的主流技术，可接纳一定规模的学生实习；能够配备相应数量的指导教师对学生实习进行指导和管理；有保证实习生日常工作、学习、生活的规章制度，有安全、保险保障。

5. 支持信息化教学基本要求。具有利用数字化教学资源库、文献资料、常见问题解答等的信息化条件。引导鼓励教师开发并利用信息化教学资源、教学平台，创新教学方法、提升教学效果。

（三）教学资源

教学资源主要包括能够满足学生专业学习、教师专业教学研究和教学实施需要的教材、图书及数字化资源等。

1. 教材选用基本要求。按照国家规定选用优质教材，禁止不合格的教材进入课堂。学校应建立由专业教师、行业专家和教研人员等参与的教材选用机构，完善教材选用制度，经过规范程序择优选用教材。

2. 图书文献配备基本要求。图书文献配备能满足人才培养、专业建设、教学科研等工作的需要，方便师生查询、借阅。专业类图书主要包括外贸行业政策法规、行业标准、国际惯例等；国际贸易类图书和实务案例类图书；5 种以上国际贸易类专业学术期刊。

3. 数字教学资源配备基本要求。建设、配备与本专业有关的音视频素材、教学课件、数字化教学案例库、虚拟仿真软件、数字教材等数字资源，种类丰富、形式多样、使用便捷、动态更新以满足教学需要。

九、质量保障

（一）学校和二级院系要建立专业建设和教学过程质量监控机制，健全专业教学质量监控管理制度，完善课堂教学、教学评价、实习实训、毕业设计以及专业调研、人才培养方案更新、资源建设等方面质量标准建设，通过教学实施、过程监控、质量评价和持续改进，达成人才培养规格。

（二）学校、二级院系及专业要完善教学管理机制，加强日常教学组织运行与管理，定期开展课程建设水平和教学质量诊断与改进，建立健全巡课、听课、评教、评学等制度，建立与企业联动的实践教学环节督导制度，严明教学纪律，强化教学组织功能，定期开展公开课、示范课等教研活动。

（三）学校要建立毕业生跟踪反馈机制及社会评价机制，并对生源情况、在校生学业水平、毕业生就业情况等进行分析，定期评价人才培养质量和培养目标达成情况。

（四）专业教研组织要充分利用评价分析结果有效改进专业教学，针对人才培养过程中存在的问题，进行诊断与改进，持续提高人才培养质量。

国际商务专业教学标准

一、专业名称（专业代码）

国际商务（630503）

二、入学要求

普通高级中学毕业、中等职业学校毕业或具备同等学力

三、基本修业年限

三年

四、职业面向

所属专业大类（代码）	所属专业类（代码）	对应行业（代码）	主要职业类别（代码）	主要岗位类别（技术领域）举例	职业资格（职业技能等级）证书举例
财经商贸大类（63）	经济贸易类（6305）	货币金融服务（66） 批发业（51） 零售业（52）	商务专业人员（2-06-07） 销售人员（4-01-02）	国际商务专业人员 商务策划专业人员 报关专业人员 报检专业人员 跨境电商运营专员 跨境电商客服专员 跨境电商物流专员	全国跨境电商专员岗位（B2C）水平测试（初级），中国国际贸易学会

五、培养目标

本专业培养热爱国家、拥护党的基本路线，培养适应我国“一带一路”发展战略、国家自由贸易区发展战略和国家跨境电商综合试验区改革发展需要，面向全国跨境电商企业、国际货代物流企业和外贸企业的一线业务和管理岗位，具有诚信、敬业、责任的职业道德和高度的服务意识，拥有国际视野、人文素养、职业标准、实务技能的国际商务专业特质，掌握互联网＋外贸＋物流各项业务具体规则，对互联网思维、大数据应用有较好理解，对传统外贸和跨境电商的各种业态（B2B、B2C、B2B2C、M2B2C 等）的设计、运作、销售和客户服务等方面有较好掌握，具有较强可持续发展能力的复合型高素质高技能专门人才。

六、培养规格

本专业毕业生应在素质、知识和能力等方面达到以下要求。

（一）素质

1. 坚决拥护中国共产党领导，树立中国特色社会主义共同理想，践行社会主义核心价值观，具有深厚的爱国情感和中华民族自豪感；
2. 崇尚宪法、遵守法律、遵规守纪；
3. 遵守、履行道德准则和行为规范，具有社会责任感和社会参与意识；
4. 崇德向善、诚实守信、爱岗敬业，具有精益求精的工匠精神；
5. 具有质量意识、安全意识、职业生涯规划意识和创新思维；
6. 具有较强的集体意识和团队合作精神，良好的行为习惯和自我管理能力；
7. 具有健康的体魄、心理和健全的人格，养成良好的健身与卫生习惯；
8. 在举止、接待、沟通、会谈、交往、餐饮等方面符合国际商务礼仪。

（二）知识

1. 掌握必备的思想政治理论、科学文化基础知识；
2. 了解主要贸易国家和地区的政治、宗教、文化、法律、经济、地理、风土人情、消费水平等基本情况，与本专业相关的法律法规，以及文明生产、绿色环保、安全消防、创新创业等知识；
3. 掌握管理、经济、统计、金融等国际商务职业素养的相关基础知识，掌握外贸合同、外贸单证、进出口业务流程和结算等基础知识；
4. 掌握国际海上货运代理、国际航空货运代理、跨境电商物流（邮政小包、专线、国际快递、海外仓）知识；
5. 掌握跨境电商选品知识，掌握速卖通、eBay、亚马逊、敦煌网等跨境电商销售平台规则；
6. 掌握网络平台营销方法与技巧、客户服务技巧以及主要贸易国消费者的消费习惯；
7. 掌握国际货物报检、报关、运输和保险等业务知识与流程。

（三）能力

1. 具有探究学习和终身学习、分析问题和解决问题的能力；
2. 具有组织、协调、管理、沟通、团队协作、语言和文字表达的能力；
3. 具有文字、表格、图形图像的计算机处理能力，具备一定的数据挖掘、数据分析、数据应用等信息技术应用能力；
4. 具备良好的自我管理能力、适应与抗压能力；
5. 能选择合理适用的国际货物运输方式、国际海上运输和国际航空运输承运人、服务航线、船期、航班、运输工具；
6. 能科学合理地签订货代业务合同、进出口销售合同、国内产品购销合同，能正确制作外贸相关单证；
7. 能进行揽货、货代、报关、报检、保险、出口退税等业务操作；
8. 具有中英文商务沟通能力和网络营销能力，能进行产品的市场调研、目标客户的市场开发、潜在目标客户的市场信息收集与信息反馈，并能有效进行客户关系管理，及时有效处理客户投诉与索赔事件；

9. 能合理选择跨境电商产品，充分利用各种跨境电商平台销售产品；

10. 能根据主客观条件，因地制宜，准确确定创新创业的发展方向、目标、战略以及制订具体实施方案，具有一定的人员和财务管理能力，能与相关部门和个人进行有效的协调和沟通。

七、课程设置及学时安排

（一）课程设置

课程包括公共基础课程和专业课程。

1. 公共基础课程。根据党和国家有关文件规定，本专业应将思想政治理论课、中华优秀传统文化、体育、军事课、大学生职业发展与就业指导、心理健康教育等课程列入公共基础必修课程，并将马克思主义理论类课程、党史国史、财经应用文写作、信息技术、公共外语、创新创业教育、健康教育、美育课程、国际职业素养等列为必修课或选修课。

2. 专业课程。本专业一般应包括专业基础课程、专业核心课程、专业拓展课程，并涵盖有关实践性教学环节。

（1）专业基础课程。本专业一般应开设 7 门专业基础课程，主要教学内容应包括经济学基础、现代金融基础、会计基础、互联网金融、国际商务文化与礼仪、跨境电商基础、跨境电商美工实务等。

（2）专业核心课程。本专业一般应开设 6 门专业核心课程，主要包括跨境电商物流与海外仓操作、跨境电商通关实务、跨境电商营销、跨境电商 B2C 实务、跨境电商实用英语、跨境电商业务综合实训等。

（3）专业拓展课程。本专业一般应包括三类专业拓展课程，一是拓展专业应用能力的课程，例如，出口业务操作、国际结算操作、进口业务操作、外贸单证操作、跨文化交际等；二是体现行业发展新动向的课程，例如外贸风险管理、国际贸易法律法规、网店运营管理、浙商案例解析等；三是体现本校优势特色的课程。

3. 专业核心课程和主要教学内容。

序号	专业核心课程	主要教学内容
1	跨境电商物流与海外仓操作	掌握国际邮政物流、国际快递物流、国际专线物流、海外仓物流、国际海运头程物流、国际空运头程物流和“一带一路”物流等各种跨境电商物流的基本含义、工作过程、运营设计等业务能力
2	跨境电商通关实务	掌握出境通关（B2B 模式出境通关、B2C 模式出境通关、C2C 模式出境通关）和入境通关（B2B 模式入境通关、B2C 模式入境通关、C2C 模式入境通关）等的基本含义、工作过程、模式设计等基本业务
3	跨境电商营销	掌握国际市场营销基本理论和方法，了解互联网营销的技术和策略，能利用网络环境，借助社交媒体开展跨境电商平台营销、运营操作
4	跨境电商 B2C 实务	熟悉跨境贸易电子商务的基本概念、基本政策，熟悉跨境第三方操作平台规则，掌握跨境电商操作基本工作流程，具备跨境店铺运营管理、电商操作技术等业务能力

续表

序号	专业核心课程	主要教学内容
5	跨境电商实用英语	熟悉跨境贸易电子商务上货过程及后台客服管理中使用的英语，能用英语完成后台操作和客户沟通，能使用英语在售前、售中、售后过程中给客户完善的服务
6	跨境电商业务综合实训	熟悉跨境贸易电子商务的平台操作，具备跨境电商操作基本各个环节的业务能力

4. 实践性教学环节。实践性教学环节主要应包括实训、实习、毕业设计和社会实践等。实训可在校内实验实训室、校外实训基地等开展完成；实践、实习主要内容包括跨境电商平台操作技能实训、货代业务技能实训、报关技能实训、报检技能实训、跨境电商营销技能实训、产品信息化处理实训、跨境电商店铺营运管理技能实训、跨境电商客服技能实训等。要严格执行《职业学校学生实习管理规定》和专业顶岗实习标准的有关要求。在第 1~2 学期安排认识实习，在第 3~4 学期安排跟岗实习，在第 5~6 学期安排顶岗实习。实训实习既是实践性教学，也是专业课教学的重要内容，应注重理论与实践一体化教学。

5. 其他要求。学校应结合实际，开设社会责任、安全教育、节能减排、绿色环保、管理等人文素养、科学素养方面的选修课程、拓展课程或专题讲座（活动），并将有关内容融入专业课程教学中；将创新创业教育融入专业课程教学和有关实践性教学环节中；自主开设其他特色课程；组织开展德育活动、志愿服务活动和其他实践活动。

（二）学时安排

本专业总学时一般为 2600~2700 学时，每 18 学时折算 1 学分。公共基础课总学时不少于总学时的 25%。实践性教学学时不少于总学时的 50%，其中，顶岗实习累计时间为 6 个月，可根据实际集中或分阶段安排实习时间。各类选修课程学时累计不少于总学时的 10%。

八、教学基本条件

（一）师资队伍

1. 队伍结构。本专业学生数与本专业专任教师数比例不应高于 25 : 1，双师素质教师占专业教师比例不应低于 60%，专任教师队伍要考虑职称、年龄形成合理的梯队结构。

2. 专任教师。应具有高校教师资格；具有良好的师德，爱岗敬业，遵纪守法；具有国际商务、国际贸易、国际物流等相关专业本科及以上学历，扎实的国际商务相关理论功底和实践能力；具有信息化教学能力，能够开展课程教学改革和科学研究；每五年累计不少于 6 个月的企业实践经历。

3. 专业带头人。原则上应具有副高及以上职称，能够较好地把握国内外行业、专业发展，能密切联系行业企业，了解行业企业对国际商务专业人才的需求实际，教学设计、专业研究能力强，在本区域或本领域有一定的专业影响力。

4. 兼职教师。主要从行业企业聘任。具备良好的思想政治素质和职业道德；中级及以上经济师或行业相关专业技术资格；较高的国际商务职业素养和专业能力，丰富的实践经验，能够胜任专业课程与实训教学、实习指导等专业教学任务。

（二）教学设施

教学设施主要包括能够满足正常的课程教学、实习实训所必需的专业教室、实训室和实训基地、支持信息化教学等。

1. 专业教室基本条件。专业教室基本条件应满足电源、光照、安全条件，配备课桌椅、黑板、多媒体教学设备、基本教具、网络接口或网络环境等，能够满足专业课程理论教学的需要，场所面积、容纳师生数量能够满足开课需求。

2. 校内实训室基本要求。校内实训室一般应设置 200 平方米以上，Wi-Fi 覆盖，按照跨境电商公司岗位设计布置环境，应配备跨境电商模拟实训软件等，如跨境达人实训系统、货代 ERP 管理系统、报关实训软件、报检实训软件各 1 套、国际货运代理实训软件等，让实训教学更加活泼生动，能满足跨境电商物流与海外仓操作、跨境电商通关实务、跨境电商 B2C 实务、跨境电商业务综合实训等课程实训要求。

3. 校外实训基地基本要求。校外实训基地应选择能够提供国际物流和跨境电商相关典型职业活动、注重产教融合的优质企业或社会中介机构作为校外实训基地。实训基地应设施齐备，实训岗位、实训指导教师确定，实训管理及实施规章制度应齐全，为顺利实施工学交替和顶岗实习等提供场所。

4. 学生实习基地基本要求。学生实习基地应选择能够提供国际物流和跨境电商相关工作岗位的各类代表性企业和社会中介机构作为学生实习基地，可接纳一定规模的学生安排顶岗实习；能够配备相应数量的指导教师对学生实习进行指导和管理；有保证实习生日常工作、学习和生活的相关规章制度，有安全、保险保障。

5. 支持信息化教学基本要求。应具有利用数字化教学资源库、文献资料、常见问题解答等的信息化条件。引导鼓励教师开发并利用信息化教学资源、教学平台，创新教学方法、提升教学效果。

（三）教学资源

教学资源应主要包括能够满足学生专业学习、教师专业教学研究和教学实施需要的教材、图书及数字资源等。

1. 教材选用基本要求。教材选用应按照国家规定选用优质教材，禁止不合格的教材进入课堂。建立由专业教师、行业专家和教研人员等参与的教材选用机构，完善教材选用制度，经过规范程序择优选用教材。

2. 图书、文献配备基本要求。图书、文献配备应能满足人才培养、专业建设、教学科研等工作的需要，方便师生查询、借阅。专业类图书包括有关国际物流和跨境电商专业理论、技术、方法、思维以及实务操作类图书和文献。

3. 数字资源配备基本要求。数字资源配备应建设、配备与本专业有关的文献、音视频素材、数字教材、教学课件、教辅材料、案例库、政策法规库、习题与试题库、实训软件、专业技术资格考试信息、就业创业信息等，形式多样、种类丰富、使用便捷、动态更新以满足教学需要。

九、质量保障

（一）建立专业建设和教学过程质量监控机制，健全专业教学质量监控管理制度，完善课堂教学、教学评价、实习实训、毕业设计以及专业调研、人才培养方案更新、资源建设等方面质量标准建设，通过教学实施、过程监控、质量评价和持续改进，达成人才培养规格。

（二）完善教学管理机制，加强日常教学组织运行与管理，定期开展课程建设水平和教学质量诊改，建立健全巡课、听课、评教、评学等制度，严明教学纪律和课堂纪律，强化教学组织功能，定期开展公开课、示范课等教研活动。

（三）建立专业毕业生跟踪反馈机制及社会评价机制，对生源情况、在校生学业水平、毕业生就业情况等进行分析，定期评价人才培养质量和培养目标达成情况。

（四）充分利用评价分析结果，有效改进专业教学，针对人才培养过程中存在的问题，制定诊断与改进措施，持续提高人才培养质量。

会展策划与管理专业教学标准

一、专业名称（专业代码）

会展策划与管理（中澳合作）（640301）

二、入学要求

普通高级中学毕业、中等职业学校毕业或具备同等学力

三、基本修业年限

三年

四、职业面向

所属专业大类（代码）	所属专业类（代码）	对应行业（代码）	主要职业类别（代码）	主要岗位类别（技术领域）举例	职业资格（职业技能等级）证书举例
旅游大类（64）	会展类（6403）	商务服务业（72）	会展策划专员（2-06-07-05） 商务策划专员（2-06-07-03） 销售人员（4-01-02）	项目策划 项目销售 项目现场管理和执行操作 项目跟踪、过程服务 项目管理和运营	企业人力资源管理师（四级） 会展商业职业经理人证书

五、培养目标

本专业由浙江金融职业学院与澳大利亚阳光海岸大学（University of The Sunshine Coast）合作举办，旨在引进国际会展教育的先进理念，构建以“中外合作、企业参与、实践创新”为特色的国际会展人才培养模式。专业培养面向会展公司、外贸企业、文化传播类企业以及各类企事业单位的参展部门，能从事国际会展前期的策划和营销，中期的管理和服务，以及后期的撤离和跟踪等工作，具有开阔的国际视野、熟练的英语应用能力以及可持续发展能力的高素质技能型人才。

六、培养规格

（一）素质

1. 坚决拥护中国共产党领导，树立中国特色社会主义共同理想，践行社会主义核心价值观，具有深厚的爱国情感和中华民族自豪感；

2. 崇尚宪法、遵守法律、遵规守纪；
3. 遵守、履行道德准则和行为规范，具有社会责任感和社会参与意识；
4. 崇德向善、诚实守信、爱岗敬业，具有精益求精的工匠精神；
5. 具有质量意识、安全意识、职业生涯规划意识和创新思维；
6. 具有较强的集体意识和团队合作精神，良好的行为习惯和自我管理能力；
7. 具有健康的体魄、心理和健全的人格，养成良好的健身与卫生习惯；
8. 具有一定的信息、审美和人文素养。

（二）知识

1. 掌握较好的英语听说读写技巧以及会展专业英语的阅读和翻译技巧；
2. 掌握基本的计算机办公软件操作、互联网信息查询和网络营销知识；
3. 掌握经济、金融、会计基础知识及其应用；
4. 掌握国际贸易术语、进出口贸易及外贸单证知识；
5. 熟悉商务形象、举止、接待、沟通、会谈、交往、餐饮等国际商务礼仪知识；
6. 熟悉会展设计的美学知识；
7. 掌握国际会展项目管理的基础知识；
8. 掌握客户服务心理学知识，熟练掌握国际性会展的前期、中期以及后期的各项服务知识；
9. 掌握国际会展营销的基础知识；
10. 掌握会展策划基础知识；
11. 掌握创业机会的寻找与评估、创业环境分析、创业团队组建、创业融资渠道与方式、创业计划书撰写等相关知识。

（三）能力

1. 国际会展服务能力：具有良好的人际沟通能力和较强的服务语言能力；能开发和管理客户；能进行周密的展会现场接待服务、组织服务以及场地服务；能安排通畅的展会交通、组织展会的安保和清洁工作、组织展品的运输通关及其他配套服务；能进行紧密的客户跟踪服务。

2.会展英语能力：能用英语进行专业交流；能用英语介绍展会各项基本信息；能进行展台接待、处理投诉、商谈价格、订立合同等活动；能读懂常见的英文展会信息；能撰写标准的英文商业信函；能翻译与展会有关的英文信息。

3.国际商务礼仪能力：能策划标准个人商务形象；能在商务场合做到举止优雅；能在商务接待中做到礼仪规范；能在职场沟通中做到礼仪娴熟；能在商务交往过程中做到礼仪大方；能在商务用餐中做到礼仪得体。

4. 国际会展营销能力：能掌握电话、传真、E-mail、拜访等招展技术；能拟订参展合同；能制订招展方案，能设计与制作招展书；能制订招商方案；能制订展会推介方案；能够独立进行市场调研获取相应信息的能力；能够根据展会细分市场并开展营销活动；能够及时针对环境的变动改变营销策略和方式；能够熟练掌握营销策略，开展各种组合营销活动。

5.会展设计能力：具备基本的计算机辅助设计能力；具备一定的创意、审美和欣赏鉴别能力；能判断会展设计方案的合理与否；能判断区分会展设计风格的差异；具备一定的会展现场搭建和布置能力。

6.会展项目管理能力：能启动项目；能制订项目计划；能执行项目；能控制项目；能进行项目收尾；具有良好的组织、协调和人际沟通能力；能进行有效的项目预算管理、信息管理和后勤管理；具有解决突发问题的能力。

7.会展策划能力：能对会展项目进行可行性分析；能对场地进行合理选择和科学规划；能编写简单的会展调查问卷；具有起草会议、展会及节事活动的策划方案的能力；能做好项目财务预算；能够制订展会宣传策略与媒体支持方案。

8. 能根据主客观条件，因地制宜，准确确定创新创业的发展方向、目标、战略以及制订具体实施方案。

9. 具有一定的人员和财务管理能力。

10. 能与相关部门和个人进行有效的协调和沟通。

11. 能进行会展及相关行业的自主创业的能力。

七、课程设置及学时安排

（一）课程设置

课程包括公共基础课程和专业课程。

1. 公共基础课程。根据党和国家有关文件规定，本专业将毛泽东思想和中国特色社会主义理论体系概论、思想道德修养与法律基础、形式与政策、高职体育、计算机基础与大数据分析、明理课程、就业指导、中华优秀传统文化、创新创业指导、军事教育、健康教育等课程列入公共必修课程。把新媒体营销、国际会议实务、会展设计、创新创业教育、自主学习平台网络课程、淑女课程以及其他公共选修课程等列为选修课。

2. 专业课程。一般包括专业基础课程、专业核心课程、专业拓展课程，并涵盖有关实践性教学环节。

（1）专业基础课程。一般开设 5 门，主要教学内容应包括经济学基础、会展基础、国际商务文化与礼仪、参展商实务、综合英语等。

（2）专业核心课程。一般开设 6 门，主要包括会展策划、会展项目管理、国际会展服务、国际市场营销、会展英语、会展综合实训。

（3）专业拓展课程。一般开设 4 门，主要包括商务英语基础、高级商务英语、体育赛事营销、体育管理等课程。

3. 专业核心课程和主要教学内容。

序号	专业核心课程	主要教学内容
1	会展项目管理	掌握管理学基础知识、项目主题的确定、项目的立项、项目现场运作、项目的控制、项目人力资源管理、项目预算管理、项目危机管理、项目后勤管理、项目信息管理知识

续表

序号	专业核心课程	主要教学内容
2	会展策划	掌握会展策划基础知识、相关法律与政策知识、会议活动策划、展览活动策划、会展场地的选择和规划、论坛及相关活动策划、会展信息化、会展策划评估、节事活动策划、媒体的合作与宣传知识
3	国际市场营销	具有互联网思维，掌握互联网技术支持下的市场营销，掌握一般的市场营销方法和推销手段，展会推介方法、信息收集及数据库的建立，掌握合同相关知识、展会招展招商知识
4	国际会展服务	具有互联网思维，掌握互联网技术支持下的会展客户服务，掌握客户心理学基础知识、会展前期管理服务、中期管理服务以及后期管理服务，既包括现场的接待与专业服务，也包括餐饮、旅游、住宿、交通和运输、客户跟踪等相关行业的配套服务知识
5	会展英语	掌握展会介绍、展会策划、展会预订、展会销售、展会接待、物流服务、会后旅游和展会调查知识
6	会展综合实训	掌握展会注册管理实训、服务管理实训、市场调研实训、市场营销实训、展务管理与服务实训、客户关系管理实训、危机管理实训、参展商接待服务实训知识

4. 实践性教学环节。主要包括实训、实习、毕业设计和社会实践等。实训可在校内实验实训室、校外实训基地等开展完成；实践、实习主要内容包括会展策划业务实训、会展营销业务实训、会展现场监理业务实训以及会展项目管理业务实训等。要严格执行《职业学校学生实习管理规定》和专业顶岗实习标准的有关要求。在第 1~2 学期安排认识实习，在第 3~4 学期安排跟岗实习，在第 5~6 学期安排顶岗实习。实训实习既是实践性教学，也是专业课教学的重要内容，应注重理论与实践一体化教学。

5. 其他要求。学校应结合实际，开设社会责任、安全教育、节能减排、绿色环保、管理等人文素养、科学素养方面的选修课程、拓展课程或专题讲座（活动），并将有关内容融入专业课程教学中；将创新创业教育融入专业课程教学和有关实践性教学环节中；自主开设其他特色课程；组织开展德育活动、志愿服务活动和其他实践活动。

（二）学时安排

总学时一般为 2600~2700 学时，每 18 学时折算 1 学分。公共基础课总学时不少于总学时的 25%。实践性教学学时不少于总学时的 50%，其中，顶岗实习累计时间为 6 个月，可根据实际集中或分阶段安排实习时间。各类选修课程学时累计不少于总学时的 10%。

八、教学基本条件

（一）师资队伍

1. 队伍结构。学生数与本专业专任教师数比例不高于 25 : 1，双师素质教师占专业教师比例不低于 60%，专任教师队伍要考虑职称、年龄形成合理的梯队结构。

2. 专任教师。要求具有高校教师资格；具有良好的师德，爱岗敬业，遵纪守法；具有国际市场营销管理等相关专业本科及以上学历，扎实的财务管理相关理论功底和实践能力；具有信息化教学能力，能够开展课程教学改革和科学研究；每五年累计不少于6个月的企业实践经历。

3. 专业带头人。原则上应具有副高及以上职称，能够较好地把握国内外行业、专业发展，能密切联系行业企业，了解行业企业对会展项目管理专业人才的需求实际，教学设计、专业研究能力强，在本区域或本领域有一定的专业影响力。

4. 兼职教师。主要从行业企业聘任。具备良好的思想政治素质和职业道德；中级及以上会计行业相关专业技术资格；较高的财务职业素养和专业能力，丰富的实践经验，能够胜任专业课程与实训教学、实习指导等专业教学任务。

（二）教学设施

教学设施主要包括能够满足正常的课程教学、实习实训所必需的专业教室、实训室和实训基地、支持信息化教学等。

1. 专业教室基本条件。满足电源、光照、安全条件，配备课桌椅、黑板、多媒体教学设备、基本教具、网络接口或网络环境等，能够满足专业课程理论教学的需要，场所面积、容纳师生数量能够满足开课需求。

2. 校内实训室基本要求。会展综合实训室：服务器、投影设备、白板、计算机1台/人，Wi-Fi覆盖，安装相关会展设计与会展管理等相关软件。用于国际会展服务、会展项目管理、会展策划、会展综合实训等专业核心等课程和专业基础课程的教学与实训。

3. 校外实训基地基本要求。选择能够提供会展项目相关典型职业活动、注重产教融合的优质企业或社会中介机构作为校外实训基地。实训基地设施齐备，实训岗位、实训指导教师确定，实训管理及实施规章制度齐全。与专业建立紧密联系的校外实训基地应达3个以上。

4. 学生实习基地基本要求。选择能够提供会展策划与管理相关工作岗位的各类代表性企业和社会中介机构作为学生实习基地，可接纳一定规模的学生安排顶岗实习；能够配备相应数量的指导教师对学生实习进行指导和管理；有保证实习生日常工作、学习和生活的相关规章制度，有安全、保险保障。

5. 支持信息化教学基本要求。具有利用数字化教学资源库、文献资料、常见问题解答等的信息化条件。引导鼓励教师开发并利用信息化教学资源、教学平台，创新教学方法、提升教学效果。

（三）教学资源

教学资源主要包括能够满足学生专业学习、教师专业教学研究和教学实施需要的教材、图书及数字资源等。

1. 教材选用基本要求。按照国家规定选用优质教材，禁止不合格的教材进入课堂。建立由专业教师、行业专家和教研人员等参与的教材选用机构，完善教材选用制度，经过规范程序择优选用教材。

2. 图书、文献配备基本要求。图书、文献配备能满足人才培养、专业建设、教学科研等工作的需要，方便师生查询、借阅。专业类图书包括有关财务管理，会展策划与管理专业理论、技术、方法、思维以及实务操作类图书和文献。

3. 数字资源配备基本要求。建设、配备与本专业有关的文献、音视频素材、数字教材、教学课件、教辅材料、案例库、政策法规库、习题与试题库、实训软件、专业技术资格考试信息、就业创业信息等，形式多样、种类丰富、使用便捷、动态更新以满足教学需要。

九、质量保障

（一）建立专业建设和教学过程质量监控机制，健全专业教学质量监控管理制度，完善课堂教学、教学评价、实习实训、毕业设计以及专业调研、人才培养方案更新、资源建设等方面质量标准建设，通过教学实施、过程监控、质量评价和持续改进，达成人才培养规格。

（二）完善教学管理机制，加强日常教学组织运行与管理，定期开展课程建设水平和教学质量诊改，建立健全巡课、听课、评教、评学等制度，严明教学纪律和课堂纪律，强化教学组织功能，定期开展公开课、示范课等教研活动。

（三）建立专业毕业生跟踪反馈机制及社会评价机制，对生源情况、在校生学业水平、毕业生就业情况等进行分析，定期评价人才培养质量和培养目标达成情况。

（四）充分利用评价分析结果，有效改进专业教学，针对人才培养过程中存在的问题，制定诊断与改进措施，持续提高人才培养质量。

商务英语专业教学标准

一、专业名称（专业代码）

商务英语（670202）

二、入学要求

普通高级中学毕业、中等职业学校毕业或具备同等学力

三、基本修业年限

三年

四、职业面向

<table>
<tr><th>所属专业大类（代码）</th><th>所属专业类（代码）</th><th>对应行业（代码）</th><th>主要职业类别（代码）</th><th>主要岗位类别（技术领域）举例</th><th>职业资格（职业技能等级）证书举例</th></tr>
<tr><td rowspan="4">教育与体育大类（67）</td><td rowspan="4">语言类（6702）</td><td rowspan="4">批发业（F51）
零售业（F52）
电商（5292）
教育（8350）</td><td>商务助理（2-06-07-03）</td><td>前台接待、文员</td><td rowspan="4">计算机基础知识和应用能力（一级），浙江省教育厅颁发
全国大学英语等级证书（四级），全国大学英语四、六级考试委员会颁发
全国大学英语等级证书（六级，鼓励），全国大学英语四、六级考试委员会颁发
全国跨境电商专员岗位（B2B）水平测试（初级，鼓励），中国国际贸易促进委员会颁发
普通话证书（二级乙等），浙江省语言文字工作委员会颁发</td></tr>
<tr><td>商务专业人员（2-06-07-01）</td><td>业务员</td></tr>
<tr><td>跨境电商业务员（4-01-02-02）</td><td>跨境物流员
业务员、客服</td></tr>
<tr><td>培训机构教师（2-08-03）</td><td>助教、行政、教师</td></tr>
</table>

五、培养目标

本专业培养拥护党的基本路线，适应区域经济建设和社会发展需要，面向外贸企业、外资（合资）企业等外向型企业，金融机构和社会教育培训机构的基层业务和管理岗位，

具有诚信、合作、敬业、创新创业基本素养，掌握英语基本知识、国际贸易知识、跨境电商知识、创业创新等知识，具备较强的英语应用能力、跨文化交际能力、商务实践能力、思辨能力、自主学习能力，能从事外贸公司商务助理或外贸业务员、英语培训教育等工作，同时具有较强创新创业能力的德、智、体、美方面全面发展，具有较强可持续发展能力的高素质技术技能型专门人才。

六、培养规格

本专业毕业生应在素质、知识和能力等方面达到以下要求。

（一）素质

1. 坚决拥护中国共产党领导，树立中国特色社会主义共同理想，践行社会主义核心价值观，具有深厚的爱国情感和中华民族自豪感；
2. 崇尚宪法、遵守法律、遵规守纪；
3. 遵守、履行道德准则和行为规范，具有社会责任感和社会参与意识；
4. 崇德向善、诚实守信、爱岗敬业，具有精益求精的工匠精神；
5. 具有质量意识、安全意识、职业生涯规划意识和创新思维；
6. 具有较强的集体意识和团队合作精神，良好的行为习惯和自我管理能力；
7. 具有健康的体魄、心理和健全的人格，养成良好的健身与卫生习惯；
8. 具有一定的信息、审美和人文素养。

（二）知识

1. 掌握英语语音、语法、词汇等语言知识、跨文化知识和外贸业务知识，掌握英语听、说、读、写、译能力，具备商务沟通以及外贸函电交流能力；
2. 掌握英语教育教学基本理论，掌握英语教学方法和技巧；
3. 掌握计算机办公软件操作、互联网信息搜寻和网络营销知识的应用；
4. 熟悉各种国际营销方法和技巧，了解国际营销基本原理；
5. 掌握经济、金融、会计基础知识及其应用，掌握进销存和会计报表应用；
6. 掌握国际贸易术语、进出口合同条款、外汇汇率、国际结算方式等知识；
7. 掌握通常的国际贸易惯例与法规；
8. 熟悉商务形象、举止、接待、沟通、会谈、交往、餐饮等国际商务礼仪；
9. 掌握创业机会的寻找与评估、创业环境分析、创业团队组建、创业融资渠道与方式、创业计划书撰写等相关知识。

（三）能力

1. 能运用英语建立和维护客户关系；
2. 能完成外商接待任务；
3. 能进行进出口磋商和谈判；
4. 能熟练使用办公软件和各种常用办公设备处理办公室日常事务；

5. 能进行会议筹备、组织和安排；

6. 能协助主讲教师，开展英语教学活动；

7. 能根据主客观条件，因地制宜，准确确定创新创业的发展方向、目标、战略以及制订具体实施方案；

8. 具有一定的人员和财务管理能力；

9. 能与相关部门和个人进行有效的协调和沟通；

10. 能进行专业相关的创业。

七、课程设置及学时安排

（一）课程设置

课程包括公共基础课程和专业课程。

1. 公共基础课程。根据党和国家有关文件规定，将思想政治理论课、体育、计算机文化基础、军事课、心理健康教育、明理课程、中华优秀传统文化等课程列入公共基础必修课程。将创新创业教育、健康教育、美育课程等列为必修课或选修课，主要培养学生树立科学的世界观、人生观、价值观、道德观和法制观，提升人文和科学素养，养成良好的职业道德和职业发展能力。基本素质课程包括思想道德素质类课程、基本职业应用能力类课程、身心健康类课程。

2. 专业课程。一般包括专业基础课程、专业核心课程、专业拓展课程，并涵盖有关实践性教学环节。

（1）专业基础课程。专业基础课程是根据完成岗位工作任务和学生职业发展对专业理论知识的需要开设，能够帮助学生更好地理解岗位工作，旨在培养学生基本的专业理论素质，是学生职业发展的基础。

本专业学生必须完成的专业基础课程包括基础英语、商务英语听说、国际商务文化与礼仪、外贸基础、国际市场营销。

（2）专业核心课程。专业核心课程是为培养学生完成岗位工作任务所必须具备的职业能力而开设的，旨在培养学生的专业核心能力。这类课程通过训练学生熟练地运用专门技术而达到具备从事职业岗位工作能力的目的。

本专业学生必须完成的专业核心课程包括基础英语、商务英语听说、商务英语翻译、跨文化交际、出口业务操作、外贸单证操作。

（3）专业拓展课程。专业拓展课程是在学生掌握本专业必备知识和技能的基础上，根据就业方向和个人发展需要所开设的选修课程。本专业的拓展课程包括跨境电商（主要为 B2C 模式）方向、英语教育和创新创业方向等 3 个方向。

跨境电商（主要为 B2C 模式）方向课程包括跨境电商实务、报检与报关实务、跨境电商客服。英语教育方向课程包括英语语音、教育心理学、英语教学综合实训。创新创业方向课程包括创业企业人力资源管理、网店运营管理、浙商案例解析等课程。

3. 专业核心课程和主要教学内容。

序号	专业核心课程	主要教学内容
1	基础英语	英语听、说、读、写、译单项技能及综合技能训练；大学英语四、六级考试训练
2	商务英语听说	英语语言国家文化背景和社会习俗基本知识和技巧；商务情境下的英语口语交流知识与技巧训练
3	商务英语翻译	商务英语翻译基本理论和技巧；商品说明书、公司简介、旅游材料等书面翻译；商务情境下的英语翻译模拟
4	跨文化交际	中西方文化差异与跨文化交际技巧
5	出口业务操作	具有互联网思维，掌握互联网技术支持下的出口业务操作，掌握出口准备操作知识和出口磋商签约操作知识；出口履约和善后操作知识
6	外贸单证操作	具有互联网思维，掌握互联网技术支持下的外贸单证操作，掌握托运单证、报检单证、报关单证和结汇单证的制作要领；进口单证和官方单证的办理；单证管理知识

4. 实践性教学环节。综合能力课程是对上述课程所训练的能力综合运用的课程，包括社会实践和毕业设计。

（1）社会实践。本专业应注重培养学生的实践能力、调研能力和创业能力，教学方案中应组织相应的实践教学环节。实践教学组织包括：①专业认知实训，是在专业课学习之前的一个实践教学环节，是指通过组织学生到企业进行认知学习，培养学生对本专业的良好专业兴趣，从而树立正确的职业观。实训完成后，要有专业认知实训报告。②校内仿真实训，是指对部分专业课程专业技能进行训练，规范业务处理的能力。③校外毕业实习是实践性的教学环节，是指通过组织学生到企业进行专业对口实习，培养学生适应社会，综合运用所学理论解决实际问题的能力。实习过程要有完整的实习记录，实习完成后要有实习报告，字数不少于 2000 字。

（2）毕业设计。毕业设计是本专业人才培养方案的重要教学环节，也是培养学生理论联系实际及提高学生研究性学习能力的有效手段。本专业的毕业设计应与毕业实习岗位相结合，毕业设计应强调应用性、实用性、可操作性及时效性。学生在修完所有规定课程后，必须完成一篇不少于 4000 字的毕业设计。经答辩委员会认定合格后，方可取得毕业证。

5. 其他要求。学校应结合实际，开设社会责任、安全教育、节能减排、绿色环保、管理等人文素养、科学素养方面的选修课程、拓展课程或专题讲座（活动），并将有关内容融入专业课程教学中；将创新创业教育融入专业课程教学和有关实践性教学环节中；自主开设其他特色课程；组织开展德育活动、志愿服务活动和其他实践活动。

（二）学时安排

总学时一般为 2600~2700 学时，每 18 学时折算 1 学分。公共基础课总学时不少于总学时的 25%。实践性教学学时不少于总学时的 50%，其中，顶岗实习累计时间为 6 个月，可根据实际集中或分阶段安排实习时间。各类选修课程学时累计不少于总学时的 10%。

八、教学基本条件

（一）师资队伍

1. 队伍结构。学生数与本专业专任教师数比例不高于 25∶1，双师素质教师占专业教师比例不低于 60%，专任教师队伍要考虑职称、年龄，形成合理的梯队结构。

2. 专任教师。须具有英语语言文学、商务英语相关专业硕士及以上学历，具有教师职业资格和行业职业资格所要求的职业素养和业务能力。具有外贸公司、跨境电商企业相关工作经历或实践经历；精通商务英语专业的基本理论与业务知识；具有较强的专业理论与业务实践教学能力；具有信息化条件下的专业教学与科研能力。专任教师应定期到行业、企业与专业相关的岗位参加实践，每 5 年累计不少于 6 个月的实践时间。

3. 专业带头人。原则上应具有副高及以上职称，能够较好地把握国内外商务英语发展情况，能密切联系行业企业，了解行业企业对商务英语专业人才的实际需求，教学设计、专业研究能力强，在本区域或本领域有一定的专业影响力。

4. 兼职教师。兼职教师应聘请具备外贸业务或相关职业岗位群工作五年以上实践经历的高技能人才，兼职教师一般应具有中级以上专业技术职称或高层职务，年龄一般不超过 65 周岁。兼职教师应具有较高的专业素养和技能水平，能够胜任教学工作；能参与学校的实训条件建设。兼职教师承担的专业课程教学学时比例达到 50% 以上，主要承担实践教学任务，专任教师与行业兼职教师 1∶1 结对，共同提高专业教学科研能力。

（二）教学设施

教学设施主要包括能够满足正常的课程教学、实习实训所必需的专业教室、实训室和实训基地、支持信息化教学等。

1. 专业教室基本条件。满足电源、光照、安全条件，配备课桌椅、黑板、多媒体教学设备、基本教具、网络接口或网络环境等，能够满足专业课程理论教学的需要，场所面积、容纳师生数量能够满足开课需求。

2. 校内实训室基本要求。商务英语校内实训基地主要围绕英语语言实训和商务活动实训进行教学。开展实践教学和职业素质养成是校内实训室的主要功能。校内实训室必须从专业核心能力出发，按照教学大纲的要求，为商务英语专业实践教学的基本技能与综合技能训练配备必需的软硬件设备，以保证学生的各项技能训练顺利进行，以提高学生的实践操作能力。校内实训室同时也承担了职业素质养成的重要工作。校内实训室通过模仿相关企业建设，营造职业氛围，让学生在仿真的工作环境中学习，既能了解相关专业的基本知识，初步具有一般的相关职业技能，又能熟悉工作岗位上的基本要求，感受企业文化。

3. 校外实训基地基本要求。校外实习是强化专业知识、增加学生的感性认识和创新能力的重要综合性教学环节。校外实践教学基地是培养学生实践能力和创新精神的重要场所，是学生接触社会、了解社会的桥梁。建设一批高质量的、稳定的校外实践教学基地，为学生迅速将专业知识转化为实际的操作能力提供了可靠的平台，而且也有利于学生应用能力的提高。

4. 学生实习基地基本要求。选择能够提供商务英语相关工作岗位的各类代表性企业和社会中介机构作为学生实习基地，可接纳一定规模的学生安排顶岗实习；能够配备相应数量的指导教师对学生实习进行指导和管理；有保证实习生日常工作、学习和生活的相关规章制度，有安全、保险保障。

5. 支持信息化教学基本要求。具有利用数字化教学资源库、文献资料、常见问题解答等的信息化条件。引导鼓励教师开发并利用信息化教学资源、教学平台，创新教学方法、提升教学效果。

（三）教学资源

教学资源主要包括能够满足学生专业学习、教师专业教学研究和教学实施需要的教材、图书及数字资源等。

1. 教材选用基本要求。按照国家规定选用优质教材，禁止不合格的教材进入课堂。建立由专业教师、行业专家和教研人员等参与的教材选用机构，完善教材选用制度，经过规范程序择优选用教材。

2. 图书、文献配备基本要求。图书、文献配备能满足人才培养、专业建设、教学科研等工作的需要，方便师生查询、借阅。专业类图书包括有关商务英语专业理论、技巧、学习方法、训练以及实务操作类图书和文献。

3. 数字资源配备基本要求。建设、配备与本专业有关的文献、音视频素材、数字教材、教学课件、教辅材料、案例库、习题与试题库、实训软件、专业技术资格考试信息、就业创业信息等，形式多样、种类丰富、使用便捷、动态更新以满足教学需要。

九、质量保障

（一）建立专业建设和教学过程质量监控机制，健全专业教学质量监控管理制度，完善课堂教学、教学评价、实习实训、毕业设计以及专业调研、人才培养方案更新、资源建设等方面质量标准建设，通过教学实施、过程监控、质量评价和持续改进，达成人才培养规格。

（二）坚持课程的过程性和实践性考核，不断改革和完善学生学业成绩的评价制度，根据课程性质和课程定位，对学生学业成绩进行分类评价。理论课程成绩包括期末卷面成绩和平时成绩，平时成绩是指作业、课堂提问和讨论、测验或者小论文等。实践性课程成绩创新评价制度，注重实践性考核。

（三）建立第三方评价体系，行业企业对毕业生的评价是人才培养质量评价体系重要的环节，本专业定期，不定期地了解行业、企业等对毕业生的评价，努力建立和完善第三方对人才培养质量评价制度。

（四）充分利用评价分析结果，有效改进专业教学，针对人才培养过程中存在的问题，制定诊断与改进措施，持续提高人才培养质量。

计算机信息管理专业教学标准

一、专业名称（专业代码）

计算机信息管理（610203）

二、入学要求

普通高级中学毕业、中等职业学校毕业或具备同等学力

三、基本修业年限

三年

四、职业面向

所属专业大类（代码）	所属专业类（代码）	对应行业（代码）	主要职业类别（代码）	主要岗位类别（技术领域）举例	职业资格（职业技能等级）证书举例
电子信息大类（61）	计算机类（6102）	应用软件开发（6513） 运行维护服务（6540）	计算机硬件工程技术人员（2-02-10-02） 计算机软件工程技术人员（2-02-10-03） 计算机网络工程技术人员（2-02-10-04）	系统管理员 网络管理员 技术文员 移动应用开发工程师 网站编辑与运营管理	信息处理技术员 信息系统运行管理员 数据库系统工程师

五、培养目标

本专业培养拥护党的基本路线，适应区域经济建设和社会发展需要，面向各类企事业单位的基层业务和管理岗位，具有诚信、合作、敬业、创新创业基本素养，具备计算机科学基础、信息系统分析设计实现、信息处理管理等专业知识，能从事计算机系统安装维护管理、计算机网络组建维护、移动应用开发、网站建设管理等工作，同时具有较强创新创业能力的德、智、体、美全面发展，具有较强可持续发展能力的高素质技术技能型专门人才。

六、培养规格

本专业毕业生应在素质、知识和能力等方面达到以下要求。

（一）素质

1. 热爱社会主义祖国，能够准确理解和把握社会主义核心价值观的深刻内涵和实践

要求，具有正确的世界观、人生观、价值观；

2. 崇尚宪法、遵守法律、遵规守纪，遵守、履行道德准则和行为规范；

3. 具有事业心和责任感，崇德向善、诚实守信、爱岗敬业、乐于奉献，具有精益求精的工匠精神；

4. 具有较好的信息素养，能自觉、有效地获取、评估、鉴别、使用信息，具有数字化生存能力，主动适应“互联网 +”等社会信息化发展趋势，具有网络伦理道德与信息安全意识等；

5. 具有一定的审美和人文素养；

6. 具有健康的体魄、心理和健全的人格，养成良好的健身与卫生习惯。

（二）知识

1. 掌握必备的思想政治理论、科学文化基础知识；

2. 具有必备的数学、外语知识，了解现代企业管理、金融、理财等基础理论；

3. 了解与本专业相关的法律法规以及文明生产、绿色环保、安全消防、创新创业等知识；

4. 了解计算机软件著作权、专利等有关的知识；

5. 掌握计算机产生发展和应用、计算机软硬件系统等基础理论；

6. 掌握常用操作系统 Windows 和 Linux 的基础理论知识与使用方法；

7. 熟练掌握各种常用应用软件，如 Microsoft Office 办公自动化软件的基础理论知识和使用方法；

8. 掌握应用系统的关系型数据库需求分析设计创建、数据库编程等；

9. 能熟练掌握至少一门高级程序设计语言的基本编程及调试能力；

10. 掌握信息管理和信息系统的基本理论，了解管理信息系统的分析方法、设计方法和实现技术；

11. 了解软件开发规范、流程和技术文档的编写管理，了解 IT 项目管理有关的知识及要求；

12. 能够熟练使用苹果 iOS、安卓移动操作系统，并具备进行一定的移动应用开发及测试的能力；

13. 掌握计算机网络和 Internet 的基础理论，具有企业内部局域网组网能力，掌握一定的网络安全知识，能够设计并实施完整的网络安全解决方案；

14. 了解网站开发方法、开发流程、测试发布的最新技术，具有根据企业实际要求进行简单网站的规划、设计、建设与管理维护的能力；

15. 了解计算机学科的前沿理论和发展动态，具有综合利用所学知识分析问题和解决问题，并能不断更新知识的能力。

（三）能力

1. 具有较强的自主学习能力，能够主动规划自己的学习过程，自定学习目标、学习计划、学习时间、学习内容等，能够非常有主见地对自己的学习、生活进行科学的安排，为了适应时代变化不断探索适合自己的学习方法；

2. 具有探究学习和终身学习、分析问题和解决问题的能力；

3. 具有组织、协调、管理、沟通、团队协作、语言和文字表达的能力；

4. 具备良好的自我管理能力、适应与抗压能力；

5. 具有文字、表格、图像的计算机处理能力，具有较强的运用信息技术进行学习、合作、交流和解决问题的能力；

6. 具有熟练地组装微型计算机硬件系统、安装操作系统和常用软件的能力；

7. 具有熟练地组建、维护、管理计算机局域网的能力；

8. 具备对数据库管理系统进行日常管理与维护的能力；

9. 具有熟练地进行网站设计、建设和维护管理的能力；

10. 具有开发与测试计算机应用软件的能力；

11. 具有移动应用软件开发和测试的能力；

12. 具有熟练地运用 Java 可视化编程的能力；

13. 具有熟练使用 Microsoft Office 办公软件的能力，具有较强的汉字输入能力；

14. 具有利用互联网等查阅整理相关专业资料并撰写技术文档的能力；

15. 具有根据 IT 项目管理的需要进行简单的组织管理协调的能力。

七、课程设置及学时安排

（一）课程设置

课程包括公共基础课程和专业课程。

1. 公共基础课程。根据党和国家有关文件规定，将思想政治理论课、中华优秀传统文化、体育、军事课、大学生职业发展与就业指导、心理健康教育等课程列入公共基础必修课程，并将马克思主义理论类课程、高等数学、公共外语、创新创业教育、健康教育、美育课程、演讲与口才、商务礼仪、个人理财、互联网金融、办公软件高级应用、市场营销实务等列为必修课或选修课。

2. 专业课程。专业课程包括专业大类必修课程、专业拓展课程，并涵盖有关实践性教学环节。

（1）专业大类必修课程。一般开设 9 门，主要包括高级语言程序设计、网页开发与制作、数据库原理与应用、二维动画制作、局域网组建与管理、图形图像处理、网站建设技术、管理信息系统、移动互联网应用设计等。

（2）专业拓展课程。一般包括两类，一是拓展专业应用能力的课程，有移动应用开发、互联网金融系统运营、互联网金融产品运营营销、界面设计与制作 4 个方向的模块课供选择，例如，移动应用开发方向的有微信小程序开发、C2C 创业指导、Linux 操作系统、WEB 前端设计等课程；二是体现本校优势特色的课程，有创新创业、订单课程 2 个方向的模块可供选择。

3. 专业核心课程和主要教学内容。

序号	专业核心课程	主要教学内容
1	高级语言程序设计	本课程每周 4 课时，共开设 2 个学期，第一学期主要学习 Java 语言基础知识，主要包括基本数据类型、流程控制、字符串与数组、类与对象、面向对象程序设计的基本概念等；第二学期主要学习 Java 应用程序开发，主要包括 Swing 程序设计、数据库编程、输入输出、多线程、网络通信等
2	数据库原理与应用	应用系统的需求分析和设计、数据库及数据库表的创建、数据库完整性约束设计、视图创建、存储过程及触发器设计以及利用 T-SQL 语句进行数据库编程等，数据库管理系统的日常管理与维护；自主选择设计并实现一个简单的数据库应用系统
3	管理信息系统	对管理信息系统从系统可行性、系统分析、系统设计等方面进行研究，设计的策略采用面向对象的设计方法，设计的方法主要围绕着功能设计、数据库设计、编码设计、界面设计等内容进行；模块测试和系统测试，将调试好的系统进行相应的部署；自主选择设计并实现一个 C/S 模式的管理信息系统
4	网站建设技术	从整体上对动态网站的开发流程、环境搭建、软件选择、仿制网站、管理维护有初步认识；根据所给网站美工效果图设计开发一个动态网站，包括网站切片、前台布局、前台开发、网页测试、安装数据库、后台搭建、网站测试、网站发布等；了解响应式网站的开发；自选主题搜集素材来设计实现一个动态网站
5	局域网组建与管理	学习网络规划和网络地址管理、安装配置 Web 服务器、FTP 服务器、视频点播流媒体服务器、邮件服务器、配置并实现 DNS 系统；安装并配置防火墙、构建无线局域网；常见故障的检测和排除；掌握基本的网络布线知识，能够实现公司内各主机间文件和打印机等终端设备的资源共享等
6	移动互联网应用设计	运用移动应用开发方面的知识，发挥自己的创造力，设计与众不同的新 APP，包括移动应用开发环境搭建、初始移动应用设计、千奇百怪的计算器、图的世界、让音乐响起来等项目，并且能够在移动产品开发过程中进行项目管理等

4. 实践性教学环节。主要包括认知实习、跟岗实习、顶岗实习、课程实训、毕业设计、创新创业实践、社会实践等。实训可在校内实验实训室、校外实训基地等开展完成；实践、实习主要内容包括软件业的现状与发展前景调查、网站设计制作及管理、局域网的组建维护管理、数据库管理与维护、应用软件的开发与测试、移动应用开发和测试、可视化编程、办公软件高级应用等。要严格执行《职业学校学生实习管理规定》。在第 1~2 学期安排认知实习，在第 3~4 学期安排跟岗实习，在第 5~6 学期安排顶岗实习。实训实习既是实践性教学，也是专业课教学的重要内容，应注重理论与实践一体化教学。

5. 其他要求。学校应结合实际，开设社会责任、安全教育、节能减排、绿色环保、管理等人文素养、科学素养方面的选修课程、拓展课程或专题讲座（活动），并将有关内容融入专业课程教学中；将创新创业教育融入专业课程教学和有关实践性教学环节中；自主开设其他特色课程；组织开展德育活动、志愿服务活动和其他实践活动。

（二）学时安排

总学时一般为 2600~2700 学时，每 18 学时折算 1 学分。公共基础课总学时不少于总学时的 25%。实践性教学学时不少于总学时的 60%，其中，顶岗实习累计时间为 6 个月，可根据实际集中或分阶段安排实习时间。各类选修课程学时累计不少于总学时的 10%。

八、教学基本条件

（一）师资队伍

1. 队伍结构。学生数与本专业专任教师数比例不高于 30∶1，双师素质教师占专业教师比例不低于 80%，专任教师队伍要考虑职称、年龄形成合理的梯队结构。

2. 专任教师。要求具有高校教师资格；具有良好的师德，爱岗敬业，遵纪守法；具有计算机应用、软件工程等相关专业本科及以上学历，具有扎实的计算机软硬件相关理论功底和实践能力；具有信息化教学能力，能够开展课程教学改革和科学研究；每五年累计不少于 6 个月的企业实践经历。

3. 专业带头人。原则上应具有副高及以上职称，能够较好地把握国内外行业、专业发展，能密切联系行业企业，了解行业企业对计算机信息管理专业人才的需求实际，教学设计、专业研究能力强，在本区域或本领域有一定的专业影响力。

4. 兼职教师。主要从行业企业聘任，具备良好的思想政治素质和职业道德；中级及以上计算机行业相关专业技术资格；较高的计算机行业职业素养和专业能力，丰富的实践经验，能够胜任专业课程与实训教学、实习指导等专业教学任务。

（二）教学设施

教学设施主要包括能够满足正常的课程教学、实习实训所必需的专业教室、实训室和实训基地、支持信息化教学等。

1. 专业教室应达到的基本条件。满足电源、光照、安全条件，配备课桌椅、黑板、多媒体教学设备、基本教具、网络接口或网络环境等，能够满足专业课程理论教学的需要，场所面积、容纳师生数量能够满足开课需求。

2. 校内实训室应达到的基本要求。

（1）软件应用与开发实训室：服务器、投影设备、白板、计算机 1 台 / 人、电子教室等，Wi-Fi 覆盖，安装移动应用开发相关软件。用于微信小程序开发、移动互联网应用设计、高级语言程序设计、数据库原理与应用、管理信息系统等课程的教学与实训。

（2）网络资源共享实训室：服务器、投影设备、白板、计算机 1 台 / 人、电子教室等，Wi-Fi 覆盖，安装网络管理相关软件。用于局域网组建与管理、IT 综合技能实践、毕业设计指导等课程的教学与实训。

（3）多媒体技术实训室：服务器、投影设备、白板、计算机 1 台 / 人、电子教室等，Wi-Fi 覆盖，安装网站设计开发管理等相关软件。用于 Web 前端设计、网站建设技术、图形图像处理、网页开发与制作、二维动画制作等课程的教学与实训。

（4）Linux 操作系统实训室：服务器、投影设备、白板、计算机 1 台 / 人、电子教室等，Wi-Fi 覆盖，安装 Linux 操作系统等软件。用于 Linux 操作系统、C2C 创业指导、办公软件高级应用等课程的教学与实训。

3. 校外实训基地基本要求。选择能够提供计算机相关典型职业活动、注重产教融合的优质企业或社会中介机构作为校外实训基地。实训基地设施齐备，实训岗位、实训指导教师确定，实训管理及实施规章制度齐全。与专业建立紧密联系的校外实训基地应达10个以上。

4. 学生实习基地应达到的基本要求。选择能够提供计算机相关工作岗位的各类代表性企业和社会中介机构作为学生实习基地，可接纳一定规模的学生安排顶岗实习；能够配备相应数量的指导教师对学生实习进行指导和管理；有保证实习生日常工作、学习和生活的相关规章制度，有安全、保险保障。

5. 支持信息化教学基本要求。具有利用数字化教学资源库、文献资料、常见问题解答等的信息化条件。引导鼓励教师开发并利用信息化教学资源、教学平台、创新教学方法提升教学效果。

（三）教学资源

教学资源主要包括能够满足学生专业学习、教师专业教学研究和教学实施需要的教材、图书及数字资源等。

1. 教材选用基本要求。按照国家规定选用优质教材，禁止不合格的教材进入课堂。建立由专业教师、行业专家和教研人员等参与的教材选用机构，完善教材选用制度，经过规范程序择优选用教材。

2. 图书、文献配备基本要求。图书、文献配备能满足人才培养、专业建设、教学科研等工作的需要，方便师生查询、借阅。专业类图书包括有关计算机信息管理专业理论、技术、方法、思维以及实务操作类图书和文献。

3. 数字资源配备基本要求。建设、配备与本专业有关的文献、音视频素材、数字教材、教学课件、教辅材料、案例库、政策法规库、习题与试题库、实训软件、专业技术资格考试信息、就业创业信息等，形式多样、种类丰富、使用便捷、动态更新满足教学。通过优质核心课程建设及微课开发，努力提高教学资源的建设水平与有效利用，教学方法的科学性、合理性和应用的有效性。

九、质量保障

（一）建立专业建设和教学过程质量监控机制，健全专业教学质量监控管理制度，完善课堂教学、教学评价、实习实训、毕业设计以及专业调研、人才培养方案更新、资源建设等方面质量标准建设，通过教学实施、过程监控、质量评价和持续改进，达成人才培养规格。

（二）完善教学管理机制，加强日常教学组织运行与管理，定期开展课程建设水平和教学质量诊改，建立健全巡课、听课、评教、评学等制度，严明教学纪律和课堂纪律，强化教学组织功能，定期开展公开课、示范课等教研活动。

（三）建立专业毕业生跟踪反馈机制及社会评价机制，对生源情况、在校生学业水平、毕业生就业情况等进行分析，定期评价人才培养质量和培养目标达成情况。

（四）充分利用评价分析结果，有效改进专业教学，针对人才培养过程中存在的问题，制定诊断与改进措施，持续提高人才培养质量。

（五）专业在人才培养方案制订过程中要努力确保人才培养目标定位的准确性，与产业发展的一致性，具有一定的前瞻性；课程体系构建过程中要以学生综合职业能力培养为目标，力争课程体系的系统性、符合职业发展的规律性。

（六）在校内实训室建设和使用过程中，要强化实训氛围的仿真性、实践教学过程与工作过程的对接性，校内实训基地的利用率力争在校内各实训基地位居前列。

互联网金融专业教学标准

一、专业名称（专业代码）

互联网金融（630209）

二、入学要求

普通高级中学毕业、中等职业学校毕业或具备同等学力

三、基本修业年限

三年

四、职业面向

所属专业大类（代码）	所属专业类（代码）	对应行业（代码）	主要职业类别（代码）	主要岗位类别	职业资格（职业技能等级）证书
财经商贸大类（63）	金融类（6302）	货币金融服务（66） 资本市场服务（67） 保险业（68） 其他金融业（69） 互联网和相关服务（64） 软件和信息技术服务业（65）	销售人员（4-01-02） 其他金融服务人员（4-05-99） 软件和信息技术服务人员（4-04-05） 银行服务人员（4-05-01） 其他经济和金融专业人员（2-06-99）	商务拓展 风险控制 市场推广 用户运营 客户服务 产品经理 技术运维	证券业从业人员资格证书

五、培养目标

本专业培养理想信念坚定、德技并修、全面发展，具有一定的科学文化水平、良好的职业道德和工匠精神、较强的就业创业能力，具有支撑终身发展、适应时代要求的关键能力，掌握互联网金融专业知识和技术技能，面向互联网金融行业，能够适应互联网金融行业动态变化的工作要求，从事互联网金融产品设计、系统运营与维护、市场营销、风险控制、客户服务等工作的高素质技术技能专业人才。

六、培养规格

本专业毕业生应在素质、知识和能力等方面达到以下要求。

（一）素质

1. 坚定拥护中国共产党领导，树立中国特色社会主义共同理想，践行社会主义核心

价值观，具有深厚的爱国情感和中华民族自豪感；

2. 崇尚宪法、遵守法律、遵规守纪；

3. 遵守、履行道德准则和行为规范，具有社会责任感和社会参与意识；

4. 具备金融行业特有的诚信、保密、认真、细致、进取等职业素质；

5. 具备开放、平等、协作、共享的互联网思维；

6. 具备互联网时代的创新精神和创业意识；

7. 具有质量意识、环保意识、安全意识、创新意识和信息素养；

8. 具有较强的集体意识和团队合作精神，能够理解企业战略和适应企业文化；

9. 具有健康的体魄、心理和健全的人格，养成良好的健身与卫生习惯，具有良好的行为习惯和自我管理能力；

10. 对工作、学习、生活中出现的挫折和压力，能够进行心理调适和情绪管理；

11. 具有一定的审美和人文素养。

（二）知识

1. 掌握必备的思想政治理论、科学文化基础知识；

2. 熟悉经济、会计、现代金融、企业管理等方面的基础知识，熟悉我国金融管理的政策法规、金融风险与监管规则等知识；

3. 掌握现代互联网信息技术及数据分析处理的基本知识和方法；

4. 掌握互联网金融业态的产生与发展、创新与应用等知识；

5. 掌握网络借贷与众筹的知识和方法；

6. 掌握互联网时代征信的技术和方法；

7. 掌握互联网金融营销、产品运营的知识和方法；

8. 熟悉互联网金融平台规划、设计与管理的技术与方法；

9. 熟悉互联网金融创新创业的知识和方法，了解互联网金融行业快速变化的新知识、新技术、新应用。

（三）能力

1.能够熟练应用现代信息技术，包括熟练使用办公软件、图形图像处理软件、网页设计软件、思维导图软件等常用软件；

2. 能够对互联网金融行业进行数据收集、挖掘、分析及应用；

3. 能够解析网络借贷和众筹主要运行模式及特征；

4. 能够对互联网时代用户开展征信调查、分析和评分；

5. 能够分析互联网金融用户特征，使用交互设计工具，撰写互联网金融产品需求文档，策划并实施互联网金融营销方案；

6. 能够设计并实施互联网金融产品运营活动；

7. 具有商务谈判能力，能够与用户进行有效沟通，开发及维护维护用户关系；

8. 能够分析互联网金融平台战略与规划，开展需求分析、平台设计和项目管理；

9. 能够使用最新的法律法规分析判断互联网金融业务创新与发展的合法合规性，并能使用方法及工具实施互联网金融风险控制；

10. 具有适应互联网金融行业动态发展变化的探究能力和快速学习能力。

七、课程设置及学时安排

（一）课程设置

课程主要包括公共基础课程和专业课程。

1. 公共基础课程。根据党和国家有关文件规定，将思想政治理论课、中华优秀传统文化、体育、军事课、大学生职业发展与就业指导、心理健康教育、信息技术等课程列入公共基础必修课程，并将马克思主义理论类课程、党史国史、大学语文、经济数学、公共外语、创新创业教育、健康教育、美育课程、职业素养等列为必修课或选修课。还可开设安全教育、绿色环保、社会责任等人文素养、科学素养方面的选修课程、拓展课程或专题讲座（活动）。

2. 专业课程。一般包括专业基础课程、专业核心课程、专业拓展课程，并涵盖有关实践性教学环节。

（1）专业基础课程。一般设置 6~8 门课程，包括经济学基础、现代金融基础、互联网金融基础、会计学基础、证券投资基础、保险学基础、金融数据统计、经济法、图形图像处理、计算机程序设计等。

（2）专业核心课程。一般设置 6 门课程，包括网络借贷与众筹、征信技术与实务、互联网金融营销、互联网金融产品运营、互联网金融法律法规、互联网金融平台规划与设计等。

（3）专业拓展课程。包括互联网银行、互联网证券、互联网保险、小额信贷实务、大数据金融、互联网金融品牌管理、互联网金融信息安全、交互式界面设计、移动互联网应用设计、互联网金融创业指导等。专业拓展课程可以依据区域产业结构进行适当调整。

3. 专业核心课程和主要教学内容。

序号	专业核心课程	主要教学内容
1	网络借贷与众筹	P2P 网络借贷、网络小额贷款和众筹的起源及发展、典型平台的经营特点及运营管理、政策环境与监管措施等
2	征信技术与实务	征信机构、信息采集和互惠共享，信用报告、信用评分、信用评级，征信法律制度、征信教育与信用提升，互联网时代征信的新特征及方式方法等
3	互联网金融营销	互联网金融营销概述、互联网金融市场调研、依托应用商店 / 搜索引擎 / 移动应用效果广告的互联网金融渠道营销、依托文案 / 口碑 / 社交网络的互联网金融新媒体营销、互联网金融营销监管等
4	互联网金融产品运营	互联网金融产品运营概述、设计互联网金融运营活动、互联网金融产品内容运营、用户运营、数据运营以及移动端运营等
5	互联网金融法律法规	金融法律关系、互联网金融监管、投资者保护、互联网支付监管法规、网络借贷监管法规、众筹监管法规、互联网保险监管法规、互联网基金监管法规、互联网信托和互联网消费金融监管法规、电子数据以及反洗钱等

续表

序号	专业核心课程	主要教学内容
6	互联网金融平台规划与设计	互联网金融企业战略规划、平台规划，互联网金融平台系统需求分析，互联网金融平台设计和系统安全设计，以及项目管理等

4. 实践性教学环节。主要包括实训、实习、毕业设计和社会实践等。实验实训可在校内实验实训室、校外实训基地等开展完成；社会实践、顶岗实习、跟岗实习由学校组织在校企合作共建的金融机构实习基地开展完成，实习实训教学主要包括网络借贷与众筹实训、互联网征信实训、互联网金融营销实训、互联网金融法律法规实训、金融数据统计实训、互联网金融平台规划与设计实训、移动互联网应用设计实训、互联网金融创新创业实训、毕业设计与顶岗实习等。顶岗实习要严格执行《职业学校学生实习管理规定》和专业顶岗实习标准的有关要求。实训实习既是实践性教学，也是专业课教学的重要内容，应注重理论与实践一体化教学。

5. 其他要求。学校还应结合实际，开设关于社会责任、安全教育、节能减排、绿色环保、管理等人文素养、科学素养方面的选修课程、拓展课程或专题讲座（活动），并将有关内容融入专业课程教学中；将创新创业教育融入专业课程教学和有关实践性教学环节中；自主开设其他特色课程；组织开展德育活动、志愿服务活动和其他实践活动。

（二）学时安排

总学时一般为 2800 学时，每 18 学时折算 1 学分。公共基础课总学时不少于总学时的 25%。实践性教学学时不少于总学时的 50%，其中，顶岗实习累计时间为 6 个月，可根据实际集中或分阶段安排实习时间。各类选修课程学时累计不少于总学时的 10%。

八、教学基本条件

（一）师资队伍

1. 队伍结构。学生数与本专业专任教师数比例不高于 25∶1，双师素质教师占专业教师比例不低于 60%，专任教师队伍要考虑职称、年龄，且具有一定的在线教学能力，形成合理的梯队结构。

2. 专任教师。应具有高校教师资格；具有高尚的师德，爱岗敬业，遵纪守法；具有金融、计算机、统计相关专业本科及以上学历，扎实的互联网金融相关理论功底和实践能力；具有信息化教学能力，能够开展课程教学改革和科学研究；每 5 年累计不少于 6 个月的企业实践经历。

3. 专业带头人。原则上应具有副高及以上职称，能够较好地把握国内外行业、专业发展态势，能主动联系行业企业和用人单位，了解行业企业对互联网金融专业人才的需求实际，教学设计、专业研究能力强，牵头组织开展教科研工作能力强，在本区域或本领域有一定的专业影响力。

4. 兼职教师。主要从行业企业聘任，应具备良好的思想政治素质、职业道德和工匠精神，具有丰富互联网金融行业实践经验，具有较高的专业素养和职业能力，能承担课程与实训教学、实习指导等专业教学任务。

（二）教学设施

教学设施主要包括专业教室、校内实训室、校外实习基地等。

1. 专业教室基本条件。应满足电源、光照、温控、安全条件，配置课桌椅、黑板、基本教具、网络接口或网络环境，满足线上线下多种混合教学模式的需要。安装应急照明装置，并保持良好状态，符合紧急疏散要求，标志明显，保持逃生通道畅通无阻。

2. 校内实训室（基地）基本要求。互联网技术实训室：服务器、投影设备、白板、计算机 1 台 / 人， Wi-Fi 覆盖，具备开发环境和开发工具、网页设计工具、产品原型设计工具、数据处理工具和视音频处理软件等，支持信息技术、计算机程序设计、图形图像处理、交互式界面设计、互联网金融平台规划与设计、金融数据统计、互联网金融信息安全、移动互联网应用设计等课程的教学与实训。

互联网金融综合实训室：服务器、投影设备、白板、计算机 1 台 / 人，Wi-Fi 覆盖，提供互联网金融典型业态实训操作软件，B/S 架构，支持云端和本地服务器部署，含后台管理端、教师端和学生端三个端口，每人 1 个账户，虚拟时间，虚拟货币，可动态设定业务周期，达到虚拟仿真的目的，支持互联网金融基础、网络借贷与众筹、征信技术与实务、互联网银行、互联网保险、互联网金融法律法规等课程的教学与实训。

互联网金融创新创业实训室：服务器、投影设备、摄影设备、白板、计算机 1 台 / 人，Wi-Fi 覆盖，讨论式桌椅，具有互联网金融职业场景氛围，学生通过扮演不同的角色，完成互联网金融营销、互联网金融产品运营等课程的教学与实训。能进行宣传视频拍摄、制作，针对不同的互联网金融业态设计创业方案，并进行项目路演，激发学生创新思维和培养学生创业能力，支持创新创业类课程的教学与实训。

3. 校外实训基地基本要求。应积极与互联网金融企业开展产学合作，建立紧密型的校外实训基地，基地实训设施齐备，实训岗位、实训指导教师确定，实训管理及实施规章制度齐全。与专业建立紧密联系的校外实训基地应达 3 个以上。

4. 学生实习基地基本要求。应与各类互联网金融机构有效开展校企合作，建设与本专业学生规模数量相适应的校外实习基地，能提供学生实习的部门岗位，满足专业学生进行跟岗实习、顶岗实习教学活动的有效开展，提供行业兼职指导教师指导学生，能通过观察、体验、接触等方式完成实习目的。有保证实习生日常工作、学习、生活的规章制度，有安全、保险保障。

5. 支持信息化教学基本要求。应具有利用数字化教学资源库、网络在线课程、网络文献资料等的信息化教学条件，专业核心课程均应具有能够通过网络教学平台与学生实施线上线下教学互动的功能。引导鼓励教师开发并利用信息化教学资源、教学平台、创新教学方法来提升教学效果。

（三）教学资源

教学资源主要包括能够满足学生专业学习、教师专业教学研究和教学实施需要的教材、图书及数字资源等。

1. 教材选用基本要求。按照国家规定选用优质教材，禁止不合格的教材进入课堂。应建立由专业教师、行业专家和教研人员等参与的教材选用机构，完善教材选用制度，经过规范程序择优选用教材。鼓励与行业企业合作开发特色鲜明的专业课校本教材。

2. 图书、文献配备基本要求。图书、文献配备应能满足人才培养、专业建设、教科研等工作的需要，方便师生查询、借阅。其中专业类图书、文献主要包括有关互联网金融业务模式、技术、方法、思维以及实务操作类图书，金融、经济、计算机和文化类文献等，尤其是融入行业企业发展的新制度、新法规、新业务、新产品、新做法的图书文献资料与电子杂志。

3. 数字资源配备基本要求。应建设、配置与本专业有关的微课视频动画、教学课件、教学案例、虚拟仿真软件、数字教材、习题库、产品库等在线学习资源，种类丰富、形式多样、使用便捷、动态更新、满足教学。

九、质量保障

（一）学校和二级院系应建立专业建设和教学过程质量监控机制，建全专业教学质量监控管理制度，完善课堂教学、教学评价、实习实训、毕业设计以及专业调研、人才培养方案更新、资源建设等方面质量标准建设，通过教学实施、过程监控、质量评价和持续改进，达成人才培养规格。

（二）学校、二级院系及专业应完善教学管理机制，加强日常教学组织运行与管理，定期开展课程建设水平和教学质量诊改，建立健全巡课、听课、评教、评学等制度，严明教学纪律和课堂纪律，强化教学组织功能，定期公开课、示范课等教研活动。

（三）学校应建立专业毕业生跟踪反馈机制及社会评价机制，并对生源情况、在校生学业水平、毕业生就业情况等进行分析，定期评价人才培养质量和培养目标达成情况。

（四）专业教研组织应充分利用评价分析结果有效改进专业教学，针对人才培养过程中存在的问题，制定诊断与改进措施，持续提高人才培养质量。

数字媒体艺术设计专业教学标准

一、专业名称

数字媒体艺术设计（650104）

二、入学要求

普通高级中学毕业、中等职业学校毕业或具备同等学力

三、基本修业年限

三年

四、职业面向

所属专业大类（代码）	所属专业类（代码）	对应行业（代码）	主要职业类别（代码）	主要岗位类别（技术领域）举例	职业资格（职业技能等级）证书举例
文化艺术大类（65）	艺术设计类（6501）	其他文化艺术行业（88）	工艺美术与创意设计专业人员（2-09-06）	视觉设计 交互设计 摄影摄像 动画设计 插画 视频制作 后期制作 市场推广	Adobe 平面设计师 Adobe Flash 交互设计师 Adobe 网络设计师 3ds Max 制作员 Unity 应用能力认证

五、培养目标

本专业主要面向互联网公司、电商网络视觉设计公司、广告传媒公司、游戏制作等公司，培养理解品牌视觉设计与制作、电商网络视觉设计与实现规范，具备电商界面设计、视觉传达设计、用户体验及界面交互设计等能力，能从事电商视觉设计、品牌视觉设计、商业插画设计、数字出版读物设计、网络节目制作设计及用户体验设计等工作，具有职业生涯发展基础的高素质艺术设计制作人才。

六、培养规格

本专业毕业生应在素质、知识和能力等方面达到以下要求。

（一）素质

1. 坚决拥护中国共产党领导，树立中国特色社会主义共同理想，践行社会主义核心

价值观，具有深厚的爱国情感和中华民族自豪感；

2. 崇尚宪法、遵守法律、遵规守纪；

3. 遵守、履行道德准则和行为规范，具有社会责任感和社会参与意识；

4. 崇德向善、诚实守信、爱岗敬业，具有精益求精的工匠精神；

5. 具有质量意识、安全意识、职业生涯规划意识和创新思维；

6. 具有较强的集体意识和团队合作精神，良好的行为习惯和自我管理能力；

7. 具有健康的体魄、心理和健全的人格，养成良好的健身与卫生习惯；

8. 具有一定的信息、审美和人文素养。

（二）知识

1. 具有高技能应用型人才必备的英语、数学、文化及产品推广基础知识；

2. 具有从事数字媒体艺术行业的摄影与美术（如素描、色彩、造型等）方面的基础知识；

3. 具有计算机应用的基础知识，了解计算机行业发展概况；

4. 具有网络节目的设计制作基础知识；

5. 掌握平面设计、计算机动画、音频与视频编辑的基础理论知识；

6. 具有计算机平面设计、计算机动画制作、音频与视频编辑、广告设计与游戏开发等相关软件的基础知识；

7. 具有使用与维护计算机软件系统所必需的基础知识；

8. 掌握数字出版读物设计制作的基础知识；

9. 掌握创新思维和创业的含义、类型与过程，掌握创业机会的寻找与评估、创业环境分析、创业团队组建、创业融资渠道与方式、创业计划书撰写等相关知识。对于小微企业申请注册有所了解和关注，对于人才的招募、培养、管理、发展有自己的认识和理解。

（三）能力

1. 具备较强的学习能力、适应能力，拥有良好的沟通和协作能力、语言与文字的表达能力、解决问题的能力；

2. 具有安装、调试计算机软件系统以及判断和排除计算机故障的能力；

3. 具有熟练使用计算机系统软件、工具软件以及办公自动化软件的能力；

4. 具有基本的广告设计能力与熟练的广告制作能力；

5. 具有使用专业软件制作二维动画的能力；

6. 具有数字动画设计制作的基本能力；

7. 具有网络节目设计制作的基本能力；

8. 具有数字出版读物的基本能力；

9. 具备一定的创业能力。能根据主客观条件，因地制宜，准确确定创新创业的发展方向、目标、战略以及制订具体实施方案；具有一定的人员和财务管理能力；能与相关部门和个人进行有效的协调与沟通。

七、课程设置及学时安排

（一）课程设置

课程包括公共基础课程和专业课程。

1. 公共基础课程。根据党和国家有关文件规定，将思想政治理论课、中华优秀传统文化、体育、军事课、大学生职业发展与就业指导、心理健康教育等课程列入公共基础必修课程，并将马克思主义理论类课程、党史国史、财经应用文写作、信息技术、高等数学、公共外语、创新创业教育、健康教育、美育课程、数字媒体艺术设计、职业素养等列为必修课或选修课。

2. 专业课程。一般包括专业基础课程、专业核心课程、专业拓展课程，并涵盖有关实践性教学环节。

（1）专业基础课程。一般开设7门，主要教学内容应包括设计理论基础、素描基础、平面设计基础、网络应用设计、数字出版作品创作、交互技术基础、交互原型制作等。

（2）专业核心课程。一般开设5门，主要教学内容应包括图形图像处理、平面设计基础、后期数字特效、二维动画制作、三维动画设计基础等。

（3）专业拓展课程。一般包括三类，一是拓展专业应用能力的课程，例如，交互设计程序与方法、网络视听内容创作、数字出版作品创作等；二是体现行业发展新技术的课程，例如，虚拟应用技术、微电影创作、数字动画创作等；三是体现本校优势特色的课程，民俗研究与考察、水墨画绘制。

3. 专业核心课程及主要教学内容。

序号	专业核心课程	主要教学内容
1	图形图像处理	互联网是现时主要的传播与交流渠道，而图形图像是传播与交流的主要内容。本课程讲授用于互联网图像处理的基本操作及基本技能，着重介绍了图片色彩、色调及色彩模式之间转换的方法，选区和路径及其相互转化，绘画与修饰、绘图与编辑、文本处理、图层、通道的混合和通道的计算方法，滤镜运用，网页图像制作、切图，图像输入输出等相关知识。 要求：借助Photoshop等工具软件使学生全面系统地理解和掌握电脑图像处理的基本概念、基本操作等基础知识，熟悉图像映射工具和图像映射面板的使用方法、翻转面板的使用方法及其相关的技能技巧操作及应用
2	平面设计基础	本课程共分为六个专题：第一部分为平面设计概述，第二部分为字体设计，第三部分为图片设计，第四部分为色彩设计，第五部分为版式设计，第六部分为标志设计。通过这六个专题的讲解让学生掌握平面设计的基本原理与设计方法，对平面设计基本要素进行系统的学习，使学生的设计表现、制作能力和创造性思维能力有所提高
3	后期数字特效	主要目标是通过软件的学习，让学生掌握影视特效后期制作基本方法，学会抠像、合成、录制声音的添加以及特效的给予，学会与剪辑正片协调工作的基本方法。培养学生对于整部视频作品的控制能力。采用作品分析、习作讲解、实例技术操作演示的方法，使学生充分掌握影视特效创作的技术。主要训练学生视频作品制作流程中特效制作的能力包括特效设计、特效的给予等。强调和突出培养学生的影视特效的整体控制能力及艺术创造力。 要求：掌握专业影视后期合成软件的具体操作，掌握各项工具的应用，并能够通过这项工具软件，将自己的创作意识表现出来，将想象变成现实。为影视片添加各种丰富神奇的视觉特效，将没有经过深度加工的素材，经过制作，生成一个效果优良的影视作品

续表

序号	专业核心课程	主要教学内容
4	二维动画制作	互联网是现时主要的传播与交流渠道，Flash 动画则是传播与交流内容中最有活力的部分。主要内容有：Flash 界面介绍，各种工具的使用，简单动画的制作，两种渐变动画的制作方法，元件与实例，运动引导层的应用，遮罩层的原理与应用，图片与声音的使用，文本处理，影片的测试与发布。 要求：掌握 Flash MX 基本绘图工具的使用，理解 Flash MX 动画原理，熟练掌握渐变、形变、遮照等技术的使用，掌握声音和位图的使用，理解并且熟练使用符号和库，制作简单的交互
5	三维动画设计基础	该课程在动漫设计制作领域中占有重要地位，学生通过课程学习，掌握关键帧动画、约束动画、空间动力学动画、角色动画、粒子动画以及渲染类特效动画制作的基本技法，能够熟悉三维动画从模型创建到材质编辑到动画制作、特效处理，以及后期编辑等制作流程

4. 实践性教学环节。主要包括实训、实习、毕业设计和社会实践等。实训可在校内实验实训室、校外实训基地等开展完成；实践、实习主要内容包括基础设计项目、摄影与摄像作品、MV 数字特效项目、动画创作、场景设计、微电影项目制作、网络广告创作、三维人物事物建模、“我们的学校”场景建模、虚拟游戏设计项目、交互广告项目、校园网络节目策划等。要严格执行《职业学校学生实习管理规定》和专业顶岗实习标准的有关要求。在第 1~2 学期安排认识实习，在第 3~4 学期安排跟岗实习，在第 5~6 学期安排顶岗实习。实训实习既是实践性教学，也是专业课教学的重要内容，应注重理论与实践一体化教学。

5. 其他要求。学校应结合实际，开设社会责任、安全教育、节能减排、绿色环保、管理等人文素养、科学素养方面的选修课程、拓展课程或专题讲座（活动），并将有关内容融入专业课程教学中；将创新创业教育融入专业课程教学和有关实践性教学环节中；自主开设其他特色课程；组织开展德育活动、志愿服务活动和其他实践活动。

（二）学时安排

总学时一般为 2600~2700 学时，每 18 学时折算 1 学分。公共基础课总学时不少于总学时的 25%。实践性教学学时不少于总学时的 50%，其中，顶岗实习累计时间为 6 个月，可根据实际集中或分阶段安排实习时间。各类选修课程学时累计不少于总学时的 10%。

八、教学基本条件

（一）师资队伍

1. 队伍结构。学生数与本专业专任教师数比例不高于 25∶1，双师素质教师占专业教师比例不低于 60%，专任教师队伍要考虑职称、年龄形成合理的梯队结构。

2. 专任教师。要求具有高校教师资格；具有良好的师德，爱岗敬业，遵纪守法；具有数字媒体艺术设计等相关专业本科及以上学历，扎实的数字媒体艺术设计相关理论功底和实践能力；具有信息化教学能力，能够开展课程教学改革和科学研究；每五年累计不少于 6 个月的企业实践经历。

3. 专业带头人。原则上应具有副高及以上职称，能够较好地把握国内外行业、专业发展，能密切联系行业企业，了解行业企业对数字媒体艺术设计专业人才的需求实际，教学设计、专业研究能力强，在本区域或本领域有一定的专业影响力。

4. 兼职教师。主要从行业企业聘任。具备良好的思想政治素质和职业道德；具有较高的数字媒体艺术设计职业素养和专业能力，丰富的实践经验，能够胜任专业课程与实训教学、实习指导等专业教学任务。

（二）教学设施

教学设施主要包括能够满足正常的课程教学、实习实训所必需的专业教室、实训室和实训基地、支持信息化教学等。

1. 专业教室基本条件。满足电源、光照、安全条件，配备课桌椅、黑板、多媒体教学设备、基本教具、网络接口或网络环境等，能够满足专业课程理论教学的需要，场所面积、容纳师生数量能够满足开课需求。

2. 校内实训室基本要求。以培养学生职业能力为根本目标建立校内实训基地，设置艺术设计创新实验室、多媒体技术实训室、媒体设计与制作实训室、网络资源共享实训室、智慧实训室等校内实训室以满足生产性实训的需要。

建立生产性实训项目开发管理办法，规范生产性实训项目的项目立项、过程管理、质量控制、资金资助、项目验收和考核等环节，从而使生产性实训项目的开发责任到人，奖励到人。建立与生产性实训相适应的实训室管理制度，规范学生在生产性实训室的工作纪律，对生产性实训项目的成绩评定提出建议。

3. 校外实训基地基本要求。选择能够提供数字媒体艺术设计相关典型职业活动、注重产教融合的优质企业或社会中介机构作为校外实训基地。实训基地设施齐备，实训岗位、实训指导教师确定，实训管理及实施规章制度齐全。与专业建立紧密联系的校外实训基地应达 3 个以上。

4. 学生实习基地应达到的基本要求。选择能够提供数字媒体艺术设计相关工作岗位的各类代表性企业和社会中介机构作为学生实习基地，可接纳一定规模的学生安排顶岗实习；能够配备相应数量的指导教师对学生实习进行指导和管理；有保证实习生日常工作、学习和生活的相关规章制度，有安全、保险保障。

5. 支持信息化教学基本要求。具有利用数字化教学资源库、文献资料、常见问题解答等的信息化条件。引导鼓励教师开发并利用信息化教学资源、教学平台、创新教学方法、提升教学效果。

（三）教学资源

教学资源主要包括能够满足学生专业学习、教师专业教学研究和教学实施需要的教材、图书及数字资源等。

1. 教材选用基本要求。按照国家规定选用优质教材，禁止不合格的教材进入课堂。建立由专业教师、行业专家和教研人员等参与的教材选用机构，完善教材选用制度，经过规范程序择优选用教材。

2. 图书、文献配备基本要求。图书、文献配备能满足人才培养、专业建设、教科研等工作的需要，方便师生查询、借阅。专业类图书包括有关数字媒体艺术设计的专业理论、技术、方法、思维以及实务操作类图书和文献。

3. 数字资源配备基本要求。建设、配备与本专业有关的文献、音视频素材、数字教材、教学课件、教辅材料、案例库、政策法规库、习题与试题库、实训软件、专业技术资格考试信息、就业创业信息等，形式多样、种类丰富、使用便捷、动态更新、满足教学。

九、质量保障

（一）建立专业建设和教学过程质量监控机制，健全专业教学质量监控管理制度，完善课堂教学、教学评价、实习实训、毕业设计以及专业调研、人才培养方案更新、资源建设等方面质量标准建设，通过教学实施、过程监控、质量评价和持续改进，达成人才培养规格。

（二）完善教学管理机制，加强日常教学组织运行与管理，定期开展课程建设水平和教学质量诊改，建立健全巡课、听课、评教、评学等制度，严明教学纪律和课堂纪律，强化教学组织功能，定期开展公开课、示范课等教研活动。

（三）建立专业毕业生跟踪反馈机制及社会评价机制，对生源情况、在校生学业水平、毕业生就业情况等进行分析，定期评价人才培养质量和培养目标达成情况。

（四）充分利用评价分析结果，有效改进专业教学，针对人才培养过程中存在的问题，制定诊断与改进措施，持续提高人才培养质量。

数字媒体应用技术专业教学标准

一、专业名称（专业代码）

数字媒体应用技术（610210）

二、入学要求

普通高级中学毕业、中等职业学校毕业

三、基本修业年限

三年

四、职业面向

<table>
<tr><th>所属专业大类（代码）</th><th>所属专业类（代码）</th><th>对应行业（代码）</th><th>主要职业类别（代码）</th><th>主要岗位类别（技术领域）举例</th><th>职业资格（职业技能等级）证书举例</th></tr>
<tr><td rowspan="4">电子信息大类（61）</td><td rowspan="4">计算机类（6102）</td><td rowspan="4">软件开发（651）
数字内容服务（657）</td><td rowspan="4">计算机软件技术人员（2-02-10-03）
其他计算机与应用工程技术人员（2-02-13-99）
剪辑师（2-09-03-06）
影视烟火特效员（4-13-02-03）</td><td>UI 设计</td><td>ACAA 认证 UI 设计师</td></tr>
<tr><td>前端开发设计师</td><td>ACAA 认证前端工程师</td></tr>
<tr><td>视频后期处理制作</td><td>ACAA 认证视频编辑师</td></tr>
<tr><td>影视特效制作</td><td>ACAA 认证视频特效工程师</td></tr>
</table>

五、培养目标

本专业培养拥护党的基本路线，适应区域经济建设和社会发展需要，面向互联网用户界面设计与前端开发设计、影视后期与特效制作等基层业务和一线岗位，具有诚信、合作、敬业的职业素质，掌握互联网与计算机操作基础、图像处理与平面设计、3D 模型制作、网页设计与制作等知识，具备各类 UI 设计与制作、音频视频处理、网页设计与开发等职业技能，具有一定的创意与创业能力，能从事 UI 设计、前端开发设计、影视后期处理制作、影视特效制作等工作的德、智、体、美方面全面发展、具有较强可持续发展能力的高素质技术技能型专门人才。

六、培养规格

本专业毕业生应在素质、知识和能力等方面达到以下要求。

（一）素质

1. 坚决拥护中国共产党领导，树立中国特色社会主义共同理想，践行社会主义核心价值观，具有深厚的爱国情感和中华民族自豪感。

2. 崇尚宪法、遵守法律、遵规守纪。

3. 遵守、履行道德准则和行为规范，具有社会责任感和社会参与意识。

4. 崇德向善、诚实守信、爱岗敬业，具有精益求精的工匠精神。

5. 具有质量意识、安全意识、职业生涯规划意识和创新思维。

6. 具有较强的集体意识和团队合作精神，良好的行为习惯和自我管理能力。

7. 具有健康的体魄、心理和健全的人格，养成良好的健身与卫生习惯。

8. 具有一定的信息、审美和人文素养。

9. 符合计算机行业从业人员的伦理和职业道德要求。

10. 职业素质：具有一定的绘画、色彩搭配技巧，具有塑造人物形象、设计影视场景的能力；具有对图像处理和制作的能力，能独立进行平面广告的设计与制作；能独立进行网页设计与制作；能创建三维模型，如人物、道具、场景贴图，能独立完成三维静态图像制作工作；能独立使用非线性编辑系统完成节目制作、视频广告制作、掌握数字视频特效制作方法，能进行字幕与片花的设计与制作；具有简单的移动应用设计与制作能力，能进行交互性设计与制作；具有对文本、图片、图形、动画、声音、视频等不同媒体的整合能力。

11. 创新创业素质：具有互联网思维、创新精神和创业意识，具备独立工作能力以及技术、社交、管理、交往协调等基本创新创业素养。对新生事物有浓厚的兴趣，具有良好的、积极向上的心态，能够承受一定失败与挫折，有专注乐观的信念和执行力。能灵活把握形势与时间管理能力，具备自我约束、自我激励的基本素质。

（二）知识

1. 具有高技能应用型人才必备的英语、数学、文化及产品推广基础知识。

2. 具有从事数字媒体行业的摄影与美术（如素描、色彩、造型等）方面的基础知识。

3. 具有计算机应用的基础知识，了解计算机行业发展概况。

4. 具有计算机网络和程序设计的基本知识。

5. 掌握平面设计、音频与视频编辑的基础理论知识。

6. 具有 UI 设计、音频与视频编辑等相关软件的基础知识。

7. 具有使用与维护计算机软件系统所必需的基础知识。

8. 掌握前端开发设计与网页开发制作的基础知识。

9. 掌握一定的创新创业方面的知识。掌握创新思维和创业的含义、类型与过程，掌握创业机会的寻找与评估、创业环境分析、创业团队组建、创业融资渠道与方式、创业计划书撰写等相关知识。对于小微企业申请注册有所了解和关注，对于人才的招募、培养、管理、发展有自己的认识和理解。

（三）能力

1. 具备较强的学习能力、适应能力，拥有良好的沟通和协作能力、语言与文字的表达能力、解决问题的能力；

2. 具有安装、调试计算机软件系统以及判断和排除计算机故障的能力；

3. 具有熟练使用计算机系统软件、工具软件以及办公自动化软件的能力；

4. 具有基本的广告设计能力与熟练的广告制作能力；

5. 具有使用专业软件进行三维建模的能力；

6. 具有音频、视频编辑的能力，能熟练掌握相关主流软件的操作；

7. 具有开发与制作个性化移动应用的能力；

8. 具备一定的创业能力，能根据主客观条件，因地制宜，准确确定创新创业的发展方向、目标、战略以及制订具体实施方案，具有一定的人员和财务管理能力，能与相关部门和个人进行有效的协调和沟通。

七、课程设置及学时安排

（一）课程设置

课程包括公共基础课程和专业课程。

1. 公共基础课程。根据党和国家有关文件规定，将思想政治理论课、中华优秀传统文化、体育、军事课、大学生职业发展与就业指导、心理健康教育等课程列入公共基础必修课程，并将马克思主义理论类课程、党史国史、高等数学、公共外语、创新创业教育、健康教育、美育课程、数字媒体应用技术领域职业素养等列为必修课或选修课。

2. 专业课程。一般包括专业基础课程、专业核心课程、专业拓展课程，并涵盖有关实践性教学环节。

（1）专业基础课程。一般开设 7 门，主要教学内容应包括美术基础、摄影技术、计算机应用基础、视听语言与实践、数媒产品创意与实践、高级语言程序设计、三维建模等。

（2）专业核心课程。一般开设 6 门，主要包括图形图像处理、平面设计基础、网页开发与制作、用户界面设计、视频处理技术、视频特效制作等。

（3）专业拓展课程 。一般包括三类，一是拓展专业应用能力的课程，如广告设计与制作、企业形象设计等；二是体现行业发展新技术的课程，如新媒体运营、Web 前端设计等；三是体现本专业特色的课程，如短片创作与实践。

3. 专业核心课程和主要教学内容。

序号	专业核心课程	主要教学内容
1	图形图像处理	本课程讲授用于互联网图像处理的基本操作及基本技能，着重介绍图片色彩、色调及色彩模式之间转换的方法，选区和路径及其相互转化，绘画与修饰、绘图与编辑、文本处理、图层、通道的混合和通道的计算方法，滤镜运用，网页图像制作、切图，图像输入输出等相关知识 要求：借助 Photoshop 等工具软件使学生全面系统地理解和掌握电脑图像处理的基本概念、基本操作等基础知识，熟悉图像映射工具和图像映射面板的使用方法，翻转面板的使用方法及其相关的技能技巧操作及应用

续表

序号	专业核心课程	主要教学内容
2	平面设计基础	本课程共分为六个专题：第一部分为平面设计概述，第二部分为字体设计，第三部分为图片设计，第四部分为色彩设计，第五部分为版式设计，第六部分为标志设计。通过这六个专题的讲解让学生掌握平面设计的基本原理与设计方法，对平面设计基本要素进行系统的学习，使学生的设计表现、制作能力和创造性思维能力有所提高
3	网页开发与制作	本课程主要讲授面向互联网的页面制作的操作技能；运用 HTML5 中的文字、链接、列表、表格、表单、图像、多媒体、框架元素标志及属性设计出多窗口网页；DIV 与 CSS3 层叠样式表的综合运用，小型企业动态网站的独立设计和制作
4	用户界面设计	用户界面设计以人机交互为理论出发点，以市场发展及需求为课程设计方向，既要求学生熟知用户界面形式与设计原则，又要熟悉用户体验研究、设计心理、人机交互理论背景，既掌握掌 Photoshop 等图形界面设计基础工具的操作技能，又熟悉 WUI、GUI、MUI 等从 Web 类型交互设计规范 要求：掌握图标的设计与制作基本原则、基本方法；掌握按钮设计、系统登录界面设计；掌握 Web 界面设计规范、原则、色觉现象以及商业网页设计与制作
5	视频处理技术	视频是互联网传播与交流中数据量与信息量最大的部分，主要讲授视频处理软件特点和界面，获取和编辑素材的方法，软件关键帧的使用，特效切换的操作方法，运动效果操作方法，电视字幕的制作方法，音频编辑处理方法，视频作品输出的制作方法 要求：了解软件支持的文件格式，掌握电视制作基础的剪辑操作手法，掌握特效和切换效果的操作手法，理解运动效果的使用原理，掌握运动效果的操作，了解画面构图原理，掌握视频字幕的使用方法，掌握使用声音编辑软件编辑音频，掌握软件输出视频文件的方法
6	视频特效制作	主要目标是通过软件的学习，让学生掌握影视特效后期制作基本方法，学会抠像、合成、录制声音的添加以及特效的给予，学会剪辑正片协调工作的基本方法。培养学生对于整部视频作品的控制能力。采用作品分析、习作讲解、实例技术操作演示的方法，使学生充分掌握影视特效创作的技术。主要训练学生掌握视频作品制作流程中特效制作的能力包括特效设计、特效的给予等。强调和突出培养学生的影视特效的整体控制能力及艺术创造力 要求：掌握专业影视后期合成软件的具体操作，掌握各项工作的应用，并能够通过这项工具软件，将自己的创作意识表现出来，将想象变成现实。为影视片添加各种丰富神奇的视觉特效，将没有经过深度加工的素材，经过制作，生成一个效果优良的影视作品

4. 实践性教学环节。主要包括实训、实习、毕业设计和社会实践等。实训可在校内实验实训室、校外实训基地等开展完成；实践、实习主要内容包括美术技能实训、摄影技能实训、计算机应用技能实训、图形图像处理技能实训、平面设计技能实训、视听语言实训、网页开发与制作技能实训、用户界面设计技能实训、数媒产品创意技能实训、视频处理技能实训、编程技能实训、影视特效技能实训、三维建模技能实训、广告设计实训、新媒体运营技能实训、Web 前端技能实训、企业形象设计技能实训、短片创作技能实训等。要严格执行《职业学校学生实习管理规定》和专业顶岗实习标准的有关要求。在第 1~2 学期安排认识实习，在第 3~4 学期安排跟岗实习，在第 5~6 学期安排顶岗实习。实训实习既是实践性教学，也是专业课教学的重要内容，应注重理论与实践一体化教学。

5. 其他要求。学校应结合实际，开设社会责任、安全教育、节能减排、绿色环保、管理等人文素养、科学素养方面的选修课程、拓展课程或专题讲座（活动），并将有关内容融入专业课程教学中；将创新创业教育融入专业课程教学和有关实践性教学环节中；自主开设其他特色课程；组织开展德育活动、志愿服务活动和其他实践活动。

（二）学时安排

总学时一般为 2600~2700 学时，每 18 学时折算 1 学分。公共基础课总学时不少于总学时的 25%。实践性教学学时不少于总学时的 50%，其中，顶岗实习累计时间为 6 个月，可根据实际集中或分阶段安排实习时间。各类选修课程学时累计不少于总学时的 10%。

八、教学基本条件

（一）师资队伍

1. 队伍结构。学生数与本专业专任教师数比例不高于 25∶1，双师素质教师占专业教师比例不低于 60%，专任教师队伍要考虑职称、年龄形成合理的梯队结构。

2. 专任教师。要求具有高校教师资格；具有良好的师德，爱岗敬业，遵纪守法；具有计算机、艺术等相关专业本科及以上学历，扎实的数字媒体应用技术领域相关理论功底和实践能力；具有信息化教学能力，能够开展课程教学改革和科学研究；每五年累计不少于 6 个月的企业实践经历。

3. 专业带头人。原则上应具有副高及以上职称，能够较好地把握国内外行业、专业发展，能密切联系行业企业，了解行业企业对数字媒体技术专业人才的需求实际，教学设计、专业研究能力强，在本区域或本领域有一定的专业影响力。

4. 兼职教师。主要从行业企业聘任。具备良好的思想政治素质和职业道德；中级及以上文创或 IT 行业相关专业技术资格；较高的设计或信息技术职业素养和专业能力，丰富的实践经验，能够胜任专业课程与实训教学、实习指导等专业教学任务。

（二）教学设施

教学设施主要包括能够满足正常的课程教学、实习实训所必需的专业教室、实训室和实训基地、支持信息化教学等。

1. 专业教室基本条件。满足电源、光照、安全条件，配备课桌椅、黑板、多媒体教学设备、基本教具、网络接口或网络环境等，能够满足专业课程理论教学的需要，场所面积、容纳师生数量能够满足开课需求。

2. 校内实训室基本要求。

（1）智慧实训室：投影设备、白板、计算机 1 台 / 人，安装图形、动画、视频处理、办公应用、Web 开发等软件。用于计算机应用基础、视听语言与实践、数媒产品创意与实践、高级语言程序设计、Web 前端设计、新媒体运营等课程的教学与实训。

（2）计算机多媒体技术综合实训中心：投影设备、白板、计算机 1 台 / 人，安装图形、动画、视频处理、办公应用、Web 开发、建模等软件。用于图形图像处理、平面设计基础、网页开发与制作、用户界面设计、视频处理技术、视频特效制作、广告设计与制作、企业形象设计、短片创作与实践等课程的教学与实训。

3. 校外实训基地基本要求。选择能够提供数媒产品设计与开发典型职业活动、注重产教融合的优质企业或社会中介机构作为校外实训基地。实训基地设施齐备，实训岗位、实训指导教师确定，实训管理及实施规章制度齐全。与专业建立紧密联系的校外实训基地应达3个以上。

4. 学生实习基地基本要求。选择能够提供数媒产品设计与开发相关工作岗位的各类代表性企业和社会中介机构作为学生实习基地，可接纳一定规模的学生安排顶岗实习；能够配备相应数量的指导教师对学生实习进行指导和管理；有保证实习生日常工作、学习和生活的相关规章制度，有安全、保险保障。

5. 支持信息化教学基本要求。具有利用数字化教学资源库、文献资料、常见问题解答等的信息化条件。引导鼓励教师开发并利用信息化教学资源、教学平台、创新教学方法来提升教学效果。

（三）教学资源

教学资源主要包括能够满足学生专业学习、教师专业教学研究和教学实施需要的教材、图书及数字资源等。

1. 教材选用基本要求。按照国家规定选用优质教材，禁止不合格的教材进入课堂。建立由专业教师、行业专家和教研人员等参与的教材选用机构，完善教材选用制度，经过规范程序择优选用教材。

2. 图书、文献配备基本要求。图书、文献配备能满足人才培养、专业建设、教学科研等工作的需要，方便师生查询、借阅。专业类图书包括有关数字媒体应用技术专业理论、技术、方法、思维以及实务操作类图书和文献。

3. 数字资源配备基本要求。建设、配备与本专业有关的文献、音视频素材、数字教材、教学课件、教辅材料、案例库、政策法规库、习题与试题库、实训软件、专业技术资格考试信息、就业创业信息等，形式多样、种类丰富、使用便捷、动态更新以满足教学需要。

九、质量保障

（一）建立专业建设和教学过程质量监控机制，健全专业教学质量监控管理制度，完善课堂教学、教学评价、实习实训、毕业设计以及专业调研、人才培养方案更新、资源建设等方面质量标准建设，通过教学实施、过程监控、质量评价和持续改进，达成人才培养规格。

（二）完善教学管理机制，加强日常教学组织运行与管理，定期开展课程建设水平和教学质量诊改，建立健全巡课、听课、评教、评学等制度，严明教学纪律和课堂纪律，强化教学组织功能，定期开展公开课、示范课等教研活动。

（三）建立专业毕业生跟踪反馈机制及社会评价机制，对生源情况、在校生学业水平、毕业生就业情况等进行分析，定期评价人才培养质量和培养目标达成情况。

（四）充分利用评价分析结果，有效改进专业教学，针对人才培养过程中存在的问题，制定诊断与改进措施，持续提高人才培养质量。

文秘专业教学标准

一、专业名称（专业代码）

文秘（670301）

二、入学要求

普通高级中学毕业、中等职业学校毕业或具备同等学力

三、基本修业年限

三年

四、职业面向

所属专业大类（代码）	所属专业类（代码）	对应行业（代码）	主要职业类别（代码）	主要岗位群或技术领域举例	职业资格（职业技能等级）证书举例
教育与体育大类（67）	文秘类（6703）	办公服务（7293） 其他组织管理服务（7219）	秘书（3-01-02-02） 行政办事员（3-01-01-01）	文员类 秘书类 行政助理类	速录师职业资格证 档案员职业资格证 人力资源管理师资格证

五、培养目标

本专业培养理想信念坚定、德技并修、全面发展，具有一定的科学文化水平，良好的职业道德、工匠精神和创新精神，具有较强的就业能力，一定的创业能力和支撑终身发展的能力；掌握文秘专业知识和技术技能，面向基层党政机关、企事业单位、社会组织的秘书和行政办事员等职业，能够从事文员、秘书、行政助理等相关岗位工作的高素质技术技能人才。

六、培养规格

本专业毕业生应在素质、知识和能力等方面达到以下要求。

（一）素质

1. 坚定拥护中国共产党领导，在习近平新时代中国特色社会主义思想指引下，践行社会主义核心价值观，具有深厚的爱国情感和中华民族自豪感；

2. 崇尚宪法、遵法守纪、崇德向善、诚实守信、尊重生命、热爱劳动，履行道德准则和行为规范，具有社会责任感和社会参与意识；

3. 具有质量意识、环保意识、安全意识、信息素养、工匠精神、创新思维、全球视野和敏锐洞察力；

4. 具有良好的职业道德与职业素养，具有较强的自律能力与忠诚奉献精神，责任心强，谦逊有礼，忠于职守，严守机密，勤奋严谨，任劳任怨，耐心细致，办事公道，热情服务，不擅权越位，原则性与灵活性兼具；

5. 具有自我管理能力和职业生涯规划意识，有较强的集体意识和团队合作精神；

6. 具有健康的体魄、心理和健全的人格，掌握基本运动知识和一两项运动技能，养成良好的健身习惯、卫生习惯、行为习惯；

7. 具有一定的审美和人文素养，能够形成一两项艺术特长或爱好。

（二）知识

1. 掌握必备的思想政治理论、科学文化基础知识和中华优秀传统文化知识；

2. 熟悉与本专业相关的法律法规以及环境保护、保密等相关知识；

3. 掌握现代汉语应用与文书撰拟包括新媒体写作、文书处理的基本知识；

4. 掌握秘书人际沟通的基本知识；

5. 掌握常用办公自动化软件及办公设备的基本知识，掌握现代信息搜索、筛选和处理的基本知识，掌握互联网等新媒体技术的基本知识；

6. 掌握日常办公事务、档案处理、秘书礼仪的基本知识；

7. 掌握会议事务处理及各类政务、商务活动组织的基本知识；

8. 掌握公共关系传播、组织形象塑造管理、危机管理的基本知识；

9. 掌握财务管理、企业管理的基本知识。

（三）能力

1. 具有探究学习、终身学习、分析问题和解决问题的能力；

2. 具有较好的逻辑思维、经验思维、换位思维能力，具有一定的哲学思维、美学思维、伦理思维、计算思维、数据思维、创新思维、互联网思维能力；

3. 具有撰写常用的公务文书、事务文书、商务文书、传播文书、新媒体文书的能力；

4. 具有根据秘书岗位工作要求，进行人际、部门、单位间沟通协调的能力；

5. 具有正确处理各类突发事件与状况的能力，具有较强的人际矛盾处理与公关的能力；

6. 具有互联网协同办公与计算机信息处理的能力，能够熟练使用各类办公自动化软件，熟练操作、维护常用办公设备并对其简单故障进行排除；

7. 具有处理常见办公事务的能力，能够快速、准确地进行文字录入与处理，能够运用新媒体进行宣传推广活动；

8. 具有策划与组织管理一般会议及各类企事业单位常见活动的能力，能够为大型会议及活动提供协助性服务；

9. 具有收集、整理、保管、利用文书档案的能力，能够对信息进行分类采集、分析和应用，能够进行文档一体化的数字处理；

10. 具有较强的企业文化适应能力及自我调适能力，能够进行压力与情绪控制，能够适应各类文秘工作环境；

11. 具有较强的理解能力、执行能力、服务能力与团队合作能力，能够辅助领导作出科学决策。

七、课程设置及学时安排

（一）课程设置

课程主要包括公共基础课程和专业课程。

1. 公共基础课程。根据党和国家有关文件规定，将思想政治理论、中华优秀传统文化、体育、军事理论与军训、大学生职业发展与就业指导、心理健康教育等列入公共基础必修课；将党史国史、大学语文、公共外语、信息技术、创新创业教育、健康教育、美育、职业素养等列入必修课或选修课。学校根据实际情况可开设具有本校特色的校本课程。

2. 专业课程。一般包括专业基础课程、专业核心课程、专业拓展课程，并涵盖有关实践性教学环节。学校自主确定课程名称，但应包括以下主要教学内容：

（1）专业基础课程。一般设置 6~8 门。主要教学内容应包括秘书职业概论、基础写作、实用现代汉语、演讲与口才、秘书礼仪、管理学基础、秘书心理学、新媒体传播应用、秘书财务基础、客户服务等。

（2）专业核心课程。一般设置 6~8 门。主要教学内容应包括应用写作、秘书人际沟通、办公自动化、现代办公事务处理、会务管理、公共关系实务、文书与档案管理等。

（3）专业拓展课程。包括四类，一是体现新时代新业态发展需求的课程，如多媒体技术及应用、文档一体化、网络信息采集等；二是能够促进文秘专业人才可持续发展的课程，如人力资源管理、市场营销、商务法律实务、商务英语等；三是体现本校优势特色的课程，以及体现当地文化历史特色的课程；四是可根据当地经济特点，开设专业方向课程，如商务秘书、行政秘书、涉外秘书等。

3. 专业核心课程和主要教学内容。

序号	专业核心课程	主要教学内容
1	应用写作	根据公文的结构特点和写作要求，写出要素齐全、格式正确、语言规范的各类公文；根据具体的写作任务，选用正确的文种行文；根据市场调研要求，写出格式规范、要素齐全、结论明确的调查报告；根据日常应用文书的特点，写出结构完整、简洁得体的各类常用文书；根据宣传要求，写出主题突出的新闻消息、海报等传播文书；根据新媒体传播的特点与要求，进行微信公众号、企业博文等新媒体文本的写作
2	秘书人际沟通	运用人际交往心理知识，准确分析沟通对象需求，制定相应的沟通策略；综合运用倾听、有声语言、书面语言沟通技巧，根据具体情形及需求，进行语言沟通；运用目光体态语、界域语、服饰语技巧，根据具体情形及需求，进行非语言沟通；运用与领导、同事、下属相处知识和技巧，根据具体情形及需求，进行不同层级的职场沟通；运用电话、新媒体等使用技巧，进行现代媒介沟通；运用对外沟通策略，正确处理客户的抱怨、异议；运用跨文化沟通知识与技巧，进行跨文化沟通

续表

序号	专业核心课程	主要教学内容
3	办公自动化	运用办公自动化软件的基础知识，使用文字处理、表格处理、演示文稿设计等软件办理办公业务；运用多媒体技术的基础知识，使用图片、音频及视频等多媒体软件完成办公任务；运用互联网的基本知识，使用互联网完成网络订购、信息采集、资料传输等网络办公事务；运用办公自动化设备的基本知识，使用常见办公设备尤其是数字办公设备及移动办公设备从事办公活动；了解“互联网+”、新媒体、大数据在办公领域中的应用，综合运用办公自动化新技术提高办公效率
4	现代办公事务处理	根据办公室的基本职能、业务范围和主要工作内容，进行办公室日常事务管理；根据高效有序、量化平衡的管理原则，进行办公室时间管理；根据现代礼仪的基本要求与程序，完成各类接待工作；根据整洁规范的环境要求，进行办公室环境管理；运用互联网所提供的各类共享服务及数字信息技术，进行信息工作管理
5	会务管理	运用常规会议管理知识，组织和管理行政办公会、动员会、现场会、座谈会、茶话会、董事会、股东会等常规会议；运用专题会议管理知识，组织和管理研讨会、论坛、招商会、商务洽谈会、新闻发布会、联谊会和庆祝会等专题会议；运用会议文书写作知识，写出符合会议要求的会务文书；运用现代通信技术、网络技术、多媒体技术，组织和管理网络在线视频会议；根据会议管理的基本流程和各环节的基本要求，完成会议策划、预算与实施；运用会议目标管理知识，完成会议评估与总结
6	公共关系实务	运用公共关系传播知识，根据需求，进行公关新闻策划传播、网络传播与舆论引导以及公关协调沟通工作；根据调查目的，综合运用传统及互联网、大数据等新型调查手段，进行公共关系调查的设计、实施，撰写公共关系调查报告；运用公共关系策划知识，按照公关策划的基本操作程序，根据需求，进行公关策划；根据专题活动要求，组织、实施与文秘工作相关的公共关系专题活动；运用组织形象塑造与管理知识，确立组织形象定位，进行适当的组织形象推广；运用公关危机知识，进行初级阶段的公关危机预防和处理工作
7	文书与档案管理	运用档案管理知识，进行各类文书立卷归档；根据文书管理程序要求，完成文书的借阅、审批、登记工作；根据不同类别的文档资源特点，完成音视频档案、实物档案、科技档案、人事档案的保管、存储；根据档案管理规范、程序与时限要求，完成档案鉴定、销毁、移交等工作；运用档案数字化技术，完成电子档案建设工作

4. 实践性教学环节。主要包括实训、实习、毕业设计、社会实践等。在校内外进行秘书岗位认知、人际交往与沟通、文书拟制、档案信息管理、办公自动化、秘书口才、秘书礼仪、商务活动（会议）策划、办公室综合管理等实训项目。在办公服务、其他组织管理服务行业的基层党政机关、各类企事业单位进行实习。实习实训既是实践性教学，也是专业课程教学的重要内容，应注重理论与实践一体化教学。应严格执行《职业学校学生实习管理规定》和《高等职业学校文秘专业顶岗实习标准》要求。

5. 其他要求。学校应结合实际，开设社会责任、安全教育、绿色环保、管理等人文素养、科学素养方面的选修课程、拓展课程或专题讲座（活动），并将有关内容融入专业课程教学中；将创新创业教育融入专业课程教学和有关实践性教学环节中；自主开设其他特色课程；组织开展德育活动、志愿服务活动和其他实践活动。

（二）学时安排

总学时一般为2500学时，每18学时折算1学分。其中，公共基础课总学时一般不少于总学时的25%。实践性教学学时原则上不少于总学时的50%。其中，顶岗实习累计时间一般为6个月，可根据实际集中或分阶段安排实习时间。各类选修课程学时累计不少于总学时的10%。

八、教学基本条件

（一）师资队伍

1. 队伍结构。学生数与本专业专任教师数比例不高于25 : 1（不含公共课），双师素质教师占专业教师比例一般不低于60%，专任教师队伍要考虑职称、年龄，形成合理的梯队结构。

2. 专任教师。具有高校教师资格；有理想信念、有道德情操、有扎实学识、有仁爱之心；具有汉语言文学、语言学、秘书学、新闻学、管理学等相关专业本科及以上学历；具有扎实的秘书专业相关理论功底和实践能力；具有较强的信息化教学能力，能够开展课程教学改革和科学研究；每五年累计不少于6个月的企业实践经历。

3. 专业带头人。原则上应具有副高及以上职称，能够较好地把握国内外办公服务及管理服务行业和文秘专业的发展，能广泛联系行业企业，了解行业企业对秘书专业人才的需求实际，教学设计、专业研究能力强，组织开展教科研工作能力强，在本区域或本领域具有一定的专业影响力。

4. 兼职教师。主要从各类企事业单位聘任，具备良好的思想政治素质、职业道德和工匠精神，具有扎实的秘书专业知识和丰富的实际工作经验，具有中级及以上行业相关专业技术资格，或担任大中型企业中层管理及以上职务，能承担课程与实训教学、实习指导等专业教学任务。

（二）教学设施

教学设施主要包括能够满足正常的课程教学、实习实训所需的专业教室、实训室和实习基地。

1. 专业教室基本条件。一般配备黑（白）板、多媒体计算机、投影设备、音响设备，互联网接入或Wi-Fi环境，并具有网络安全防护措施。安装应急照明装置并保持良好状态，符合紧急疏散要求，标志明显，保持逃生通道畅通无阻。

2. 校内实训室基本要求。

（1）商务礼仪与商务接待实训室。用于商务接待、商务礼仪等项目教学与实训。配备立式全身镜，职业套装、套裙、衬衫、商务用鞋，礼仪丝巾，礼仪领带，彩妆，形体服（冬、夏）、练功鞋，中餐具、西餐具；前台接待台，会议桌、椅，沙发、茶几、茶具散件、餐具散件，名片等相关道具，便携式扩音器，无线扩音器等。

（2）会务管理与商务活动实训室。用于会议管理、商务活动策划等课程的教学与实训。配备可自由组合的会议桌，椅子，可升降的幕布，电脑，投影（固定或移动），话筒（固定或移动），音响系统；演讲台、台签、签到簿，笔、笔记本，茶具等会议用品，照相机等。有条件的学校可以建设会议及商务活动 VR 实训系统，可以建设视频会议实训室。

（3）办公自动化实训室。用于办公自动化、速录等课程的教学与实训。配备服务器、投影设备、白板、交换机、计算机 1 台 / 人，可运行常用浏览器的测试终端，安装操作系统、办公软件、图形图像处理软件、智能移动办公软件等；配备复印机、传真机、扫描仪、刻录机、投影仪、数码相机、录音笔、数码摄像机等现代常用办公设备，有条件的学校可以配备速录机。

（4）文档一体化实训室。用于文书与档案、应用文写作、现代办公事务处理、新媒体写作和运营等课程的教学与实训。配备计算机、文字处理机、光符识别机、投影设备、白板，安装文档一体化管理系统、电子教室、Flash、OCR 文字识别等软件；网络接入或 Wi-Fi 环境；配备档案盒、档案柜、移动硬盘、复印机、照相机等，满足文书档案的书面及电子储存需要。

3. 校外实训基地基本要求。选择能与本专业人才培养目标对接的基层党政机关、企事业单位开展校企合作，保障专业实践教学、顶岗实习等教学活动的实施。合作企业能提供专任教师企业实践和挂职锻炼岗位，企业兼职教师承担教学任务等。实训基地设施齐备，实训岗位、实训指导教师确定，实训管理及实施规章制度齐全。与专业建立紧密联系的校外实训基地应达 4 个及以上。

4. 学生实习基地基本要求。选择能够提供与秘书工作岗位相关的具有区域或行业代表性的企业；配备相应数量的企业指导教师对学生实习进行指导和管理；实习基地符合安全法律法规要求，有保证实习生日常工作、学习、生活的规章制度，有为学生提供实习期间保险的能力。另外，文秘专业还应充分利用校内资源，把校内各办公室、各部门作为文秘专业学生的实习场所。

5. 信息化教学方面的基本要求。构建满足信息化教学的网络化多媒体教学环境，建立网络教学平台，鼓励教师开发并利用网络课程和专业资源，创新教学方法，提升专业教学效果。同时为学生搭建自主、便捷的学习平台。

（三）教学资源

教学资源主要包括能够满足学生专业学习、教师专业教学研究和教学实施需要的教材、图书及数字资源等。

1. 教材选用有关基本要求。优先选用高职教育国家规划教材、省级规划教材。学校应建立有专业教师、行业专家和教研人员等参加的教材评议选用机制，完善教材选用制度，经过规范程序择优选用教材。鼓励校企合作开发校本教材。禁止不合格的教材进入课堂。

2. 图书、文献配备基本要求。图书、文献配备应能满足学生全面培养、教科研工作、专业建设等的需要，方便师生查询、借阅。其中专业类图书主要包括有关秘书工作的技术、方法、思维以及实务操作类图书，有关管理、经济、营销、信息技术和文化类文献等。

3. 数字资源配置基本要求。建设和配置与专业相关的一定数量的多媒体素材（如图形 / 图像、音频、视频和动画）、教学课件、案例库、虚拟仿真软件、电子教材、教辅材料等数字资源，种类丰富、形式多样、使用便捷、动态更新、满足教学。充分利用国家教学资源库相关资源。

九、质量保障

（一）学校和二级院系应建立专业建设和教学过程质量监控机制，制定专业教学质量监控管理办法，完善课堂教学、教学评价、实习实训、毕业设计以及专业调研、人才培养方案更新、资源建设等方面质量标准建设，通过教学实施、过程监控、质量评价和持续改进，达到人才培养规格。

（二）学校、二级院系及专业教研组织应完善教学管理机制，加强日常教学组织运行与管理，定期开展课程建设水平和教学质量诊改，建立健全巡课、听课、评教、评学等制度，严明教学纪律和课堂纪律，强化教学组织功能，定期开展公开课、示范课等教研活动。

（三）学校应建立毕业生跟踪反馈机制及社会评价机制，并对生源情况、在校生学业水平、毕业生就业情况等进行分析，定期评价人才培养质量和培养目标达成情况。

（四）专业教研组织应充分利用评价分析结果有效改进专业教学，针对人才培养过程中存在的问题，制定诊断与改进措施，持续提高人才培养质量。

Teaching Standards for the Specialty of Financial Management

I. Specialty Title (Specialty Code)

Financial Management (630201)

II. Admission Requirements

Applicants shall be graduates from regular senior high schools, secondary vocational schools or with similar educational background.

III. Basic Schooling Duration

3 academic years

IV. Career Orientations

Specialty Category (Code)	Profession (Code)	Corresponding Industries (Code)	Major Occupational Categories (Code)	Examples of Major Job Categories (Technical Areas)	Examples of Vocational Qualification Certificates (Vocational Skill Level)
Major Categories of Economics, Finance, Business and Trade (63)	Finance (6302)	Monetary and Financial Service (66) Other Financial Service (69)	Bank Service Personnel (4-05-01) Securities Service Personnel (4-05-02) Securities Professional (2-06-11) Other Financial Service Personnel (4-05-99)	Bank Teller Lobby Manager Account Manager Call Center Inbound Financial Consultant	Qualification Certificate of Banking Professional Securities Practitioner Qualification Certificate Futures Professional Qualification Certificate

V. Educational Objectives

This specialty shall cultivate high-quality technical and skilled talents with firm ideals and beliefs, virtues and skills who boast a certain level of scientific and cultural knowledge, good professional ethics and spirit of craftsman as well as strong abilities in working and entrepreneurship. They shall be trained with such important abilities as to support lifelong development and to meet requirements of the times. With a good mastery of professional knowledge, techniques and skills in financial institution's front-line business processing and service marketing, they shall be able to work in relevant technical fields with its career clusters in commercial banks and other financial institutions. They shall be competent to work in the professions of counter service, product marketing, personal financial service, etc.

VI. Educational Specifications

Graduates of this specialty shall meet the following requirements in terms of quality, knowledge and ability.

(i) Qualities

1. Graduates shall strongly support the leadership of the Communist Party of China, establish a common ideal of helping build socialism with Chinese characteristics, and practice the core values of socialism with a deep sense of patriotism and Chinese national pride.
2. Graduates shall uphold the Constitution, abide by laws and observe regulations and disciplines.
3. Graduates shall abide by moral guidelines and codes of conduct with a sense of social responsibility and a consciousness of social participation.
4. Graduates shall have the qualities of honesty, faithfulness and dedication to work guided by good virtues as well as the craftsmanship of excellence.
5. Graduates shall have awareness of quality, security, career planning and innovative mind-set.
6. Graduates shall have awareness and abilities of career planning and lifelong learning.
7. Graduates shall have strong collective senses and teamwork spirits, good behaviors and strong self-management abilities.
8. Graduates shall feature physical and mental health, wholesome personalities and well-developed habits for physical exercise and personal hygiene.
9. Graduates shall be information technology literate, have the abilities of aesthetic appreciation, and possess good humanistic qualities.

(ii) Knowledge

1. Graduates shall master necessary theories of ideology and politics and basic knowledge

of science and culture.

2. Graduates shall well understand general and specific policies, laws and regulations related to the specialty.

3. Graduates shall master the basics of economics and finance.

4. Graduates shall master accounting and operation procedures of bank counter services.

5. Graduates shall master necessary theories, business skills, operation procedures of bank credit services.

6. Graduates shall master basic norms and operation standards of bank financial services.

7. Graduates shall master basic norms of financial service etiquette and basic strategies and techniques of financial marketing.

8. Graduates shall master business norms and bank risk management.

9. Graduates shall master new theories, techniques, methods and applications of modern finance.

(iii) Competences

1. Graduates shall have good abilities in oral expressions and writing so as to communicate with clients effectively.

2. Graduates shall master various norms of etiquette as financial practitioners so as to provide services of etiquette according to the requirements of different financial businesses.

3. Graduates shall master techniques in counting money by hand and machine quickly, and identifying counterfeiting currencies and picking damaged notes accurately, and shall be proficient in voucher input by keyboard as well as information entry by "shape code input method".

4. Graduates shall master the abilities in counting and stocking important bank vouchers and stamps, and calculating interest accurately.

5. Graduates shall have the abilities in engaging in the preparation, audit, bookkeeping and account checking of all kinds of business vouchers accurately, and the reception of visiting customers, guidance and processing of all kinds of counter businesses, such as bank branch deposits, loans, settlements and agencies proficiently.

6. Graduates shall have the abilities in filling in all kinds of contracts and vouchers related to loans correctly, writing credit investigation reports and proposing corresponding disposal measures for different nonperforming loans.

7. Graduates shall have good abilities in bank products marketing and maintaining clients.

8. Graduates shall have professional skills in personal finance businesses, and shall have enough abilities in making finance plans, financial products marketing and client services.

9. Graduates shall have good abilities in informative technology application needed by this specialty, using software for data process proficiently, analyzing and applying information comprehensively, applying modern information technologies to retrieve data, identifying and preventing financial risk fundamentally.

VII. Curriculum and Class Hour Schedule

(i) Curriculum

Curriculum shall include public basic courses and specialty courses.

1. Public Basic Courses. According to relevant documents issued and implemented by the Party and the Government, an ideological and political theory, Chinese traditional culture, physical education, military science, career development and employment guidance for undergraduates, mental health education shall be listed as public basic compulsory courses. Marxist theory, the Party's history and national history, IT, economic mathematics, public foreign language, education of innovation and entrepreneurship, health education, aesthetic education and professionalism for financial career shall be listed as compulsory courses or optional courses.

2. Specialty Courses. Specialty courses shall include professional foundation courses, core courses, extended courses, and relevant practical teaching and training courses. The specialty shall determine the course titles independently, but shall include the following main teaching contents.

(1) Professional Foundation Courses. Seven to eight professional fundmental courses offered shall include Basics of Economics, Introduction to modern finance, Internet-based Finance, Theory and Practice of International Finance, Basic Accounting, Financial Accounting, and Banking Skills.

(2) Professional Core Courses. Seven professional core courses offered shall be Financial Service Marketing, Financial Service Etiquette, Banking Accounting Practice, Banking Comprehensive Counter Business, Banking Credit Business, Personal Finance and Anti-counterfeit-currency Technology.

(3) Professional Extended Courses. The professional extended courses shall include Bank Products, Theory and Practice of Insurance, Security Investing Practice, Risk Prevention and Case Analysis of Commercial Banks, Branch Operation and Management of Commercial Banks, Bank Counter English, Small and Micro Finance, Statistical Analysis of Financial Data, Cross-cultural Communication.

3. Titles of Core Courses and Main Teaching Contents.

Number	Titles of Core Courses	Main Teaching Contents
1	Financial Service Marketing	Financial services and evaluation; financial marketing includes network marketing preparation and network marketing abilities; financial marketing and network marketing skills; maintenance and cultivation of financial customers; financial account management; financial client asset management; financial customer relationship management; financial customer risk management
2	Financial Service Etiquette	The essence and basic requirements of commercial bank service etiquette; service consciousness and etiquette cultivation of commercial bank professionals based on Internet finance; the etiquette of appearance, bearing and language for service personnel in commercial bank; service etiquette of teller; etiquette and norms in network service; meeting and banquet service etiquette; telephone service etiquette; service etiquette in reception
3	Banking Accounting Practice	Basic accounting methods of bank accounting; knowledge and operation procedures related to businesses of organizational deposit, credit granting business, payment settlement, capital settlement and transactions of financial institutions; preparation of annual final accounts and final day work; comprehensive bank accounting
4	Commercial Bank Comprehensive Counter Business	Basic vocational abilities and qualities training of bank tellers; knowledge and operation procedures of businesses for personal savings, personal loans, personal settlement, personal foreign exchange, personal agency; response to emergency on counter ; norms of electronic banking; operations of comprehensive business skills
5	Commercial Bank Credit Business	Basic rules and regulations of granting credit; operation procedures and risk control points of granting credits; knowledge and procedures of customer credit analysis, secured loans, loan risk classification management, non-loan credit granting, network loan; legal documents related to credit granting and voucher completion; research report writing
6	Personal Finance	Potential customers and customer relationship management; classification and arrangement of household assets and liabilities; characteristics of bank financial products; identification, estimation and evaluation of risks, insurance products and their portfolios; characteristics of stock, bond and funds, securities investment skills; gold financial products, characteristics of real estate investment and collections investment and main products; financial planning programs and follow-up services
7	Anti-counterfeiting Currency Technology	Anti-counterfeiting features of the fifth-edition RMB and current foreign currencies in circulation such as US dollar, Hong Kong dollar, euro, Japanese yen and British pound; familiar with the operation standard procedures of counterfeit currency capture and identification. capable of analyzing currency anti-counterfeiting cases on Internet

4. Practical Teaching. This part shall be mainly comprised of practical training, internship, graduation project and social practice and others. The practical training shall be carried out in laboratories on campus and training bases outside the college.

The specialty shall carry out social practice, post internship and following internship in financial institution internship bases built with cooperative enterprises.

The main contents of practical training and internship shall include on-campus practical training in service etiquette simulation of financial practitioners, and operations of accounting to corporate banking, marketing skills, personal finance planning, and comprehensive training of personal counter business. And cognition practice of professional positions in financial enterprises, as well as following internship and post internship in counter business, and positions of lobby managers, customer managers and others in commercial banks and other financial institutions.

Such training and practice shall be implemented in strict accordance with the "Regulations on Student Internship Management in Vocational Schools" and the relevant requirements on the standards for professional post internship. Skills training and internship shall be not only the teaching of practical skills, but also an important part of professional courses teaching. The specialty therefore shall emphasize a lot the integration of theoretical studies and skill practices.

5. Other Requirements. The specialty, by taking the actual requirements of the society on graduates, shall offer many selective courses, extended courses or seminars (other activities) in the fields of social responsibility, safety education, energy conservation and emission reduction, green development and environmental protection, management and other selective courses in humanities and for the improvement of scientific literacy, the related contents of which shall be integrated into the specialty courses. The specialty shall integrate innovation and entrepreneurship education into specialty courses and the related training of practical skills. The specialty shall also open some college-based courses, organize various activities for moral education, and encourage students to participate in voluntary activities as well as other social practice activities.

(ii) Class Hour Schedule

Total class hours shall be 2 600 to 2 700 periods; every 18 class hours shall be converted into 1 credit. The class hours of public basic courses shall be required to be no less than 25% of the total. Time used for the practical training shall constitute more than 50% of class hours, in which the accumulative time for post internship shall be up to 6 months, consecutively or through several phases. The class hours for selective courses shall take up at least 10% of the total.

VIII. Basic Teaching Conditions

(i) Teachers

1. Structure of Teachers. The ratio of student to full-time professional teacher shall be no more than 25:1. Teachers with double professional qualifications shall add up to not less than 60% of all professional teachers. And the specialty shall have good composition of

teachers in terms of professional titles, age structure etc.

2. Full-time teachers in the specialty shall be all in possession of college teachers' qualifications, with good ethics, commitment to their careers, and in full compliance with the laws and disciplines. They shall have all been educated in the specialties of economics, finance and the related, with bachelors or higher level of degrees, have working experience or practical experience of finance and the related, have a good knowledge of financial business and basic theory, which ensure them a solid theoretical foundation and strong practical abilities in finance. They shall be all qualified to teach by means of information technology, and to conduct curriculum and teaching reforms and scientific researches. And they shall be required to have at least six months' experience aggregately working in firms in every five years.

3. In principle, the leader of a specialty shall have deputy senior professional title or above, be able to grasp well the industrial and professional trend in domestic and international environments, and have close communications with the industry and enterprises, so as to understand the demand of the society for the talents in the specialty of financial management. They shall have strong competences in teaching design and doing researches in this field, and therefore enjoy some influence in the local region and related field of study.

4. Part-time teachers shall be mostly from firms in finance industry. They shall be all with good ideological, political qualities, professional ethics, craftsmanship, and rich practical experiences of financial firms, and boast career qualities and professional competences and rich practical experiences. They shall be all able to teach the specialty courses, instruct in practical training sessions, guide the internship and conduct other teaching tasks for the specialty.

(ii) Teaching Facilities

The teaching facilities shall include classrooms, practical training laboratories and bases.

1. Basic Conditions for Specialty Classrooms. The specialty classrooms, with adequate electric power, lights, temperature control and security precautions, shall be equipped with desks and chairs, blackboards, basic teaching instruments, internet interface or good network environments that are adequate for the delivery of specialty courses online and offline, emergency lighting device kept in good conditions, which meet the requirements of emergency evacuation. The signs shall keep clear. Unobstructed passageways leading to exits shall be maintained.

2. Requirements for Practical Training Laboratories within the College

(1) The laboratory for finance practical skills training shall be equipped with a server, a

projector, a multimedia teaching equipment, a whiteboard, currency counting machines, banknote counters, counterfeit currency identification equipments, major currency samples, calculators, counting practice notes, vouchers, characters, a currency anti-counterfeiting exercises and training software system, and one computer for each student. The laboratory shall be used for supporting the teaching and practical training of bank notes counting, vouchers input, Chinese input, anti-counterfeit currency technology and other courses in banking skills.

(2) The laboratory for comprehensive counter business practical skills training shall be equipped with a server, a projector, a multimedia teaching equipment, a whiteboard, vouchers binding equipment, password devices, card readers, scanners, fingerprint devices, an interest rate card, a high counter, a low counter and other layout of worksite in bank outlets , bank comprehensive counter operation software system, bank seal, bank simulation business vouchers, 1 computer/person, full Wi-Fi coverage, which are necessary for the teaching and practical training in etiquette of financial services, bank accounting, savings of domestic and foreign currencies, bank cards, settlements of corporate and private banking, and agencies, etc.

(3) The laboratory for comprehensive financial practical skills training shall be equipped with a server, a projector, a whiteboard, a multimedia teaching equipment, banking credit software, financial management software, and 1 computer/person, which are necessary for the teaching and practical training in credit granting, personal finance, marketing, client risk management and other courses.

3. Requirements for Off-campus Practical Training Bases. The off-campus practical training bases shall be good firms or social intermediaries that are able to provide related typical professional activities for financial management and emphasize the integration of the industry and education. The practical training bases shall boast over complete facilities, provide adequate positions and offer designated experienced professionals to guide the students. They shall have comprehensive management regulations and mechanism. The specialty shall have more than three off-campus training bases that are in close cooperation with the specialty.

4. Requirements for Off-campus Internship Base. The specialty shall cooperate with various financial firms to establish enough off-campus internship bases to provide relevant positions for students so as to carry out teaching activities of following internship and post internship effectively. The internship bases shall supply part time coaches to guide students so as to let them achieve the internship objectives by the ways of observation, experience, and contact, etc.

5. Requirements for Information-based Teaching. The specialty shall offer information-

based teaching of many courses, with digitalized teaching resources, research literature, answers to frequently asked questions and other conveniences. The specialty also shall guide and encourage the teachers to develop and utilize information-based teaching resources, platforms, innovative teaching methods so as to improve the effectiveness of teaching activities.

(iii) Teaching Resources

In order to satisfy the students' demands for the learning of their specialty, and the teachers' demands for teaching and research, the specialty shall have in stock a lot of teaching materials, books and various digital resources.

1. Requirements on the Choice of Teaching Materials. According to the related state regulations, the specialty shall carefully select high quality textbooks and other teaching materials for the students. A panel of specialty teachers, professional experts and researchers shall be involved in the selection of these teaching resources. Complete teaching material selection regulations shall be established to find the optimal resources for the students. The specialty shall encourage enterprises in the industry to develop college-based textbooks with distinctive features for specialized courses.

2. Requirements on Books and Other Research Literature. The specialty shall have adequate books and research literature to meet the demands of talents training, specialty construction, teaching and scientific research. All these shall be easily accessible to the teachers and students. Such books and electronic magazines of the specialty shall be related to the new rules, new regulations, new business, new products, new practices in the field of finance.

3. Requirements on Digitalized Resources. The specialty shall have relevant specialty literature, audio and video materials, digital teaching materials, teaching courseware, virtual simulation software, chart credential database, vocational certificate training package and digital textbooks. They shall be in various forms, rich types, easily accessible, and updated regularly to meet the demand of teaching.

IX. Quality Guarantee

(i) The college and secondary departments shall establish professional construction and quality control mechanism of teaching process. The specialty shall establish a quality monitoring mechanism to supervise the specialty construction and teaching process, and a quality monitoring and management system for the teaching. The specialty shall establish comprehensive quality standards for classroom teaching, teaching evaluation, internship and practical training, graduation project, specialty research, talents training program and resources banks. By means of teaching implementation, process monitoring, quality evaluation and continuous improvement of such, the quality of talents training in the specialty shall be guaranteed.

(ii) The college and secondary departments (specialty) shall institute comprehensive teaching management mechanism to improve the organization and operation of daily teaching affairs, to review and improve the curriculum construction and teaching quality regularly. The specialty shall establish a mechanism, such as touring classes, visiting classes, evaluating teaching and learning, to inspect the classroom teaching to ensure strict discipline of teaching and lecture participation, to strengthen the functions of teaching organization, to deliver open lectures and demonstration classes and other teaching and research activities regularly.

(iii) The specialty shall establish a tracking and feedback mechanism and a social evaluation mechanism for the graduates so as to analyze the sources of students, their academic achievements, and the employment situations of the graduates in the hope of regularly evaluating the quality of talent training and the achievement of the educational objectives.

(iv) The specialty teaching and research departments shall make full application of the above results of evaluation and analysis to effectively boost the specialty teaching. Meanwhile, the specialty shall design and implement measures for diagnosis and improvement to continuously enhance the qualities of the talents training.

Teaching Standards for the Specialty of International Finance

I. Specialty Title (Specialty Code)

International Finance (Sino-Australia Cooperative Program) (630202)

II. Admission Requirements

Applicants shall be graduates from regular senior high schools, secondary vocational schools or with similar educational background.

III. Basic Schooling Duration

3 academic years

IV. Career Orientation

Specialty Category (Code)	Profession (Code)	Corresponding Industries (Code)	Major Occupational Categories (Code)	Examples of Major Job Categories (Technical Areas)	Examples of Vocational Qualification Certificates (Vocational Skill Level)
Major Categories of Economics, Finance, Business and Trade (63)	Finance (6302)	Monetary and Financial Service (66) Capital Market Service (64) Insurance Industry (68) Other Financial Sectors (69)	Banking Service Personnel (4-05-01) Securities Service Personnel (4-05-02) Insurance Service Personnel (4-05-04) Other Financial Service Personnel (4-05-99)	Bank Teller Account Manager Financial Manager Lobby Manager Customer Service Executive International Settlements Executive	Junior Qualification Certificate of Banking Professional Certification of Securities Professional Certification of Fund Practitioner (CET4) College English Test Band 4 (CET4) Qualification Certificate of Assistant Financial Planner

V. Educational Objectives

The specialty shall cultivate high-quality technical and skilled financial talents who advocate the Party's basic policies and meet the needs of regional economic construction and social development and boast the professional qualities of honesty, cooperation and dedication. They shall be competent to work in the low level of positions of business and management in domestic and foreign-funded financial service institutions, non-banking institutions, and foreign-related enterprises.With a good mastery of professional knowledge of economy, finance, marketing, financial management, entrepreneurship and innovation, techniques and skills in counter service operation, communication in foreign language, investment and finance management, marketing service and so on, they shall be able to work in the posts like bank teller, international business, account manager, financial manager, lobby manager and customer service. Meanwhile, they shall have stronger abilities in innovation and entrepreneurship, comprehensive development in morality, intelligence, physical and aesthetic aspects with international perspectives and communication abilities, as well as stronger sustainable development abilities.

VI. Educational Specifications

Graduates of this specialty shall meet the following requirements in terms of quality, knowledge and abilities.

(i) Qualities

1. Graduates shall strongly support the leadership of the Communist Party of China, establish a common ideal of helping build socialism with Chinese characteristics, and practice the core values of socialism with a deep sense of patriotism and Chinese national pride.
2. Graduates shall uphold the Constitution, abide by laws and observe regulations and disciplines.
3. Graduates shall abide by and perform moral guidelines and codes of conduct with the senses of social responsibilities and consciousness of social participation.
4. Graduates shall have the qualities of honesty, faithfulness and dedication to work guided by good virtues as well as the craftsmanship of excellence.
5. Graduates shall have awareness of quality, security, career planning and innovative mind-set.
6. Graduates shall have strong collective senses and teamwork spirit, good behaviors and strong self-management abilities.
7. Graduates shall feature physical and mental health, wholesome personalities and well-

developed habits for physical exercise and personal hygiene.
8. Graduates shall be information literate, have the abilities of aesthetic appreciation, and possess good humanistic qualities.

(ii) Knowledge

1. Graduates shall master basic conceptions and theories of economy and finance.
2. Graduates shall be familiar with and master domestic guidelines, policies and regulations related to the financial management and international customs and rules regarding financial operations.
3. Graduates shall master the basic knowledge, accounting requirements and operation procedures of personal savings businesses of commercial banks.
4. Graduates shall master the basic knowledge, accounting requirements and operational procedures of financial accounting.
5. Graduates shall master the basic knowledge, accounting requirements and operational procedures of banking accounting.
6. Graduates shall master the basic knowledge, businessrequirements and operational procedures of commercial bank credit businesses.
7. Graduates shall master the basic concepts, basic theories and related business requirements of international financial service.
8. Graduates shall master the basic knowledge, business norms and operational procedures of personal finance management.
9. Graduates shall master the basic knowledge of communication and skills in service marketing.
10. Graduates shall master the basic concepts, basic theories and related business requirements of securities investment.
11. Graduates shall master the application of knowledge of computer and Internet.
12. Graduates shall master the basic methods of information retrieval and data query, and the abilities of basic science researches.
13. Graduates shall understand new dynamics of Internet finance development.
14. Graduates shall understand the quality requirements of innovative talents, and the concept, elements and characteristics of entrepreneurship.
15. Graduates shall master the meanings, types and processes of innovative mind-set and entrepreneurship.
16. Graduates shall have the entrepreneurship-related knowledge of search and evaluation of opportunities, analysis of environments, establishment of teams, financing channels and methods, and the writing of plans, etc.

(iii) Competences

1. Graduates shall have good abilities in counting money by hand and machine accurately and quickly.
2. Graduates shall have good abilities in making international communication in English.
3. Graduates shall have good abilities in identification of counterfeits in domestic and foreign currencies and picking incomplete cash accurately.
4. Graduates shall have good abilities in typing with five strokes input method.
5. Graduates shall have good abilities in inputting voucher with numeric keyboard.
6. Graduates shall have good abilities in making and auditing documents for international settlement businesses.
7. Graduates shall have good abilities in interpersonal communication and customer development.
8. Graduates shall have good abilities in conducting investment analysis and financial planning.
9. Graduates shall have good abilities in searching and evaluating opportunities, analyzing environments, setting up team in entrepreneurship, so as to establish and run simple startups.

VII. Curriculum and Class Hour Schedule

(i) Curriculum

The curriculum shall include public basic courses and specialty courses.

1. Public Basic Courses. According to relevant documents issued and implemented by the Party and the Government, an ideological and political theory, Chinese excellent traditional culture, physical education, military science, career development and employment guidance for undergraduates, mental health education shall be listed as public basic compulsory courses. Marxist theory, the Party's history and national history, IT, economic mathematics, public foreign language, education of innovation and entrepreneurship, health education, aesthetic education, Internet finance, Cambridge English, bank counter operational skills shall be listed as compulsory courses or optional courses.
2. Specialty Courses. Specialty courses shall include professional foundation courses, core courses, extended courses, and relevant practical teaching and training courses.

(1) Professional Foundation Courses. Eight professional foundation courses offered shall include Communication and Thought, Banking and Monetary Policy, Economics for Business, Anti-counterfeiting Currency Technology, Basic Accounting, Financial Accounting,

Accounting Computerization, Etiquette of Financial Service, etc.

(2) Professional Core Courses. Six professional core courses offered shall be International Finance, International Settlement Practice, Bank Accounting Practice, Comprehensive Counter Business of Commercial Bank, Marketing, Introduction to Financial Planning, etc.

(3) Professional Extended Courses. There shall be three types of professional extended courses. The first type include the courses to extend application abilities of the specialty, like Credit-granting Business of Commercial Banks, Banking Products, Foreign Exchange Trading Practice, International Settlement Practice, Accounting Principles, Management and Organizational Behavior, Business Finance, Practical English on Banking, etc.; the second include the courses reflecting the choice of employment direction, such as Technical Analysis for Securities Investment, Electronic Commerce Practice, Statistical Analysis of Financial Data, etc.; the third include the courses showing advantageous features of the college.

3. Titles of Core Courses and Main Teaching Contents.

Number	Titles of Core Courses	Main Teaching Contents
1	International Finance	International balance of payments, international reserves, international monetary system, foreign exchange and exchange rate, exchange rate system and foreign exchange control, foreign exchange transactions, foreign exchange risks and management, international financial markets and their business activities, and international financial organizations, etc
2	International Settlement Practice	International settlement instruments, negotiable instrument, international remittance, collection, letter of credit, bank's letter of guarantee and international factoring business and other international settlement methods, and financing under various settlement methods, documents and review under letter of credit, international settlement practices and settlement system operation, etc
3	Bank Accounting Practice	Basic bank accounting; relevant knowledge and operating procedures of business such as organization's deposit; credit granting payment and settlement as well as agency, foreign exchange; capital liquidation and transactions between financial institutions; year-end final accounts preparation and final account day work; comprehensive operations of bank accounting
4	Integrated Counter Business of Commercial Bank	Training of basic professional abilities and qualities of bank teller; relevant knowledge and operating procedures related to personal deposit, loan settlement, foreign exchange as well as agency; counter emergency management; e-banking specifications; financial comprehensive skills and operations
5	Marketing	Basic knowledge of service marketing of commercial bank, definition and measurement of service quality, combination of service and communication, service failure and remedy, marketing preparation, marketing abilities training of commercial banks; marketing skills (add related content of network marketing), customer maintenance and fostering, customer satisfaction; consumer service management, customer value management, customer relationship management in commercial bank
6	Introduction to Financial Planning	Basic knowledge of economics and finance related to personal finance; basic knowledge, theories and skills of customer analysis, planning of life, cash consumption, security, personal investment, personal tax and comprehensive finance; analyzing the domestic and foreign current situations and trends of Internet financial management as well as their influences and promotion on personal financial management with the relevant knowledge

4. Practical Teaching. This part shall be mainly comprised of practical training, internship, graduation projects, social practice and others. The practical training shall be carried out in laboratories on the campus and training bases outside the college. The main contents of practice and internship shall include bank counter operational skills, simulation and practical training of service etiquette for financial practitioners, practical training in operations of accounting to corporate banking, investigating and analyzing bank products, comprehensive practical training of bank counter personal business, operation of bank credit granting business, accounting and financial statement analysis, international settlement operations of commercial banks, comprehensive training of simulated transaction operation of personal foreign exchange, marketing skills training of commercial banks, practical training of personal finance design, situational bilingual communication on bank counter business, Internet finance, etc. Such training and practice shall be implemented in strict accordance with the "Regulations on the Management of Students' Practice in Vocational Schools" and the relevant requirements on the standards for internship. Cognitive practice shall be scheduled in semester 1 and 2, guided practice in semester 3 and 4, and internship in semester 5 and 6. Skills training and internship shall be not only the teaching of practical skills, but also an important part of professional courses teaching. The specialty therefore shall emphasize a lot the integration of theoretical study and skill practice.

5. Other Requirements. The specialty, by taking the actual requirements of the society on university graduates, shall offer many selective courses, extended courses or seminars (other activities) in the fields of social accountabilities, safety education, energy conservation and emission reduction, green development and environmental protection, management and other courses in humanities and for the improvement of scientific literacy, the related contents of which shall be integrated into the specialty courses. The school shall integrate innovation and entrepreneurship education into specialty courses and the related training of practical skills. The specialtyalso shall open some college-based other specialty courses, organize various activities for moral education, and encourage students to participate in voluntary activities as well as other social practice activities.

(ii) Class Hour Schedule

Total class hours shall be 2 600 to 2 700 periods; every 18 class hours shall be converted into 1 credit. The class hours of public basic courses shall be required to be no less than 25% of the total. Time used for the practical training shall constitute more than 50% of class hours, in which the accumulative time for post internship shall be up to 6 months, consecutively or through several phases. The class hours for selective courses shall take up at least 10% of the total.

VIII. Basic Teaching Conditions

(i) Teachers

1. Structure of Teachers. The student to teacher ratio shall be no more than 20 : 1. Teachers with double professional qualifications shall add up to more than 60% of all. And the specialty shall have good composition of teachers in terms of professional titles, age structure etc.
2. Full-time teachers in the school shall be all in possession of university teachers' qualifications, with good ethics, love for their career, and in full compliance with the laws and disciplines. They shall have all been educated in the specialties of finance and economics and the related, with bachelors or master's degrees, which ensure them a solid theoretical foundation and strong practical abilities in international finance. They shall be all qualified to teach by means of information technology, and to conduct curriculum and teaching reforms and scientific researches. And they shall be required to have at least six months' experience aggregately working in enterprises in every five years.
3. In principle, the leader of a specialty shall have deputy senior professional title and above, be able to grasp well the industrial and professional trend, domestically and internationally, and have close communications with the industry and enterprises, so as to know the demand of the society for the talents in the specialty of financial management. They shall have strong competence in teaching design and doing researches in this field, and therefore enjoy some influence in this region and field of study.
4. Part-time teachers shall be mostly from the industry and enterprises. They shall be all with good ideological, political quality and professional ethics, in possession of the intermediate and high-level professional qualifications in finance and related specialties, and boast career quality and professional competence and rich practical experience. They shall be all able to teach the specialty courses, instruct in practical training sessions, guide the internship and conduct other teaching tasks for the specialty.

(ii) Teaching Facilities

The teaching facilities shall be the necessary specialty classrooms, practical training laboratories and bases that are needed for usual curriculum teaching, internship, practical training, and that make information-based teaching possible.
1. Basic Conditions for Specialty Classrooms. The specialty classrooms, with adequate electric power, lights and security precautions, shall be equipped with desks and chairs, blackboards, multimedia teaching equipment, basic teaching instruments, internet interface

or good network environments that are adequate for the delivery of specialty courses. The classrooms shall be big enough to accommodate all the students for the lectures.

2. Requirements for Practical Training Laboratories within the College

(1) The laboratory for comprehensive training of foreign exchange transaction business shall be equipped with a server, a projector, a whiteboard, one computer/person, full Wi-Fi coverage as well as relevant foreign exchange transactions software, which are necessary for the teaching and practical training in foreign exchange practice, international settlement operation and other courses.

(2) The laboratory for practical training of commercial bank counter English shall be equipped with a server, a projector, a whiteboard, one computer/person, full Wi-Fi coverage, assembly line demonstration as well as related practical training of commercial bank counter English software, which are necessary for the teaching and practical training in Practical English on Banking, and English courses.

(3) The practical training center for Modern bank teller shall be equipped with a server, a projector, a whiteboard, one computer/person, full Wi-Fi coverage. The layout of training room shall be designed according to the requirements of role of bank account, with all the related software readily installed for the training of integrated counter business of commercial bank, which are necessary for the teaching and practical training in integrated counter business of commercial bank, bank accounting and other courses.

(4) The laboratory for practical training of banking business shall be equipped with a server, a projector, a whiteboard, one computer/person, and full Wi-Fi coverage as well as relevant banking business and financial practical skills training software, which are necessary for the teaching and practical training in Chinese input, computer voucher input, banknote counting technology and anti-counterfeiting currency technology and other courses.

3. Requirements for Off-campus Practical Training Bases. Off-campus practical training bases shall be good banks, financial institutions or similar financial institutions that are able to provide related typical professional activities for bank counter operations and emphasize the integration of the industry and education. The training bases shall boast complete facilities, provide adequate posts and offer designated experienced professionals to guide the students. They shall have comprehensive management regulations and mechanism. The specialty shall have at least three off-campus training bases that are in close cooperation with the specialty.

4. Requirements for Internship Bases. The internship bases shall be selected from various representative financial enterprises that are able to provide adequate posts of bank counter operation. They shall be able to designate appropriate experienced employees to guide the students and offer necessary management. These bases shall be safe and insured and

instituted with rules and regulations to guarantee the daily work, studies and lives of the interns.

5. Requirements for Information-based Teaching. The specialty shall offer information-based teaching of many courses, with digitalized teaching resources, research literature, and other conveniences. The specialty also shall guide and encourage the teachers to develop and utilize informatized teaching resources, platforms, innovative teaching methods so as to improve the effectiveness of teaching activities.

(iii) Teaching Resources

In order to satisfy the students' demands for the learning of their specialty, and the teachers' demands for teaching and research, the specialty shall have in stock a lot of teaching materials, monographs and various digital resources.

1. Requirements on the Choice of Teaching Materials. According to the related state regulations, the specialty shall select high quality textbooks and other teaching materials for the students. A panel of specialty teachers, professional experts and researchers shall be involved to the selection of these teaching resources. Complete teaching material selection regulations shall be established to find the optimal resources for the students.

2. Requirements on Books and Other Research Literature. The specialty shall have adequate books and research literature to meet the demand of talents training, specialty construction, teaching and scientific research. All these shall be easily accessible to the teachers and students. Such books of the specialty shall be related to the theories, techniques and skills, methods and approaches, thinking and practical operation in the field of financial management.

3. Requirements on Digitalized Resources. The specialty shall have relevant specialty literature, audio and video materials, digital teaching materials, teaching courseware, supplementary materials, case bases, policies and regulations banks, exercises and questions banks, practical training software, professional and skill qualification examination materials as well as the employment and entrepreneurship information. They shall be in various forms, rich types, easily accessible, and updated regularly to meet the demand of teaching. The specialty shall have explored the development, construction and application of online teaching resources and taken the teaching resource bank and excellent open online courses as carriers to carry out online and offline integrating teaching.

IX. Quality Guarantee

(i) The specialty shall establish a quality monitoring mechanism to supervise the specialty construction and teaching process, and a quality monitoring and management system for the teaching. The specialty shall establish comprehensive quality standards for classroom teaching, teaching evaluation, practice and training, graduation project, research and investigation, talents training program and resources banks. By means of teaching implementation, process monitoring, quality evaluation and continuous improvement of such, the quality of talents training in the specialty shall be guaranteed.

(ii) The specialty shall institute comprehensive teaching management mechanism to improve the organization and operation of daily teaching affairs, to review and improve the curriculum construction and teaching quality regularly. The specialty shall establish a mechanism, such as touring classes, visiting classes, evaluating teaching and learning, to inspect the classroom teaching to ensure strict discipline of teaching and lecture participation, to strengthen the functions of teaching organization, to deliver open lectures and demonstration classes and other teaching research activities.

(iii) The specialty shall establish a tracking and feedback mechanism and a social evaluation mechanism for the graduates so as to analyze the source of students, their academic achievements, and the employment situations of the graduates in the hope of regularly evaluating the quality of talent training and the achievement of the educational objectives.

(iv) The specialty shall make full application of the above results of evaluation and analysis to effectively boost the specialty teaching. Meanwhile, the specialty shall design and implement measures for diagnosis and improvement to continuously enhance the quality of the talents training.

Teaching Standards for the Specialty of Rural Finance

I. Specialty Title (Specialty Code)

Rural Finance (630208)

II. Admission Requirements

Applicants shall be graduates from regular senior high schools, secondary vocational schools or with similar educational background.

III. Basic Schooling Duration

3 academic years

IV. Career Orientation

Specialty Category (Code)	Profession (Code)	Corresponding Industries (Code)	Major Occupational Categories (Code)	Examples of Major Job Categories (Technical Areas)	Examples of Vocational Qualification Certificates
Major Categories of Economics, Finance, Business and Trade (63)	Finance (6302)	Monetary and Financial Service (66) Other Financial Service (69)	Bank Teller (4-05-01-01) Bank Loan Officer (4-05-01-02) Bank Customer Service (4-05-01-03) Other Financial Service Personnel (4-05-99)	Front-line Business Processing Loan Client Manager Financial Manager Bank Lobby Manager Comprehensive internal Service Business Marketing Call Center	Certification of Banking Professionals (Basic) Qualification for Anti-counterfeit Currency Employment The Securities Practice Qualification Fund Qualification

V. Educational Objectives

This specialty shall cultivate high-quality technical and skilled talents who support the Party's basic line and meet the needs of regional economic construction and social development. They shall be mainly targeted at positions of low level of business and management in small and medium-sized commercial banks and small loan firms, such as joint-equity commercial banks, city commercial banks, rural commercial banks, village banks, and non-banking financial agencies, such as Internet financial firms, consumer financial firms, wealth management firms and others. With the basic qualities of honesty, cooperation, dedication, innovation and entrepreneurship, all-round development in morality, intelligence, sports and aesthetics, the knowledge of economics and finance, accounting and finance, laws and regulations, entrepreneurship and innovation, and abilities in bank counter service, small and micro loan business handling, financial products marketing and so on, and strong sustainable development abilities, they shall be able to work in positions of bank tellers and small and microloan giving, financial product marketing, account managing and others.

VI. Educational Specifications

Graduates of this specialty shall meet the following requirements in terms of quality, knowledge and abilities.

(i) Qualities

1. Graduates shall love their motherland, strongly support the leadership of the Communist Party of China, establish the common ideal of helping build socialism with Chinese characteristics, and practice the core values of socialism with a deep sense Chinese national pride.
2. Graduates shall uphold the Constitution, abide by laws and observe regulations and disciplines, and observe moral guidelines and codes of conduct with the senses of social responsibilities and consciousness of social participation.
3. Graduates shall have the qualities of honesty, faithfulness and dedication to work guided by good virtues as well as the craftsmanship of excellence.
4. Graduates shall have awareness of quality, security, career planning and innovative mind-set.
5. Graduates shall have strong collective senses and teamwork spirits, good behaviors and strong self-management abilities.
6. Graduates shall meet the requirements of *National Student Physical Health Standard*, feature well-developed habits for physical exercise and personal hygiene, physical and mental health and wholesome personalities.
7. Graduates shall be information literate, have the abilities of aesthetic appreciation, and possess good humanistic qualities.

(ii) Knowledge

1. Graduates shall master necessary theories of ideology and politics and basic knowledge of science and culture.
2. Graduates shall master basic concepts and theories of economics and finance.
3. Graduates shall master basic economic knowledge of agriculture, rural areas and farmers, and that of rural finance.
4. Graduates shall master the knowledge of laws and regulations relevant to economy and finance.
5. Graduates shall master basic knowledge and operation process of accounting and financial analysis.
6. Graduates shall master basic knowledge and operation process of bank accounting.
7. Graduates shall master basic knowledge, rules and operation process of comprehensive bank counter business.
8. Graduates shall master basic knowledge, operation process, skills and methods of small and micro loan businesses.
9. Graduates shall master basic knowledge, business rules, skills and methods of personal financial services.
10. Graduates shall master basic knowledge and businesses of Internet finance.
11. Graduates shall master basic knowledge, skills and methods of financial products marketing.
12. Graduates shall master basic norms and specific requirements of financial services etiquettes.
13. Graduates shall master basic knowledge and methods of risks and compliance management of rural finance.
14. Graduates shall master adequate English for business practices.
15. Graduates shall master basic knowledge and skills of computer application, Internet, and big data analysis skills.
16. Graduates shall master basic knowledge of concepts, features and types of entrepreneurship, and understand the quality requirements of innovative talents.
17. Graduates shall master specialty knowledge of opportunities seeking and evaluation, business environment analysis, team building, channels and ways of financing, business plan writing and others for entrepreneurship.

(iii) Competences

1. Graduates shall possess good oral and written skills, be able to communicate effectively with clients and provide professional consulting services.

2. Graduates shall master the etiquette norms of financial practitioners, and be able to carry out services in accordance with the needs of financial business.
3. Graduates shall accurately and quickly count money with hands and machines, accurately identify counterfeit bank notes and screen worn banknotes, be skilled in invoice entry through digital key board and input information by using the five stroke input method.
4. Graduates shall be skilled in comprehensive counter businesses and services in banks, independently engaging small and micro loan businesses, professionally carrying out bank products marketing, and developing and maintaining customer relationship.
5. Graduates shall master the professional skills of personal financial services, be able to develop financial plans, and possess the skills of financial products sales and capabilities of carrying out customer service.
6. Graduates shall have good abilities in applying information technology required by this specialty, so as to proficiently use office software to process data, and to make use of modern information technology to retrieve, analyze and apply information.

VII. Curriculum and Class Hour Schedule

(i) Curriculum

Curriculum shall include public basic courses and specialty courses, meet the requirements of relevant documents issued and implemented by the Party and Educational Administration Department of the nation.
1. Public Basic Courses. Major teaching contents shall include the ideological and political theory, ideological and moral cultivation and the basics of laws, Chinese excellent traditional culture, college English, physical education, military science, employment guidance for undergraduates, guidance for innovation and entrepreneurship, economic mathematics, basic computer science and other courses relevant to culture, career, physics and mind.
2. Specialty Courses. Specialty courses shall include professional foundation courses, core courses, extended courses, and relevant practical teaching and training courses.
(1) Professional foundation courses shall generally be made up of 6 to 8 courses. Their main contents shall cover economics foundation, finance foundation, Internet finance foundation, economy of agriculture, rural areas and farmers, accounting foundation, bank professional skills foundation, anti-counterfeiting monetary technology, etc.
(2) Professional core courses shall generally be made up of 6 to 8 courses. The main

contents shall cover rural financial foundation, micro-credit practice, financial accounting, bank accounting practice, commercial bank comprehensive counter business, personal wealth management, financial service marketing, financial service etiquette, etc.

(3) Professional extended courses shall generally be made up of 6 to 8 courses. The main contents shall include risks and compliance of rural finance, commercial bank outlet management, securities investment practice, insurance theory and practice, financial data statistical analysis, bank counter English, work place communication, international settlement operation, etc.

3. Titles of Core Courses and Main Teaching Contents.

Number	Titles of Core Courses	Main Teaching Contents
1	Basic Rural Finance	Rural financial reform and development; rural credit cooperatives, Agricultural Bank of China, China Postal Savings Bank, Agricultural Development Bank of China and other traditional rural financial institutions and services; new rural financial institutions and services such as village banks, rural mutual funds cooperatives, loan companies; agricultural insurance; agricultural products futures; rural pawn and lease services; rural credit guarantee; informal rural finance
2	Micro-credit Practice	Concepts, classifications, developmental history, basic principles and success factors, etc. of micro-credits; business regulations, basic processes, policies and systems, positions requirements, etc. of micro-credits; technical analysis of micro-credits; practice of small and microloans; practice of industrial and commercial household loans; practice of farmers' loans; management and performance evaluation of micro-credits
3	Financial Accounting	Accounting of monetary funds, accounts receivables, inventory, construction in progress and fixed assets, investments, intangible assets and other assets, current liabilities, non-current liabilities, owner's equity, income and expense, profit, and preparation for financial accounting reports
4	Bank Accounting Practice	Basic accounting of bank accounts; knowledge and operations related to organizational deposit, credit, payment and settlement business, capital liquidation and transaction between financial institutions, annual final accounts preparation and final accounts day work; and comprehensive operations of bank accounting
5	Commercial Bank Comprehensive Counter Business	Basic professional competence training of bank tellers; knowledge and operations related to personal deposit, loan, settlement, foreign exchange, agents; response to counter emergencies; regulations of electronic banking business; comprehensive financial skills operation
6	Personal Wealth Management	Basic knowledge of personal wealth management; comprehensive analysis of customers' financial status, risk characteristics and financial planning needs; education and pension planning; cash and consumption planning; personal risk management and insurance planning; investment planning of stocks, bonds, funds, foreign exchange, gold, etc.; personal tax planning; comprehensive financial planning
7	Financial Services Marketing	Knowledge of financial services and experience financial service marketing; professional qualities, behavior standards, professional ethics and team building of financial service marketers; financial services marketing strategies; financial market research and marketing environment analysis; target market selection and position of financial service marketing; target market entry of financial services marketing; evaluation of quality in financial service and maintenance of customer relationship; service marketing training for customer managers of banks, securities, insurance and other institutions

continued

Number	Titles of Core Courses	Main Teaching Contents
8	Financial Services Etiquettes	Introduction to financial service consciousness and etiquette accomplishment; employee etiquettes in terms of appearance, manner, language, and daily communication in financial sector; official, post, marketing, foreign-related service etiquette in financial sector

4. Practical Teaching. This part shall be mainly comprised of practical training, cognitive practice internship, identifying internship, graduation project and others. The practical training shall be mainly based on related specialty courses and can be carried out in laboratories and training bases on the campus. The main contents of practical training shall include professional skills such as "five stroke input method" for Chinese characters, voucher input, counting money, identifying counterfeiting currency, and practical training of accounting, bank counter business, bank loan, financial service etiquette and financial product marketing, over-the-counter service oral English, etc. Cognitive practice shall be arranged in semester 1 or 2, following internship in semester 3 or 4, and post internship in semester 5 or 6. Internship shall be mainly carried out in the practice bases jointly built by enterprises of relevant industries. The specialty shall formulate relevant internship management regulations and strictly enforce them. Cognitive practice shall focus on the understanding of work; following internship shall focus on letting students understand specific positions; internship shall focus on making students competent for positions. Graduation project shall be completed in the sixth semester. It shall go through topic selection and research practice relevant to professional fields or post to improve students' abilities of data retrieval, problem-raising, problem-analysis, problem-solving and research paper-writing.

The specialty shall integrate vocational qualities and innovative entrepreneurship education into professional teaching and practical teaching so as to cultivate students' professional qualities and innovative and entrepreneurial abilities. The specialty shall also organize and encourage students to carry out moral education activities, volunteer activities or other practical activities according to needs.

(ii) Class Hour Schedule

Total class hours shall be 2 500 to 2 800 periods, in which the class hours of public basic courses shall be no less than 25% of the total and time used for the practical training shall in principle constitute more than 50% of the class hours. The accumulative time for following internship and post internship shall be around 6 months, consecutively or through several phases. Except for compulsory courses specified by the government, the nature of other courses shall be determined by the college. The class hours for selective courses shall take up at least 10% of the total.

VIII. Basic Teaching Conditions

(i) Teachers

1. Structure of Teachers. The specialty shall build a teaching team of "integration of full time and part time", with the ratio of student to full-time professional teacher no more than 25 : 1. Teachers with double professional qualifications shall add up to more than 60% of all professional teachers. And the specialty shall have scientific and good composition of teachers in terms of age, specialty, degree, professional title, etc.
2. Full-time Teachers. Full-time teachers shall be all in possession of college teachers' qualification, with good ethics, in full compliance with the laws and disciplines, with solid professional knowledge and commitment to their career. In principle, they shall all have been educated in the specialties of economics, finance and the related, with master or higher level of degrees and work experiences or practice experiences related to finance, which ensure them more solid professional theories and better practical teaching abilities as well as more abilities in teaching and conducting scientific research. And they shall have at least six months' experience aggregately working in firms in every five years.
3. In principle, the leader of the specialty shall have deputy senior professional title or above, be familiar with the trend of the specialty and its foreground of talents cultivation, be able to well grasp the actual demands for professional talents in the development of firms in related industries, be able to scientifically indentify the training objectives and develop the training programs for the profession, organize the training of management professionals, and possess strong professional research and professional construction capabilities.
4. Part-time Teachers. Part-time teachers shall be mostly first-line business experts and low level of business managers from relevant firms in the industry. They shall possess good ideological and political qualities, professional ethics, professional accomplishments and professional competences, certain educational and teaching abilities and five-year or more working experiences in firms in the industry, and be able to undertake the guide of teaching and practical training of relevant courses.

(ii) Teaching Facilities

The specialty shall be in possession of the conditions of theoretical and practical teaching, a good network teaching environment and modern teaching aids, and well-functioned practical training laboratories within the college and sufficient off-campus practical training bases. The teaching facilities shall mainly include multimedia classrooms, practical training laboratories within the college, off-campus practical training bases, etc.

1. Requirements for Multimedia Classrooms. The multimedia classrooms, with adequate electric power, lights, air conditioning and security precautions, shall be equipped with regular hardware and software such as desks and chairs, a blackboard, a computer, a projector, amplification equipment, a network interface or network environment. The classrooms shall meet the needs of online and offline multi-mode teaching.

2. Requirements for Practical Training Laboratories within the College. Practical training laboratories within the college shall be in possession of worksite atmospheres and enough training working positions. The laboratories shall also possess professional training computer terminals, practical training software operating system, financial vocational skills training and professional training equipment and materials. The practical training laboratories shall mainly meet the training needs of financial vocational skills training, bank comprehensive counter business processing, small and micro loan business processing, financial product marketing training, financial service etiquettes training and so on.

(1) The laboratory for financial vocational practical skills training shall be equipped with a server, network equipment, multimedia teaching equipment, a whiteboard, banknote counters, counter-counting machines, counterfeit currency identification equipment, major currency samples all over the world, calculators, banknote counting exercise coupons, exercises of vouchers, characters, currency counterfeiting exercises and training operation software system and 1 computer/person. The laboratory shall support the teaching and training of financial vocational skills courses such as Chinese input, vouchers input, banknote counting and anti-counterfeiting monetary technology.

(2) The laboratory for bank comprehensive counter business practical skills training shall be equipped with a server, network equipment, multimedia teaching equipment, a whiteboard, voucher binding equipment, password machines, card swipe devices, scanners, fingerprint devices, interest rate cards, high cabinets, low cabinets and other bank outlet environment layout, a bank comprehensive counter business operation software system, banking seals, bank simulated business vouchers, 1computer/person. The laboratory shall support the teaching and practical training of commercial bank comprehensive counter business, bank accounting practice, financial service etiquettes and other courses.

(3) The laboratory for financial customer manager business practical skills training shall be equipped with a server, network equipment, multimedia teaching equipment, a whiteboard, commercial bank credit business software, financial business software, securities business software and 1 computer/person. The laboratory shall support the teaching and practical training of micro-credit practice, personal wealth management, securities investment practice, financial services marketing and other courses.

3. Requirements for Off-campus Practical Training Bases. Off-campus practical training bases shall be jointly built by cooperation with various small and medium-sized financial institutions and other enterprises corresponding to the training objectives of specialty talents. The regions of off-campus practical training bases shall give priority to the distribution of students' places of origin or habitual residence. The number of bases shall be in line with the number of students of their own specialty. The bases shall be able to provide position for students' internship to meet the needs of specialty students in cognitive practice, following internship and post internship, and be able to provide guidance for students on internship by enterprise tutors.

(iii) Teaching Resource

In order to satisfy the students' demands for the learning of their specialty, and the teachers' demand for teaching and research, the specialty shall have in stock a lot of teaching materials, books, research literature and various digital resources.

1. Requirements on the Choice of Teaching Materials. According to the related state regulations, the specialty shall carefully select the high quality textbooks through standardized procedures, give priority to the planned textbooks of higher vocational education, and encourage the selection of college-based textbooks for specialty with unique features.

2. Requirements on Books and Other Research Literature. The specialty shall periodically purchase and update paper-based books and research literature related to humanistic quality education, professional teaching and scientific research, vocational qualification certification and professional literacy. All these shall be easily accessible to the teachers and students, so as to meet the demands of talents training, specialty construction, teaching and scientific research, and to ensure the abilities of students and teachers.

3. Requirements on Digitalized Resources. The specialty shall have relevant specialty digital resources, such as electronic books, electronic journal databases, digital teaching materials, teaching courseware, digital teaching case bases, audio and video teaching materials, virtual simulation software, chart voucher banks, vocational certificate training package and so on.The specialty shall have online course resources conditions to utilize national senior vocational finance teaching resource banks and national excellent resources sharing courses. The specialty shall encourage the development of online teaching platform for other professional courses.

IX. Quality Guarantee

(i) Establishment of a Quality Monitoring Mechanism to Supervise the Specialty

Construction and Teaching Process. The specialty shall develop scientific training programs for professional talents, syllabus for core courses of specialty, assessment standards for financial vocational skills, and establish a quality monitoring and management system for the teaching. The specialty shall have comprehensive quality standards for classroom teaching, teaching evaluation, internship and practical training, graduation project, specialty research, talents training program and resources banks. By means of teaching implementation, process monitoring, quality evaluation and continuous improvement of such, the objectives of talents training in the specialty shall beachieved.

(ii) Improvement of Daily Teaching Management Mechanism. The specialty shall improve the organization and operation of daily teaching affairs, establish monitoring and management mechanism at levels of college and faculty. The specialty shall establish a mechanism, such as teaching inspection, touring classes, visiting classes, evaluating teaching and learning, to ensure strict discipline of teaching and lecture participation. The specialty shall regularly review and improve the curriculum construction, teaching methods and teaching quality to guarantee teaching quality.

(iii) Establishment of a Tracking and Feedback Mechanism and a Social Evaluation Mechanism for Graduates. The specialty shall entrust the third party to conduct annual graduate survey to understand the employment status, employment positions, salary levels and employment satisfaction of graduates, to know the evaluation and suggestions of employer on graduates' vocational abilities, to acquire the professional knowledge, post abilities and professional quality of employers' vocational positions and to evaluate the quality of talents training and the achievement of training objectives.

(iv) Continuous Boost of Specialty Construction and Improvement of Talents Training Quality. Professional teaching and research departments shall scientifically identify, select and analyze the qualities of talent training according to the feedback of graduates and the social evaluation of third parties. In view of the problems existing in the process of personnel training, such as talent training program, class teaching, practical training and so on, effective improvement measures shall be developed to continuously strengthen specialty construction, so as to promote the continuous improvement of talents training quality.

Teaching Standards for the Specialty of Insurance

I. Specialty Title (Specialty Code)

Insurance (630205)

II. Admission Requirements

Applicants shall be graduates from regular senior high schools, secondary vocational schools or with similar educational background.

III. BasicSchooling Duration

3 academic years

IV. Career Orientation

Specialty Category (Code)	Profession (Code)	Corresponding Industries (Code)	Major Occupational Categories (Code)	Examples of Major Job Categories (Technical Areas)	Examples of Vocational Qualification Certificates (Vocational Skill Level)
Major Categories of Economics, Finance, Business and Trade (63)	Finance (6302)	Insurance Industry (68)	Insurance Agent (4-05-04-01) Preservation Business Commissioner (4-05-04-02) Insurance Underwriting Professionals (2-06-10-02) Insurance Claim Settlement Professionals (2-06-10-03) Professionals of Insurance Fund Operation (2-06-10-04)	Marketing Underwriting Claim Settlement Customer Service Low-level Management Vocational Training Insurance Intermediary Companies Business Financial Planning Consultation	China Personal Insurance Planner Financial Planner China Life Insurance Manager China Staff Welfare Planner China Personal Life Insurance Planner Life Insurance Planner of Bank of China

Notes: Insurance involves all relevant jobs in the insurance industry.

V. Educational Objectives

The specialty shall cultivate high-quality technical and skilled talents upholding the basic line of the CPC and adapting to the regional economic construction and meeting the needs of social development. The graduates are intended for insurance companies, insurance intermediaries, commercial banks, investment service companies and other low-level positions of business and management. They shall boast honesty, cooperation spirit, dedication, innovation and entrepreneurship. With a good mastery of knowledge on insurance, economics, finance, security investment, personal wealth management planning, innovation and entrepreneurship, the graduates shall have abilities in comprehensive insurance business management, insurance product marketing, insurance loss assessment and claim settlement as well as wealth management and planning of insurance. With these abilities, they shall be able to work in such fields like comprehensive insurance business, risk management, insurance wealth management consultant. They shall have comprehensive development of morality, intelligence, physique and beauty toget strong abilities of sustainable development.

VI. Educational Specifications

Graduates of this specialty shall meet the following requirements in terms of quality, knowledge and abilities.

(i) Qualities

1. Graduates shall strongly support the leadership of the Communist Party of China, establish an ideal of helping build socialism with Chinese characteristics, and practice the core values of socialism with a deep sense of patriotism and Chinese national pride.
2. Graduates shall uphold the Constitution, abide by laws and observe regulations and disciplines.
3. Graduates shall abide by and perform moral guidelines and codes of conduct with senses of social responsibilities and consciousness of social participation.
4. Graduates shall have the qualities of honesty, faithfulness and dedication to work guided by good virtues as well as the craftsmanship of excellence. Graduates shall have awareness of quality, green environment protection, security as well as information literacy and innovative mind-set.
5. Graduates shall have awareness of career planning, and lifelong learning awareness and abilities.

6. Graduates shall have the strong collective senses and teamwork spirits, good behaviors and strong self-management abilities.
7. Graduates shall feature physical and mental health, wholesome personalities and well-developed habits for physical exercise and personal hygiene.
8. Graduates shall be information literate, have the abilities of aesthetic appreciation, and possess good humanistic qualities.

(ii) Knowledge

1. Graduates shall master necessary theories of ideology and politics and basic knowledge of science and culture.
2. Graduates shall well understand laws and regulations related to the specialty and knowledge of environment protection and safety.
3. Graduates shall master the basic knowledge of risk management and business operation process.
4. Graduates shall master the basic knowledge, laws and regulations of insurance. They shall well understand the insurance contract signing, its performance and the settlement of disputes.
5. Graduates shall master the basic knowledge, business regulations and operation of exhibition, underwriting, claim settlement, and preservative businessin insurance companies.
6. Graduates shall know well the customers' basic requirements and master the basic knowledge and skills of insurance marketing.
7. Graduates shall master the basic knowledge, business regulations and operation process of insurance agents, insurance brokerages and insurance adjustment.
8. Graduates shall know well the basic knowledge, business regulations and operation process of investment and wealth management business.
9. Graduates shall master the business regulations and operation process of the Internet insurance business.
10. Graduates shall know the quality requirements of innovative talents, and the concepts, elements and characteristics of entrepreneurship.
11. Graduates shall know well the definition, type and process of innovative mind-set and entrepreneurship.
12. Graduates shall have the knowledge of how to capture and evaluate opportunities, the analysis of environment, establishment of teams, channels and methods of financing and business plan writing and others in entrepreneurship.

(iii) Competences

1. Graduates shall have good abilities in communication, expression and teamwork.
2. Graduates shall have certain abilities in application and maintenance of information technology.
3. Graduates shall have the abilities in business like exhibition, underwriting, claim settlement and preservation business commissioner, etc.
4. Graduates shall apply basic knowledge and skills of insurance marketing to market surveys, to analyzing the channels of insurance marketing, to designing the plans of insurance marketing and to selling insurance products.
5. Graduates shall use basic knowledge of personal insurance and operation process of life insurance, personal accident insurance, health insurance and other major insurances in order to carry out personal insurance marketing, underwriting, claim settlement and customer service, etc.
6. Graduates shall have the abilities in risk assessment and to provide reasonable advice on property insurance of disaster or loss prevention for all types of businesses and not-for-profit organizations.
7. Graduates shall have the abilities to apply the basic knowledge and skills of insurance intermediary business to managing intermediary business like insurance agents, insurance brokerages and insurance adjustment.
8. Graduates shall have the abilities in insurance consultant and wealth management planning.
9. Graduates shall have the abilities in operation of the Internet insurance business.
10. Graduates shall have the abilities to apply laws and regulations of insurance to dealing with simple cases involving insurance disputes.
11. Graduates shall have the abilities to train professionals of insurance marketingso as to improve their professional service.
12. Graduates shall have the abilities to apply economic and financial knowledge to analyzing the dynamics of insurance market and industry.

VII. Curriculum and Class Hour Schedule

(i) Curriculum

Curriculum shall include public basic courses and specialty courses.

1. Public Basic Courses. According to relevant documents issued and implemented by the Party and the Government, an ideological and political theory, Chinese excellent traditional culture, physical education, military science, career development and employment guidance

for undergraduates, mental health education shall be listed as public basic compulsory courses. Marxist theory, Party's history and national history, college Chinese, IT, advanced mathematics, public foreign language, education of innovation and entrepreneurship, health education, aesthetic education and professionalism for financial careershall belisted as compulsory courses or optional courses.

2. Specialty Courses. Specialty courses shall include professional foundation courses, core courses, extended courses, and relevant practical teaching and training courses.

(1) Professional Foundation Courses. Seven professional foundation courses offered shall include Basics of Economics, Basics of Modern Finance, Basic Accounting, Internet Finance, Personal Wealth Management, Basics of Risk Management and Marketing Skills, etc.

(2) Professional Core Courses. Seven professional core courses offered shall be Theory and Practice of Insurance, Practice of Property Insurance, Practice of Personal Insurance, Insurance Intermediary, Loss Determination and Claim Settlement of Automobile Insurance and Laws and Regulations of Insurance, etc.

(3) Professional Extended Courses. They shall include Social Insurance, Insurance Professionalism, Customer Service and Management, Research and Analysis of Insurance Market, Statistics and Accounting of Insurance, Health Management, Insurance English, Comprehensive Insurance Skills, Consumer Psychology as well as Theory and Practice of Entrepreneurship and Investment, etc.

3. Titles of Core Courses and Main Teaching Contents.

Number	Titles of Core Courses	Main Teaching Contents
1	Theory and Practice of Insurance	Basic principles of insurance; major insurance products, including property insurance, personal insurance, liabilities insurance, credit insurance and other insurances; insurance market, operation and management of insurance business, insurance supervision, etc
2	Practice of Property Insurance	The basic knowledge of property insurance and the operational process of its major insurance types. The basic principles and operating principles of property insurance; its premium rates and reimbursement of property insurance; exhibition, underwriting, claim settlement, preservation business commission and other business operations of property insurance
3	Practice of Personal Insurance	Basic knowledge of personal insurance, and operational process of life insurance, personal accident insurance, health insurance and other main insurances. The basic principles of personal insurance; categories and terms of personal insurance products; wealth management on personal insurance; personal insurance marketing, underwriting, claim settlement, customer service and other business operations
4	Insurance Intermediary	Basic theory of insurance intermediary; the basic principle and business operation rules of insurance agency, insurance broker and insurance adjustment; the supervision and management of insurance intermediary

continued

Number	Titles of Core Courses	Main Teaching Contents
5	Loss Determination and Claim Settlement of Automobile Insurance	Professional knowledge and skills which are necessary for loss determination and claim settlement of automobile insurance; Automobile insurance clauses, survey technology for automobile insurance, automobile damage assessment, personal injury assessment andrelevant knowledge of survey and assessment of expenses
6	Laws and Regulations of Insurance	Various laws and regulations of the insurance industry, various regulations and managerial methods promulgated by the insurance supervision and administration institutions, relevant laws and regulations on the use of funds and its relevant industry standards, etc

4. Practical Teaching. This part shall be mainly comprised of practical training, internship, graduation project and social practice and others. The practical training shall be carried out in laboratories on the campus and training bases outside the college. Organized by the specialty, social practice, post internship and following internship shall be arranged in training bases of insurance institutions established jointly by the specialty and enterprises. The main contents of practical training and internship shall include cognitive practice in insurance industry, comprehensive insurance business, insurance product marketing, insurance and financial management planning, practices for the examinations of vocational certificates and innovation and entrepreneurship in insurance industry; low-level business of insurance industry and following internship and post internship in management position. The specialty shall emphasize a lot the integration of theoretical study and skill practice. Cognitive practice shall be scheduled in semester 1 or 2, following internship in semester 3 or 4, and post internship in semester 5 or 6. Such training and practice shall be implemented in strict accordance with the “Regulations on Student Internship Management in Vocational Schools”. Post internshipshall be implemented in accordance with the “Standards of Post Internship of Insurance Specialty in Higher Vocational Schools”.

5. Other Requirements. The specialty, by taking the actual requirements of the society on college graduates, shall offer many selective courses, extended courses or seminars (other activities) in the fields of social responsibility, safety education, energy conservation and emission reduction, green development and environmental protection, management and other selective courses in humanities and for the improvement of scientific literacy, the related contents of which shall also be integrated into the specialty courses.The specialty shall also integrate innovation and entrepreneurship education into specialty courses and the related training of practical skills. The specialty shall also open some college-based other specialty courses, organize various activities for moral education, and encourage students to participate in voluntary activities as well as other social practical activities.

(ii) Class Hour Schedule

Total class hours shall be 2 600 to 2 700 periods; every 18 class hours shall be converted into 1 credit. The class hours of public basic courses shall be required to be no less than 25% of the total. Time used for the practical training shall constitute more than 50% of class hours, in which the accumulative time for post internship shall be up to 6 months, consecutively or through several phases. The class hours for selective courses shall take up at least 10% of the total.

VIII. Basic Teaching Conditions

(i) Teachers

1. Structure of Teachers. The ratio of student to full-time professional teacher shall be no more than 25 : 1. Teachers with double professional qualifications shall be no less than 60% of all professional teachers. And the specialty shall have good composition of teachers in terms of professional titles, age structure, etc.
2. Full-time teachers in the specialty shall be all in possession of college teachers' qualifications, with good ethics, commitment to their careers, and in full compliance with the laws and disciplines. They shall have all been educated in the specialties of finance, insurance and the related, with bachelors or higher level of degrees, which ensure them a solid theoretical foundation and strong practical abilities in insurance. They shall be all qualified to teach by means of information technology, and to conduct curriculum and teaching reforms and scientific researches. And they shall be required to have at least six months' experience aggregately working in firms in every five years.
3. In principle, the leader of a specialty shall have deputy senior professional title or above, be able to grasp well the industrial and professional trend in domestic and international environments, and have close communications with the industry and enterprises, so as to understand the demand of the society for the talents in the specialty of insurance. They shall have strong competence in teaching design and doing researches in this field, and therefore enjoy some influence in the local region and related fields of study.
4. Part-time teachers shall be mostly from firms in the insurance industry. They shall be all with good ideological, political quality, professional ethics and craftsmanship. They shall have a solid foundation of knowledge on insurance, and boast career quality, professional competence and rich practical experience. They shall be all able to teach the specialty courses, instruct in practical training sessions, guide the internship and conduct other teaching tasks for the specialty.

(ii) Teaching Facilities

The teaching facilities shall be the necessary specialty classrooms for usual curriculum teaching and internship, practical training laboratories within the college, off-campus practical training bases and information-based teaching facilities.

1. Basic Conditions for Specialty Classrooms. The specialty classrooms, with adequate electric power, lights and security precautions, shall be equipped with desks and chairs, blackboard, multimedia teaching equipment, internet interface and network security protection system. The classrooms shall be big enough to accommodate all the students for the lectures. The classrooms shall be equipped with emergency lighting facilities, which are in good condition and reach the requirement for emergency evacuation. Emergency labels shall be easily to find and the escape ways shall be kept clear.

2. Requirements for Practical Training Laboratories within the College. The specialty shall have practical training laboratories within the college for usual curriculum teaching and practical training. These laboratories shall be equipped with software of insurance teaching in order to meet the requirements of teaching and practical training, which enable students to work in insurance industry.

(1) The laboratory for property insurance business practical skills training shall be equipped with a server, a projector, a whiteboard, 1 computer/person, full Wi-Fi coverage as well as teaching software such as those of simulative property insurance and the operation of a complete business process. The laboratory shall be used for the teaching and practical training of theory and practice of insurance, practice of property insurance, insurance intermediary, loss determination and claim settlement of automobile insurance and other courses.

(2) The laboratory for personal insurance business practical skills training shall be equipped with a server, a projector, a whiteboard, 1 computer/person, full Wi-Fi coverage as well as teaching software like all kinds of simulative personal insurance, like life insurance, personal accident insurance, health insurance and other insurances, and the operation of a complete business process. The laboratory shall beused for the teaching and practical training of theory and practice of insurance, practice of personal insurance, insurance intermediary, health management, social insurance and other courses.

(3) The laboratory for comprehensive insurance skills training shall be equipped with a server, a projector, a whiteboard, 1 computer/person, full Wi-Fi coverage as well as teaching software of simulative insurance business. The laboratory shall beused for the teaching and practical training of comprehensive insurance skills, risk management, insurance statistic and accounting, research and analysis of insurance market, insurance English and other courses.

(4) The laboratory for extended practical and professional skills training of insurance shall be equipped with a server, a projector, a whiteboard, 1 computer/person, full Wi-Fi coverage as well as one set of integrated audiovisual equipment and one set of movable desks and chairs. The laboratory shall be used for the teaching and practical training of insurance marketing, customer service and management, insurance professionalism and consumer psychology.

3. Requirements for Off-campus Practical Training Bases. Cooperation between insurance companies and colleges shall be actively implemented. The specialty shall establish off-campus practical training bases in various types of commercial insurance companies, insurance intermediaries, commercial banks and other financial enterprises. The practical training bases shall boast over complete facilities, provide adequate positions and offer designated experienced professionals to guide the students. They shall have comprehensive management regulations and mechanism. The specialty shall have more than three off-campus training bases that are in close cooperation with the specialty.

4. Requirements for Internship Bases. The internship bases shall be selected from various representative firms that are able to provide adequate internship positions of insurance underwriting, claim settlement and sales. They shall be able to designate appropriate experienced employees to guide and manage the students. These bases shall be safe and insured and instituted with rules and regulations to guarantee the daily work, studies and lives of the interns.

5. Requirements for Information-based Teaching. Implementation of construction standards of digital campus in vocational colleges shall be promoted. Network teaching platform shall be constructed. The specialty shall have a certain amount of multimedia materials (such as graphics/images, audio materials, video materials, and animation), question banks, cases and so on, which are all related to the relevant major. The specialty shall carry out teaching activities by means of modern information technology and implement the function of teaching interaction with students. The specialtyalso shall guide and encourage the teachers to develop and utilize information-based teaching resources, platforms, innovative teaching methods so as to improve the effectiveness of teaching activities.

(iii) Teaching Resources

In order to satisfy the students' demands for the learning of their specialty, and the teachers' demands for teaching and research, the specialty shall have in stock a lot of teaching materials, books and various digital resources.

1. Requirements on the Choice of Teaching Materials. According to the related state regulations, the specialty shall carefully select high quality textbooks and other teaching

materials for the students. A panel of specialty teachers, professional experts and researchers shall be involved to the selection of these teaching resources. Complete teaching material selection regulations shall be established to find the optimal resources for the students. Cooperation with industry and enterprises shall be encouraged, in order to develop school-based textbooks for specialty courses with distinctive features.

2. Requirements on Books and Other Research Literature. The specialty shall have adequate books and research literature to meet the demands of talents training, specialty construction, teaching and scientific research. All these shall be easily accessible to the teachers and students. Such books and documents of the specialty shall be related to the theories, practical operation and industry standard in the field of insurance. Books and materials shall be updated according to new rules and regulations, new businesses, new products and new practices with the development of the insurance industry, so as to meet the teaching needs of teachers' teaching design, curriculum design, data query and students' learning and reading needs.

3. Requirements on Digitalized Resources. The specialty shall have relevant specialty literature, audio and video materials, digital teaching materials, supplementary materials, teaching courseware, case bases, practical training software, materials of policies and regulations as well as the employment and entrepreneurship information. They shall be in various forms, rich types, easily accessible, and updated regularly to meet the demand of teaching.

IX. Quality Guarantee

(i) The specialty shall establish a quality monitoring mechanism to supervise the specialty construction and teaching process, and a quality monitoring and management system for the teaching. The specialty shall establish comprehensive quality standards for classroom teaching, teaching evaluations, internship and practical training, graduation projects, specialty researches, talents training programs and resources banks. By means of teaching implementation, process monitoring, quality evaluation and continuous improvement of such, the quality of talents training in the specialty shall be guaranteed.

(ii) The specialty shall institute comprehensive teaching management mechanism to improve the organization and operation of daily teaching affairs, to review and improve the curriculum construction and teaching quality regularly. The specialty shall establish a mechanism, such as touring classes, visiting classes, evaluating teaching and learning, to inspect the classroom teaching to ensure strict discipline of teaching and lecture participation, to strengthen the functions of teaching organization, to deliver open lectures and demonstration classes and other teaching and research activities regularly. Supervision system with the enterprise linkage for practical teaching shall be established.

(iii) The specialty shall establish a tracking and feedback mechanism and a social evaluation mechanism for the graduates so as to analyze the sources of students, their academic achievements, and the employment situations of the graduates in the hope of regularly evaluating the quality of talent training and the achievement of the educational objectives.

(iv) The specialty shall make full application of the above results of evaluation and analysis to effectively boost the specialty teaching. Meanwhile, the specialty shall design and implement measures for diagnosis and improvement to continuously enhance the quality of the talents training.

Teaching Standards for the Specialty of Investment and Financial Management

I. Specialty Title (Specialty Code)

Investment and Financial Management (630206)

II. Admission Requirements

Applicants shall be graduates from regular senior high schools, secondary vocational schools or with similar educational background.

III. Basic Schooling Duration

3 academic years

IV. Career Orientation

Professional Category (Code)	Profession (Code)	Corresponding Industries (Code)	Major Occupational Categories (Code)	Major Job Categories (Technical Areas)	Vocational Qualification Certificates (Vocational Skill Level)
Major Categories of Economics, Finance, Business and Trade (63)	Finance (6302)	Monetary and Financial Service (66)	Bank Savings Clerk (4-05-01-01)	Bank Teller	Professional Qualification Certificate for Banking Professional (Junior) Junior Accountant Qualification Certificate National Financial Planner Professional Qualification Certificate (Level 3)
			Other Banking Clerk (4-05-01-03)	Financial Specialist/ Account Manager	
			Bank Loan Officer (4-05-01-02)	Customer Credit Manager	
			Bank Credit Card Operator (4-05-01-04)	Credit Card Sales	

continued

Professional Category (Code)	Profession (Code)	Corresponding Industries (Code)	Major Occupational Categories (Code)	Major Job Categories (Technical Areas)	Vocational Qualification Certificates (Vocational Skill Level)
Major Categories of Economics, Finance, Business and Trade (63)	Finance (6302)	Capital Market Service (67)	Securities Trader (2-06-11-02)	Trader	Securities Professional Qualification Certificate (Junior) Qualification Certificate of Fund Practitioners (Junior) Qualification Certificate for Futures Practitioners (Junior) National Financial Planner Professional Qualification Certificate (Level 3)
			Securities Investment Adviser (2-06-11-03)	Financial Advisor/ Account Manager	
			Other Securities Professional (2-06-11)	Customer Manager	
		Insurance (68)	Insurance Salesman (2-06-10)	Insurance Agent	Certificate of Insurance Qualification of China
		Other Financial Sector (69)	Other Financial Service Personnel (2-06-99)	Financial Advisor / Financial Officer / Wealth Management / Investment Adviser	Professional Qualification Certificates for Banking Professionals (Junior) Securities Professional Qualification Certificate (Junior) National Financial Planner Professional Qualification Certificate (Level 3) Qualification Certificate of Fund Practitioner (Junior)

V. Educational Objectives

The specialty shall cultivate high-quality technical and skilled talents with stronger abilities of sustainable growth, innovation and entrepreneurship, who shall be comprehensive development in virtue, intelligence, fitness, aesthetics, and advocate the Party's basic line, make themselves be suitable for the requirements of regional economic construction and social development. They shall be able to work in functional departments, such as investment, finance, and accounting, in commercial banks, companies of securities, futures, services of investment, Internet-based finance, and other firms or not-for-profit organizations, engaging in basic businesses and managerial tasks. With the basic qualities like honesty, cooperation, commitment and engagement, innovation and entrepreneurship, they shall have enough knowledge of economics, finance, securities investment, personal financial planning, innovation and entrepreneurship, well master various skills in banking, financial investment, personal financial planning, Internet-based financial management, computer operation, counting and computer-based voucher, entrepreneurship. They shall be capable of analyzing and consulting in finance and investment, customer financial service, counter operation in financial institutions, marketing and promotion for financial products, enterprise capital operation and finance, etc.

VI. Educational Specifications

Graduates of this specialty shall meet the following requirements in terms of quality, knowledge and ability.

(i) Qualities

1. Graduates shall strongly support the leadership of the Communist Party of China, establish an ideal of socialism with Chinese characteristics, and practice the core values of socialism with a deep sense of patriotism and Chinese national pride.
2. Graduates shall uphold the Constitution, abide by laws and observe regulations and disciplines.
3. Graduates shall abide by and carry out moral guidelines and codes of conduct with senses of social responsibilities and consciousness of social participation.
4. Graduates shall have the qualities of honesty, faithfulness and dedication to work guided by virtue and beneficence as well as the craftsmanship of excellence.
5. Graduates shall have awareness of quality, security, career planning and innovative mind-set.
6. Graduates shall have strong senses of collectivism and teamwork spirits, good habits and strong self-management abilities.
7. Graduates shall feature physical and mental health, wholesome personalities and well-developed habits for physical exercise and personal hygiene.
8. Graduates shall be information literate, have the abilities of aesthetic appreciation, and possess good humanistic qualities.

(ii) Knowledge

1. Graduates shall master the basic knowledge, analytic techniques and operational processes

of modern investment such as securities investment, venture investment and physical investment.
2. Graduates shall master the basic theories of financial market, well know the operations and business contents of commercial banks and investment banks, thoroughly understand various counter businesses of the financial industry, and comprehend the businesses and operations of various financial intermediaries.
3. Graduates shall master the basic knowledge, business specifications and operation procedures of personal finance business.
4. Graduates shall master the basic knowledge and business standards of customer service in financial industry.
5. Graduates shall well understand the accounting standards and accounting system of enterprises, master the accounting methods and statistical techniques of modern firms, and be familiar with the basic knowledge of enterprise financial management and operation management.
6. Graduates shall master the necessary and practical knowledge of English and computer.
7. Graduates shall master the meaning, type and process of innovative mind-set and entrepreneurship.
8. Graduates shall master the relevant knowledge of seeking and evaluation of opportunities, analysis of environment, establishment of teams, financing channels and methods, and writing of business plans, including market evaluation, financing, process and risk management, etc. in entrepreneurship.

(iii) Competences

Graduates shall not only master the necessary basic theoretical and professional knowledge, but also focus on mastery of basic operational techniques in this practical professional career through innovation and reform of methods of teaching organization. They shall obtain relevant professional qualification certificates on securities investment, financial planning, anti-counterfeit-currency, Chinese input, counting techniques, and computer-based voucher, and can adapt themselves to the related positions and activities in the field of specialty, such as:
1. They shall have good abilities to conduct preliminary analysis of financial investment, and to provide services of investment and financial management to for-profit and not-for-profit organizations and residents.
2. They shall have good abilities to provide front-line comprehensive services for customers of financial institutions, and be capable of management of front-line financial business and market development.

3. They shall have good abilities to act as firms' accountants and conduct preliminary analysis of investment and finance.
4. They shall have middle level of abilities to read and translate professional English, and have preliminary skills of English listening, speaking and writing.
5. They shall have good abilities to apply computer to treat professional information and professional businesses.
6. They shall have good abilities to set the developmental directions (visions), objectives, and strategies, and design specific programs of implementation of innovation and entrepreneurship according to their own conditions and opportunities of economic development. They shall be capable of entrepreneurial planning and financial management; they shall be well know entrepreneurial process and relevant policies, and be able to effectively coordinate and communicate with relevant governmental departments and individuals.

VII. Curriculum and Class Hour Schedule

(i) Curriculum

Curriculum shall include public basic courses and specialty courses.
1. Public Basic Courses. According to relevant documents issued and implemented by the Party and the Government, the ideological and political theory, Chinese traditional culture, physical education, military science, career development and employment guidance for undergraduates, mental health education shall be listed as a public basic compulsory course. Marxist theory, the Party's history and national history, college Chinese language and literature, IT, advanced mathematics, public foreign language, education of innovation and entrepreneurship, health education, aesthetic education and professionalism for financial career shall be listed as compulsory courses or optional courses.
2. Specialty Courses. Specialty courses shall include professional foundation courses, core courses, extended courses.
(1) Professional Foundation Courses. There shall be seven professional foundation courses. Although the titles of them maybe different, the main teaching contents shall include Basics of Economics, Basics of Modern Finance, Basic Accounting, Financial Service Etiquette, Internet-based Finance, Risk Management, Marketing Skill, etc.
(2) Professional Core Courses. Seven professional core courses offered shall be Personal Finance, Securities Investment Practice, Comprehensive Counter Business of Commercial Bank, Insurance Theory and Practice, Investment Fund, Future and Financial Derivative,

Comprehensive Financial Skills, etc.

(3) Professional Extended Courses. There shall be two types of professional extended courses. The first type include the courses that can advance the in-depth development or cross-boundary development of talents in one field, including Financial Planning Scheme Design, Investment, Trust, Leasing, Corporate Finance (bilingual course), Financial Accounting, Venture Capital Theory and Practice, etc. The second include the examination guidance of professional qualification certification class exam coach, including the examination guidance of qualification certifications for securities practitioner, banking professional, fund practitioner, futures practitioner, etc. Professional extended courses shall also be adjusted according to the internal developmental structure of regional finance.

3. Titles of Core Courses and Main Teaching Contents.

Number	Titles of Core Course	Main Teaching Contents
1	Personal Finance	Training the basic skills of financial planner so that he/she can engage in related operations, such as financial calculation, customer communication, collecting customer information and providing services to financial customer Customer analysis, including analysis of needs of customer for finance, risk and financial management Life planning, including making reasonable education planning and pension planning for customers Cash and consumption planning, such as making relevant plans for customers' cash management, house and car purchase Insurance planning, to develop a more comprehensive portfolio of insurance product for customer based on their own risk situations Investment planning, developing a portfolio of investment tools with appropriate risk and return for clients based on their risk tolerance and preferences Leveraging various financial product designs comprehensively, and make a comprehensive and feasible family financial planning scheme for customers
2	Securities Investment Practice	Main types of securities investment, including basic concepts and characteristics; operation system of securities market, analysis of China's multi-level of securities market Downloading software of stock market analysis and trading Collecting data and analyze operational system of securities market; mastering the specific steps of process of securities issuance and underwriting; analyzing securities market circulation and trading processes Obtaining information from various financial and economic websites; evaluating the basic values of various investments and engaging in practical operation based on macro, meso and micro-levels of analysis Applying relevant methods of technical analysis to selecting investment varieties, and selecting more appropriate trading strategies and investment skills Operating securities network to well know securities companies that have opened "online stores" and their marketing and profit models

continued

Number	Titles of Core Course	Main Teaching Contents
3	Commercial Bank Integrated Counter Business	Cultivation of basic professional competences and qualities of bank tellers Knowledge and operational procedures related to personal deposit business; knowledge and operational procedures related to personal loan business; knowledge and operational procedures related to personal settlement business Knowledge and operational procedures related to personal agency and personal foreign exchange Responsiveness to counter emergency; electronic banking business specifications; comprehensive financial operation skills New Internet-based financial business (personal bank account, mobile payment, electronic seal, mobile bank, WeChat bank, etc.)
4	Investment Fund	Basic functions of fund software and online trading operations Arbitrage based on closed-end fund and automatic investment based on open-end fund, and well knowing the applicable situations of various trading methods Evaluating the investment value of a certain fund through fund company, investment structure, etc.; applying relevant methods of technical analysis to select and compare funds; being able to select trading strategies and investment techniques appropriately Operations related to the emerging Internet-based funds
5	Future and Derivative	Basic functions of futures software and online trading operations, being familiar with major futures trading varieties Hedging trading, speculation and arbitrage trading methods of futures, being familiar with the applicable situations of various trading methods Obtaining basic information from various financial and economic websites, and conducting fundamental analysis of futures and financial derivatives; being able to collect data and analyze operational systems of futures and derivatives markets; being able to judge the future fluctuations of prices through technical analysis of futures; being capable of employing relevant methods of technical analysis to select specific varieties and simulate investment; being able to applying futures trading strategies and investment techniques Analyzing the elements and prices of options, mastering the basic trading strategies of options, and analyzing the impact of price change of underlying asset on the profit and loss of options based on the diagram of profit and loss of options
6	Insurance Theory and Practice	Basic contents of insurance, being familiar with the insurance company's business development, proposal preparing, insurance application filling, approval and underwriting, contract signing, policy preservation and insurance claim settlement procedures Main insurance products, mastering property insurance, personal insurance, liability insurance, credit insurance, etc Insurance market and supervision, being able to understand insurance market, insurance business operation and management, insurance supervision, etc
7	Comprehensive Financial Skills	Obtaining information on stocks, funds, futures, foreign exchanges, gold and so on through various financial and economic websites Employing relevant software of market analysis Engaging in basic investment analysis and technical analysis of specific varieties Engaging in investment simulation of stocks, funds, futures, foreign exchanges and gold, etc

4. Practical Teaching. This part shall be mainly comprised of practical training, internship, social practice and graduation project and others. The practical training shall be carried out in laboratories on the campus and training bases outside the college, which shall be designed and evaluated mainly by the teachers. Social practice, post internship, following internship and cognitive practice shall be mainly carried out in the internship bases jointly built by the college and financial institutions. Internship shall mainly include cognitive practice, which requires students to have a preliminary understanding of the operational process of financial firms and others in industries of banking, securities, future, fund, Internet-based finance and so on, to have a preliminary knowledge for business capital management and capital operations, to have a preliminary understanding of the basic tasks of related work and positions in firms, focusing on understanding the basic requirements on qualities and abilities of positions or employees, so as to lay a foundation of professional course study in the future; During the following internship, interns shall be required to immerse themselves in related businesses and processes in financial institutions, other firms and not-for-profit organizations, such as banks, securities brokers, firms of futures, investment and Internet-based financial firms, based on their professional knowledge, conduct internships on relevant businesses and processes internships, so as to be familiar with, master and apply professional knowledge, and improve their comprehensive abilities. Off-campus on-the-job internship shall be designed to organize and assign students to conduct relevant professional practical internships in firms, so as to cultivate students' abilities to adapt themselves to the society and solve practical problems by comprehensively employing the theories they have learned.

Practical training and internship of skills shall be not only the practical teaching of skills, but also an important part of teaching of professional courses. The specialty shall therefore emphasize a lot the integration of theoretical study and skill practice. Cognitive practice internship shall be arranged in semester 1 or 2, following internship in semester 3 or 4, and post internship in semester 5 or 6. Such practical training and internship shall be implemented in strict accordance with the "Regulations on Student Internship Management in Vocational Schools", and post internship based on requirements of the "Higher Vocational School Insurance Professional Internship Standards" issued by the Ministry of Education.

5. Other Requirements. The specialty, by taking the actual requirements of the society on college graduates, shall offer many selective courses, extended courses or seminars (other activities) in the fields of social responsibility, safety education, energy conservation and emission reduction, green development and environmental protection, management and other selective courses for the improvement in humanities and scientific literacy, the related contents of which shall be integrated into the specialty courses. The specialty shall integrate

innovation and entrepreneurship education into specialty courses and the related training of practical skills. The specialty also shall open other college-based specialty courses, organize various activities for moral education, and encourage students to participate in voluntary activities as well as other social practical activities.

(ii) Class Hour Schedule

Total class hours shall be 2 600 to 2 700 periods; every 18 class hours shall be converted into 1 credit. The class hours of public basic courses shall be required to be no less than 25% of the total. Time used for the practical training shall constitute more than 50% of class hours, in which the accumulative time for post internship shall be up to 6 months, about 550 to 600 periods, consecutively or through several phases. The class hours for selective courses shall take up at least 10% of the total.

VIII. Basic Teaching Conditions

(i) Teachers

1. Structure of Teachers. The ratio of student to full-time professional teacher shall be no more than 25 ∶ 1. Teachers with double professional qualifications shall add up to be not less than 80% of all professional teachers. And the specialty shall have good composition of teachers in terms of professional titles, age structure etc.
2. Full-time teachers in the specialty shall be all in possession of college teachers' qualifications, with good ethics, commitment to their careers, and in full compliance with the laws and disciplines. They shall have all been educated in the specialties of finance, economics and the related, with bachelors or higher level of degrees, which ensure them a solid theoretical foundations and strong practical abilities in investment and financial management. They shall be all qualified to teach by means of information technology, and to conduct curriculum and teaching reforms and scientific researches. And they shall be required to have at least six months' experiences aggregately working in firms in every five years.
3. In principle, the leader of a specialty shall have deputy senior professional title or above, be able to grasp well the industrial and professional trend in domestic and international environments, and have close communications with the industry and enterprises, so as to understand the demands of the society for the talents in the specialty of financial management. They shall have strong competences in teaching design and do researches in this field, and therefore enjoy some influence in the local region and related fields of study.

4. Part-time teachers shall be mostly from firms in the industry. They shall be all with good ideological, political qualities and professional ethics, "Craftsman spirit", and rich practical experience and boast career qualities and professional competences. They shall all be able to teach the specialty courses, instruct in practical training sessions, guide the internship and conduct other teaching tasks for the specialty.

(ii) Teaching Facilities

Thc tcaching facilities shall be the necessary specialty classrooms, practical training laboratories and bases that are needed for usual curriculum teaching, internship, practical training, and that make information-based teaching possible.

1. Basic Conditions for Specialty Classrooms. Classroom area and seating shall meet the requirements of the number of students. Tables and chairs shall be equipped and placed to meet the requirements of various teaching modes. The classroom shall meet the requirements of power supply, lighting and safety, be equipped with writing boards, multimedia teaching equipment, as well as display equipment, audio equipment and switches required for teaching. Students shall be able to access to the Internet, so that they can query real-time information and conduct financial transactions, use query software, as well as real-time access to online teaching resources. Classroom shall be met the requirements of environmental protection and engineering quality and ensure the personal safety of students in class. Classroom shall be installed with emergency lighting devices, and keep in good conditions, meet the requirements of emergency evacuation, with obvious signs, and keep the escape passage unimpeded.

2. Requirements for Practical Training Laboratories within the College. The specialty shall establish professional training rooms within campus based on the requirements of "integration of theories and practices", be equipped with teaching software resources of investment and financial management, to meet the needs of students engaged in professional learning and practical training of related positions in firms.

(1) The 808 Practical Training Center of Financial Management shall be equipped with a server, a projector, an electronic touch screen (including whiteboard function), 1 computer/person, full Wi-Fi coverage, Tong Hua Shun simulation software, foreign exchange quotation software, software related to competitions in financial planning and investment skills, comprehensive training software in intelligent financial planning, etc. These facilities shall support the teaching and practical training of courses such as personal finance, securities investment practice, comprehensive financial management skills, investment funds, futures and financial derivatives, Internet-based finance, and financial planning scheme design. The training center also shall take into account the requirements

of financial consulting, financial planning scheme design and other businesses.

(2) The Securities Practical Training Center shall be equipped with a server, a projector, a whiteboard, 1 computer/person, full Wi-Fi coverage, Tong Hua Shun simulation software, software on quotation of foreign exchange, Guo Tai Jun An futures software, etc. These facilities shall support the teaching and practical training of courses such as personal finance, practices of securities investment, comprehensive skills of financial management, investment fund, futures and financial derivative, and examination guidance of future qualification certifications. The training center also shall meet the needs of investment and consulting of securities and futures and so on. It shall help students understand the development process of the futures industry and have a full understanding of risks.

(3) The Intelligent Investment Consulting Center (Investor Education Base) shall be equipped with a server, a projector, a whiteboard, 1 computer/person, full Wi-Fi coverage, Tong Hua Shun simulation software, quotation software of foreign exchange, software related to competitions in financial investment skills, comprehensive training software of intelligent financial management. These facilities shall support the teaching and practical training of courses such as personal finance, securities investment practice, comprehensive financial management skill, investment fund, future and financial derivative, Internet-based finance, investment, financial planning and program design. The practical training center also shall have the functions of simulating investment and financial management, understanding the development process of the securities industry, and shall be open to the public. It shall be an important place and network platform for education and services of investors, with functions such as knowledge popularization of securities and futures, risk warning, information service and so on.

3. Requirements for Off-campus Practical Training Bases. The number of off-campus practical training bases and the capacity of the number of interns shall have a reasonable proportion with the number of students to ensure that satisfies the needs of the off-campus practical training of students of different grades. The specialty shall actively integrate education with industries and firms that have the right professional orientations matched to the specialty, such as banks, firms of securities, futures, funds, insurance and other financial investment institutions. The specialty shall establish a close-relationship off-campus training bases. The practical training bases shall boast over complete facilities, provide adequate positions, and offer designated experienced professionals to guide the students and implement effective management with comprehensive regulations and rules. In addition, off-campus training bases shall be able to support industrial practices or on-the-job training for teachers. There shall be no less than 15 off-campus training bases for the specialty.

4. Requirements for Internship Bases. The number of internship bases shall have a reasonable proportion with the number of students, so as to ensure that students of different grades can meet the different needs of internship, such as cognitive internship, following internship and post internship. Internship bases shall be matched with the professional career orientation, including banks, firms of securities, futures, funds, insurance and other financial investment institutions; The internship bases shall be equipped with a 1 : 1 ratio of full-time teachers on campus and off-campus industrial experts as the teams of instructors. Meanwhile, these bases shall be safe and insured and instituted with rules and regulations to guarantee the daily works, studies and lives of the interns.

5. Requirements for Information-based Teaching. The specialty shall push to implement the construction standards of digital campus by establishing e-teaching platform, be equipped with enough related multimedia material (such as graphic/image, audio, video, and animation), question bank, case base, etc. The specialty shall be able to carry out the teaching by modern information technology, improve the teaching interactive functions between students and teachers. The specialty also shall guide and encourage teachers to develop and utilize information-based teaching resources, platforms, innovate teaching methods, and integrate teachings of online and offline so as to improve the effectiveness of teaching.

(iii) Teaching Resources

In order to satisfy the students' demands for learning their specialty, and the teachers' demands for their teaching and researches, the specialty shall have in stock a lot of teaching materials, books and various digital resources.

1. Requirements on the Choice of Teaching Materials. According to the related national and provincial regulations, the specialty shall carefully select high quality textbooks and other teaching materials for the students. A panel of specialty teachers, professional experts and researchers shall be involved to the selection of these teaching resources. Complete teaching material selection regulations shall be established to find the optimal resources for the students.

2. Requirements on Books and Other Research Literature. The specialty shall have adequate books and research literature to meet the demands of talents training, specialty construction, teaching and scientific research. All these shall be easily accessible to the teachers and students. Such books of the specialty shall be related to the theories of socialism with Chinese characteristics, philosophy, literature, art, religion, education and teaching methods. Books shall be related to banking, securities, future, fund, insurance, investment and financial management, as well as supporting books for various professional

qualification examinations, such as banking, securities, insurance and fund, etc. The database shall meet the teaching needs of teachers, such as teaching design, curriculum design, data query, and also shall meet needs of students, such as learning and reading. The library shall be equipped with the same manual and materials, or WeChat public account, for students to check at any time.

3. Requirements on Digitalized Resources. The specialty shall have relevant specialty literature, audio and video materials, digital teaching materials, supplementary materials, teaching courseware, case bases, practical training software, industrial policies and regulations materials, information of employment and entrepreneurship. They shall be in various forms, easily accessible, and updated regularly to meet the demands of teaching. The specialty shall integrate the teaching materials and project of competition and entrepreneurship, and guide students to leverage digital resources to foster their skills and richen their engineering experiences so as to improve their professional skills and abilities.

IX. Quality Guarantee

(i) The specialty shall establish a quality monitoring mechanism to supervise the specialty construction and teaching process, and a quality monitoring and management system for the teaching. The specialty shall establish comprehensive quality standards for classroom teaching, teaching evaluation, internship and practical training, graduation project, specialty research, talents training program and resources banks. By means of teaching implementation, process monitoring, quality evaluation and continuous improvement, the quality of talents training in the specialty shall be guaranteed.

(ii) The specialty shall institute comprehensive teaching management mechanism to improve the organization and operation of daily teaching affairs, to review and improve the curriculum construction and teaching quality regularly. The specialty shall establish a mechanism, such as touring classes, visiting classes, evaluating teaching and learning, to inspect the classroom teaching to ensure strict discipline of teaching and lecture participation, to strengthen the functions of teaching organization, to deliver open lectures and demonstration classes and other teaching and research activities regularly.

(iii) The specialty shall establish a tracking and feedback mechanism and a social evaluation mechanism for the graduates so as to analyze the sources of students, their academic achievements, and the employment situations of the graduates in the hope of regularly evaluating the qualities of talent training and the achievement of the educational objectives.

(iv) The specialty shall make full application of the results of above evaluation and analysis to effectively boost the specialty teaching. Meanwhile, the specialty shall design and implement measures for diagnosis and improvement to continuously enhance the qualities of talents training.

Teaching Standards for the Specialty of Accounting

I. Specialty Title (Specialty Code)

Accounting (630302)

II. Admission Requirements

Applicants shall be graduates from regular senior high schools, secondary vocational schools or with similar educational background.

III. Basic Schooling Duration

3 academic years

IV. Career Orientation

<table>
<tr><th>Specialty Category (Code)</th><th>Profession (Code)</th><th>Corresponding Industries (Code)</th><th>Major Occupational Categories (Code)</th><th>Examples of Major Job Categories (Technical Areas)</th><th>Examples of Vocational Qualification Certificates (Vocational Skill Level)</th></tr>
<tr><td rowspan="5">Major Categories of Economics, Finance, Business and Trade (63)</td><td rowspan="5">Financial Accounting (6303)</td><td rowspan="5">Accounting, Auditing and Taxation Service (7241)</td><td>Accounting Professional (2-06-03)</td><td rowspan="5">Accounting
Accountant Officer Audit Assistant
Bookkeeping Agency
Management Accounting
Accounting Supervision
Tax Administration
Bank Teller
Account Manager
Securities Broker</td><td rowspan="5">Junior Accountant
Junior Auditor
Junior Qualification in Banking
Securities Practice Qualification
Managerial Accountant</td></tr>
<tr><td>Auditing Professional (2-06-04)</td></tr>
<tr><td>Tax Professional (2-06-05)</td></tr>
<tr><td>Banking Professional (2-06-09)</td></tr>
<tr><td>Securities Professional (2-06-11)</td></tr>
</table>

V. Educational Objectives

This specialty shall cultivate high-quality technical and skilled talents with strong abilities of Internet application, innovation and entrepreneurship, sustainable development for front-line businesses and managerial positions in middle and small-sized firms, financial and accounting firms who are suitable for regional economic construction and social development while advocating the Party's basic line. They shall be comprehensive development in virtue, intelligence, fitness, aesthetics, and with fundamental qualities like honesty, cooperation, commitment, innovation and entrepreneurship. With a good mastery of professional knowledge, techniques and skills in financial management, tax, management accounting, financial management, audit, Internet technology, innovation and entrepreneurship, and abilities in business accounting, tax treatment, financial management, annual report audit, accounting information processing, entrepreneurship, they shall be able to work in cashier, integrated bank teller, accounting, audit assistant, bookkeeping agency.

VI. Educational Specifications

Graduates of this specialty shall meet the following requirements in terms of quality, knowledge and ability.

(i) Qualities

1. Graduates shall strongly support the leadership of the Communist Party of China, establish a common ideal of socialism with Chinese characteristics, and practice the core values of socialism with a deep sense of patriotism and Chinese national pride.
2. Graduates shall uphold the Constitution, abide by laws and observe regulations and disciplines.
3. Graduates shall abide by and perform moral guidelines and codes of conduct with senses of social responsibilities and consciousness of social participation.
4. Graduates shall have the qualities of honesty, faithfulness and dedication to work guided by good virtues as well as the craftsmanship of excellence.
5. Graduates shall have awareness of quality, security, career planning and innovative mind-set.
6. Graduates shall have strong collective senses and teamwork spirits, good behaviors and strong self-management abilities.
7. Graduates shall feature physical and mental health, wholesome personalities and well-developed habits for physical exercise and personal hygiene.

8. Graduates shall be information literate, have the ability of aesthetic appreciation, and possess good humanistic quality.

(ii) Knowledge

1. Graduates shall master necessary theories of ideology and politics and basic knowledge of science and culture.
2. Graduates shall well understand laws and regulations related to the specialty and knowledge of civilized production, green environmental protection, fire safety, innovation and entrepreneurship.
3. Graduates shall master the basics related to financial professional qualities in management, economics, statistics and finance, etc.
4. Graduates shall master the knowledge of business financial accounting, cost management, budget management, financial analysis, investment and financing management, operation management, performance management, internal control and risk prevention, etc.
5. Graduates shall have the knowledge of tax administration like tax-related business processing and tax planning, etc.
6. Graduates shall have the knowledge of Enterprise Resource Planning (ERP), financial system design, business-finance integration, financial shared services and management accounting, etc.

(iii) Competences

1. Graduates shall have good abilities in question-induced learning, lifelong learning, problem analysis and solving.
2. Graduates shall have good abilities in organization, coordination, management, communication, teamwork, oral language and word expression.
3. Graduates shall have computer processing abilities of words, spreadsheets and images and other application abilities in information technology necessary for the specialty.
4. Graduates shall have good abilities in self-management, adaptability and stress tolerance.
5. Graduates shall have good abilities in accounting, costing, cost analysis, cost control, cost-benefit assessment and financial analysis as well as decision-making.
6. Graduates shall have good abilities in budget management, operation management, investment and financing management and performance management.
7. Graduates shall have good abilities in tax-related business processing and tax planning.
8. Graduates shall have good abilities in business internal control and risk management.
9. Graduates shall have good abilities in business-finance integration and financial system

design.

10. Graduates shall have good abilities in data mining, data analysis and data application of financial information.

VII. Curriculum and Class Hour Schedule

(i) Curriculum

Curriculum shall include public basic courses and specialty courses.

1. Public Basic Courses. According to relevant documents made by the Party and the Government, ideological and political theory, Chinese excellent traditional culture, physical education, military science, career development and employment guidance for undergraduates, mental health education shall be listed as public basic compulsory courses. Marxist theory, the Party's history and National history, practical writing in finance and economics, IT, advanced mathematics, public foreign language, innovation and entrepreneurship education, health education, aesthetic education and professionalism for financial career shall be listed as compulsory courses or optional courses.

2. Specialty Courses. Specialty courses shall include professional foundation courses, core courses, extended courses with relevant practical teaching.

(1) Professional Foundation Courses. Five professional foundation courses offered shall include Basics of Management, Basics of Economics, Basics of Modern Finance, Basics of Economic Law, Basics of Statistics, etc.

(2) Professional Core Courses. Nine professional core courses offered shall be Basic Accounting, Accounting Informationization, Business Financial Accounting, Cost Accounting and Management, Basics of Taxation, Information Management on Enterprise Resource Planning (ERP), Financial Management Practice, Management Accounting, Management Accounting, Excel Financial Applications, etc.

(3) Professional Extended Courses. There shall be three types of professional extended courses. The first type is the courses intending to extend applying ability of the specialty, like Intermediate Accounting Practice, Banking Accounting Practice, Business Taxation Practice, Audit Practice, Comprehensive Accounting Skills, Industrial Accounting Comparison, Financial System Design, Financial Analysis; the second is the courses reflecting new technology in industrial development, such as Financial Shared Service, Business-Finance Integration, Big Data Application in Finance; the third is the courses showing professional qualities like Reasoning and Logic, Lady Etiquette, Chinese Accounting Culture, Occupational Etiquette, Workplace Communication Skills, etc.

3. Titles of Core Courses and Main Teaching Contents.

Number	Titles of Core Courses	Main Teaching Contents
1	Basic Accounting	Review, fill and check of original vouchers, fill of accounting vouchers, journal entry, subsidiary ledger, general ledger, the application of accounting processing
2	Enterprise Financial Accounting	Monetary fund, accounts receivable, inventories, construction in process and fixed assets, investment, intangible assets, current liabilities, non-current liabilities, revenues and expenses, profits, preparation of financial and accounting report
3	Information Management on Enterprise Resource Planning (ERP)	Initialization of accounting information and basic operations of general ledger, fixed assets, wages, accounts receivable and payable, statements and other modules; operations of ERP system's logistics (procurement, sales, inventories), production, finance, planning and other major functional modules, and all of them will be carried out based on module, to solve the actual problems of the enterprise according methods of implementation to enterprise information
4	Cost Accounting and Management	Methods for collection, allocation and management of material expenses, labor expenses, auxiliary production expenses and manufacturing expenses; methods for allocating production expenses between finished products and unfinished products; job costing, category costing and process costing; basic methods of cost forecasting, cost control, cost analysis and cost benefit evaluation, as well as the application of standard cost management, activity-based costing and other modern cost management methods
5	Financial Management Practice	Applications of time value of money, financing management, project investment decision, securities investment decision, asset management, capital raising decision, financial management software operation and financial analysis and evaluation
6	Basic Taxation	Basic provisions on the collection of VAT, consumption tax, enterprise income tax, individual income tax, tariff, resource tax, urban construction and maintenance tax, real estate tax, stamp duty, and other taxes, methods for calculating the amount of tax payable, and procedures and methods for tax declaration

4. Practical Teaching. This part shall be mainly comprised of practical training, internship, graduation project and social practice and others. The practical training shall be carried out in laboratories on the campus and training bases outside the college. The main contents of practical training and internship shall include the skills training of accounting, cost management, financial analysis, investment and financing management, tax, financial chain management and supply chain management, operation management, performance management, internal control, comprehensive financial management and others. Such training and practice shall be implemented in strict accordance with the "Regulations on Student Internship Management in Vocational Schools" and the relevant requirements on the standards for professional post internship. Cognitive practice shall be scheduled in semester 1 or 2, following internship in semester 3 or 4, and post internship in semester 5 or 6. Skills training and internship shall be not only the teaching of practical skills, but also an important part of professional courses teaching. The specialty therefore shall emphasize

a lot the integration of theoretical study and skill practice.

5. Other Requirements. The specialty, by taking the actual requirements of the society on college graduates, shall offer many selective courses, extended courses or seminars (other activities) in the fields of social responsibility, safety education, energy conservation and emission reduction, green environmental protection, management and other selective courses in humanities and scientific literacy, and integrating the relevant contents into the teaching of professional courses. The specialty shall integrate innovation and entrepreneurship education into specialty courses and the related training of practical skills. The specialty also shall open other college-based specialty courses, organize various activities for moral education, and encourage students to participate in voluntary activities as well as other social practical activities.

(ii) Class Hour Schedule

Total class hours shall be 2 600 to 2 700 periods; every 18 class hours shall be converted into 1 credit. The class hours of public basic courses shall be required to be no less than 25% of the total. Time used for the practical training shall constitute more than 50% of class hours, in which the accumulative time for post internship shall be up to 6 months, consecutively or through several phases. The class hours for selective courses shall take up at least 20% of the total.

VIII. Basic Teaching Conditions

(i) Teachers

1. Structure of Teachers. The ratio of student to full-time professional teacher shall be no more than 20 : 1. Teachers with double professional qualifications shall add up to not less than 90% of all professional teachers. And the specialty shall have good composition of teachers in terms of professional titlcs, agc structure, etc.

2. Full-time teachers in the specialty shall be all in possession of college teachers' qualifications, with good ethics, commitment to their careers, and in full compliance with the laws and disciplines. They shall have all been educated in the specialties of accounting, financial management and the related, with masters or higher level of degrees, which ensure them a solid theoretical foundation and strong practical abilities in accounting. They shall be all qualified to teach by means of information technology, and to conduct curriculum and teaching reforms and scientific researches. And they shall be required to have at least six months' experiences aggregately working in firms in every five years.

3. In principle, the leader of specialty shall have deputy senior professional title or above, be able to grasp well the industrial and professional trend in domestic and international environments, and have close communications with the industry and enterprises, so as to understand the demands of the society for the talents in the specialty. He/she shall have strong competence in teaching design and doing researches in this field, and therefore enjoy some influence in the local region and related fields of study.
4. Part-time teachers shall be mostly from firms in the industry. They shall be all with good ideological, political qualities and professional ethics, in possession of the middle and high level professional qualifications in accounting and related specialties, and boast career qualities and professional competences and rich practical experiences. They shall be all able to teach the specialty courses, instruct in practical training sessions, guide the internship and conduct other teaching tasks for the specialty.

(ii) Teaching Facilities

The teaching facilities shall consist of classrooms, practical training laboratories and bases that are needed for usual curriculum teaching, internship, practical training, and that make information-based teaching possible.
1. Basic Conditions for Specialty Classrooms. The specialty classrooms, with adequate electric power, lights and security precautions, shall be equipped with desks and chairs, blackboard, multimedia teaching equipment, basic teaching instruments, internet interface or good network environments that are adequate for the delivery of specialty courses. The classrooms shall be big enough to accommodate all the students for the lectures.
2. Requirements for Practical Training Laboratories within the College.
(1) The laboratory for accounting practical skills training shall be equipped with a server, a projector, a whiteboard, 1 computer/person, full Wi-Fi coverage as well as relevant accounting software. The laboratory shall be used for the teaching and practical training of basic accounting, corporate financial accounting, ERP information management and other courses.
(2) The laboratory for cost management practical skills training shall be equipped with a server, a projector, a whiteboard, 1 computer/person, full Wi-Fi coverage, assembly line demonstration as well as related cost accounting and management software, which are necessary for the teaching and practical training in cost management, project practice and other courses.
(3) The laboratory for taxation practical skills training shall be equipped with a server, a projector, a whiteboard, 1 computer/person, full Wi-Fi coverage as well as related tax declaration and taxation skills practical training software, which are necessary for the

teaching and practical training in taxation management, project practice and other courses.
(4) The laboratory for modern accounting comprehensive practical skills training shall be equipped with a server, a projector, a whiteboard, 1 computer/person, full Wi-Fi coverage as well as relevant accounting software and instruments related to comprehensive practical training for industry-finance integration. The laboratory shall be used for the teaching and practical training of accounting comprehensive skills, finance of industry-finance integration, the application of big data in finance and other courses.
(5) Cloud accounting and financial sharing center shall be equipped with a server, a projector, a whiteboard, 1 computer/person, full Wi-Fi coverage. The design and layout of the environment, and installation of relevant software and tools for financial sharing business practical training, shall be based on the requirements of financial sharing center, so as to be used for the teaching and practice of courses such as financial sharing service.
3. Requirements for Off-campus Practical Training Bases. The off-campus practical training bases shall be good firms or social intermediaries that are able to provide related typical professional activities for financial management and emphasize the integration of the industry and education. The practical training bases shall boast over complete facilities, provide adequate positions and offer designated experienced professionals to guide the students. They shall have comprehensive management regulations and mechanism. The specialty shall have more than fifty off-campus training bases that are in close cooperation with the specialty.
4. Requirements for Internship Bases. The internship bases shall be selected from various representative firms and social intermediaries that are able to provide adequate internship positions of financial management. They shall be able to designate appropriate experienced employees to guide and manage the students. These bases shall be safe and insured and instituted with rules and regulations to guarantee the daily works, studies and lives of the interns.
5. Requirements for Information-based Teaching. The specialty shall offer information-based teaching of many courses, with digitalized teaching resources, research literature, answers to frequently asked questions and other conveniences. The specialty also shall guide and encourage the teachers to develop and utilize information-based teaching resources, platforms, innovative teaching methods so as to improve the effectiveness of teaching activities.

(iii) Teaching Resources

In order to satisfy the students' demands for the learning of their specialty, and the teachers' demands for teaching and research, the specialty shall have in stock a lot of teaching materials, books and various digital resources.

1. Requirements on the Choice of Teaching Materials. According to the related state regulations, the specialty shall carefully select high quality textbooks and other teaching materials for our students. A panel of specialty teachers, professional experts and researchers shall be involved in the selection of these teaching resources. Complete teaching material selection regulations shall be established to find the optimal resources for the students.

2. Requirements on Books and Other Research Literature. The specialty shall have adequate books and research literature to meet the demands of talents training, specialty construction, teaching and scientific research. All these shall be easily accessible to the teachers and students. Such books of the specialty shall be related to the theories, skills, methods, thinking and practical operations in the field of financial management.

3. Requirements on Digitalized Resources. The specialty shall have relevant specialty literature, audio and video materials, digital teaching materials, teaching courseware, supplementary materials, case bases, policies and regulations banks, exercises and questions banks, practical training software, professional and skill qualification examination materials as well as the employment and entrepreneurship information. They shall be in various forms, rich types, easily accessible, and updated regularly to meet the demands of teaching.

IX. Quality Guarantee

(i) The specialty shall establish a quality monitoring mechanism to supervise the specialty construction and teaching process, and a quality monitoring and management system for the teaching. The specialty shall establish comprehensive quality standards for classroom teaching, teaching evaluation, internship and practical training, graduation project, specialty research, talents training program and resources banks. By means of teaching implementation, process monitoring, quality evaluation and continuous improvement, the qualities of talents training in the specialty shall be guaranteed.

(ii) The specialty shall institute comprehensive teaching management mechanisms to improve the organization and operation of daily teaching affairs, to review and improve the curriculum construction and teaching quality regularly. The specialty shall establish a mechanism, such as touring classes, visiting classes, evaluating teaching and learning, to inspect the classroom teaching to ensure strict discipline of teaching and lecture participation, to strengthen the functions of teaching organization, to deliver open lectures and demonstration classes and other teaching and research activities regularly.

(iii) The specialty shall establish a tracking and feedback mechanism and a social evaluation mechanism for the graduates so as to analyze the sources of students, their academic achievements, and the employment situations in the hope of regularly evaluating the qualities of talent training and the achievement of the educational objectives.

(iv) The specialty shall establish a system of professional teaching diagnosis and improvement. The different levels of teaching diagnosis and feedback shall be conducted at the levels of specialty, course, teacher and student. The specialty shall focus on the control of sources of data collection, regular analysis and summary, set the objectives for improvement, provide suggestions for improvement, and evaluate the improvement effects so as to be able to continuously improve the qualities of talent training.

Teaching Standards for the Specialty of Financial Management

I. Specialty Title (Specialty Code)

Financial Management (630301)

II. Admission Requirements

Applicants shall be graduates from regular senior high schools, secondary vocational schools or with similar educational background.

III. Basic Schooling Duration

3 academic years

IV. Career Orientation

Specialty Category (Code)	Profession (Code)	Corresponding Industries (Code)	Major Occupational Categories (Code)	Examples of Major Job Categories (Technical Areas)	Examples of Vocational Qualification Certificates (Vocational Skill Level)
Major Categories of Economics, Finance, Business and Trade (63)	Financial Accounting (6303)	Accounting, Auditing and Taxation Services (7241)	Accounting Professionals (2-06-03) Tax Professionals (2-06-05)	Accounting Accounting Directors Financial Analysis Budget Management Cost Management Investment and Financing Management Taxation Management Operation Management Performance Management Risk Management	Account Primary Qualification Certificate

V. Educational Objectives

This specialty shall cultivate high-quality technical and skilled talents with firm ideals and beliefs, virtues and skills who boast a certain level of scientific and cultural knowledge, good professional ethics and spirits of craftsman as well as strong abilities in working and entrepreneurship. They shall be trained with such important abilities as to support lifelong development and to meet requirements of the times. With a good mastery of professional knowledge, techniques and skills in financial management, they shall be able to work in relevant technical fields with its career clusters like accountants, auditors, accounting or tax professionals of medium, small and micro businesses and non-profit organizations. They shall be competent to work in the professions of accounting, auditing, and taxation services, to perform the functions of accounting check, accounting supervision, financial analysis, budget management, cost management, investment and financing management, taxation management, operation management, performance management and risk management etc.

VI. Educational Specifications

Graduates of this specialty shall meet the following requirements in terms of quality, knowledge and ability.

(i) Qualities

1. Graduates shall strongly support the leadership of the Communist Party of China, establish a common ideal of socialism with Chinese characteristics, and practice the core values of socialism with a deep sense of patriotism and Chinese national pride.
2. Graduates shall uphold the Constitution, abide by laws and observe regulations and disciplines.
3. Graduates shall abide by and perform moral guidelines and codes of conduct with the senses of social responsibilities and consciousness of social participation.
4. Graduates shall have the qualities of honesty, faithfulness and dedication to work guided by good virtues as well as the craftsmanship of excellence.
5. Graduates shall have awareness of quality, security, career planning and innovative mind-set.
6. Graduates shall have stronger collective senses and teamwork spirits, good behaviors and strong self-management abilities.
7. Graduates shall feature physical and mental health, wholesome personalities and well-developed habits for physical exercise and personal hygiene.
8. Graduates shall be information literate, have the abilities of aesthetic appreciation, and possess good humanistic qualities.

(ii) Knowledge

1. Graduates shall master necessary theories of ideology and politics and basic knowledge of science and culture.
2. Graduates shall well understand laws and regulations related to the specialty and knowledge of civilized production, green environmental protection, fire safety, innovation and entrepreneurship.
3. Graduates shall master the basics of financial professional qualities in management, economics, statistics and finance, etc.
4. Graduates shall master the knowledge of enterprise financial accounting, cost management, budget management, financial analysis, investment and financing management, operation management, performance management, internal control and risk prevention, etc.
5. Graduates shall have the knowledge of tax administration like enterprise tax-related business processing and tax planning, etc.
6. Graduates shall have the knowledge of Enterprise Resource Planning (ERP) management, corporate financial system design, business-finance integration, financial shared service and management accounting, etc.

(iii) Competences

1. Graduates shall have good abilities in inquiry learning, lifelong learning, problem analysis and solving.
2. Graduates shall have good abilities in organization, coordination, management, communication, teamwork, and language and word expression.
3. Graduates shall have computer processing abilities of words, spreadsheets and images and other application abilities in information technology necessary for the profession.
4. Graduates shall have good abilities in self-management, adaptability and stress tolerance.
5. Graduates shall have good abilities in accounting, costing, cost analysis, cost control, cost-benefit assessment and financial analysis as well as decision-making.
6. Graduates shall have good abilities in budget management, operation management, investment and financing management and performance management.
7. Graduates shall have good abilities in enterprise tax-related processing and tax planning.
8. Graduates shall have good abilities in enterprise internal control and risk management.
9. Graduates shall have good abilities in business-finance integration and corporate financial system design.
10. Graduates shall have good abilities in data mining, data analysis and data application of financial information.

VII. Curriculum and Class Hour Schedule

(i) Curriculum

Curriculum shall include public basic courses and specialty courses.

1. Public Basic Courses. According to relevant documents issued and implemented by the Party and the Government, an ideological and political theory Chinese traditional culture, physical education, military science, career development and employment guidance for undergraduates, mental health education shall be listed as public basic compulsory courses. Marxist theory, the Party's history and national history, practical writing in finance and economics, IT, advanced mathematics, public foreign language, education of innovation and entrepreneurship, health education, aesthetic education and professionalism for financial career shall be listed as compulsory courses or optional courses.

2. Specialty Courses. Specialty courses shall include professional foundation courses, core courses, extended courses, and relevant practical teaching and training courses.

(1) Professional Foundation Courses. Seven professional foundation courses offered shall include Basics of Management, Basics of Economics, Basics of Modern Finance, Basics of Economic Law, Basics of Statistics, Basics of Financial Management and Basic Accounting, etc.

(2) Professional Core Courses. Seven professional core courses offered shall be Enterprise Financial Accounting, Budget Management, Cost Management, Investment and Financing Management, Tax Management, Internal Control and Risk Management, Financial Analysis and Performance Evaluation.

(3) Professional Extended Courses. There shall be three types of professional extended courses. The first type is the courses in extending applicative abilities of the specialty, like Operation Management, Performance Management, Financial System Design, Information Management of ERP and Chinese Accounting Culture; the second is the courses for introducing new technology in industrial development, such as Financial Shared Service, Business-Finance Integration, Big Data Application in Finance; the third is the courses in showing advantageous features of the college.

3. Titles of Core Courses and Main Teaching Contents.

Number	Titles of Core Courses	Main Teaching Contents
1	Enterprise Financial Accounting	Accounting for monetary fund, accounts receivable, inventories, construction in process and fixed assets, investment, tangible and intangible assets, current liabilities, non-current liabilities, revenues and expenses, profits etc., and preparation for financial accounting report

continued

Number	Titles of Core Courses	Main Teaching Contents
2	Cost Management	Basic principles of enterprise cost accounting, basic methods of product costing, cost prediction, cost control, cost analysis, cost-benefit assessment, the applications of strategies to modern cost management such as standard cost management, activity-based costing management
3	Budget Management	Contents of comprehensive budget, objectives of comprehensive budget management; process and methods of preparation of comprehensive budget; preparation of operational budget, preparation of special budget and financial budget; implementation, adjustment, analysis and assessment of comprehensive budget
4	Investment and Financing Management	Decision-making process in project investment, estimation of cash flow in project investment, evaluation method of decision-making in project investment; types of investment in securities, decision-making methods of investment in various securities; prediction of amount of enterprise's capital demand, debt and equity capital financing, decision methods of capital cost and capital structure
5	Taxation Management	Basic regulations on the levies of value-added tax, consumption tax, business income tax, individual income tax, customs duty, resource tax, urban construction and maintenance tax, real estate tax, stamp duty and other taxes, and calculation methods of amount of tax payable, process and methods of tax declaration, tax planning methods
6	Internal Control and Risk Management	Norms of internal control and risk management, the basic contents and methods of internal environment, risk identification, risk analysis, risk response, risk control, information and communication, internal monitoring and others
7	Financial Analysis and Performance Evaluation	Methods of financial statement analysis, solvency analysis, profitability analysis, operational capability analysis, growth capability analysis, financial index analysis of listed companies, internal performance evaluation, firm performance evaluation

4. Practical Teaching. This part shall be mainly comprised of practical training, internship, graduation project and social practice and others. The practical training shall be carried out in laboratories on the campus and training bases outside the college. The main contents of practical training and internship shall include the skills training of accounting, cost management, financial analysis, investment and financing management, tax, financial chain management and supply chain management, operation management, performance management, internal control, and comprehensive financial management and others. Such training and practice shall be implemented in strict accordance with the "Regulations on Student Internship Management in Vocational Schools" and the relevant requirements on the standards for professional post internship. Cognitive practice shall be scheduled in semester 1 or 2, following internship in semester 3 or 4, and post internship in semester 5 or 6. Skills training and internship is not only the teaching of practical skills, but also an important part of professional courses teaching. The specialty therefore shall emphasize a lot the integration of theoretical study and skill practice.

5. Other Requirements. The college, by taking the actual requirements of the society on

college graduates, shall offer many selective courses, extended courses or seminars (other activities) in the fields of social responsibility, safety education, energy conservation and emission reduction, green development and environmental protection, management and other selective courses in humanities and for the improvement of scientific literacy, the related contents of which are also integrated into the specialty courses. The college also shall integrate innovation and entrepreneurship education into specialty courses and the related training of practical skills. The college also shall open some college-based other specialty courses, organize various activities for moral education, and encourage students to participate in voluntary activities as well as other social practical activities.

(ii) Class Hour Schedule

Total class hours shall be 2 600 to 2 700 periods; every 18 class hours shall be converted into 1 credit. The class hours of public basic courses shall be required to be no less than 25% of the total. Time used for the practical training shall constitute more than 50% of class hours, in which the accumulative time for post internship shall be up to 6 months, consecutively or through several phases. The class hours for selective courses shall take up at least 10% of the total.

VIII. Basic Teaching Conditions

(i) Teachers

1. Structure of Teachers. The ratio of student to full-time professional teacher shall be no more than 25 : 1. Teachers with double professional qualifications shall add up to not less than 60% of all professional teachers. And the specialty shall have good composition of teachers in terms of professional titles, age structure etc.
2. Full-time teachers in the specialty shall be all in possession of college teachers' qualifications, with good ethics, commitment to their careers, and in full compliance with the laws and disciplines. They shall have all been educated in the specialties of accounting, financial management and the related, with bachelors or higher level of degrees, which ensure them a solid theoretical foundation and strong practical abilities in financial management. They shall be all qualified to teach by means of information technology, and to conduct curriculum and teaching reforms and scientific researches. And they shall be required to have at least six months' experience aggregately working in firms in every five years.
3. In principle, the leader of a specialty shall have deputy senior professional title or above,

be able to grasp well the industrial and professional trend in domestic and international environments, and have close communications with the industry and enterprises, so as to understand the demand of the society for the talents in the specialty of financial management. They shall have strong competence in teaching design and doing researches in this field, and therefore enjoy some influence in the local region and related fields of study.

4. Part-time teachers shall be mostly from firms in the industry. They shall be all with good ideological, political qualities and professional ethics, in possession of the middle and high level of professional qualifications in accounting and related specialties, and boast career qualities and professional competences and rich practical experience. They shall be all able to teach the specialty courses, instruct in practical training sessions, guide the internship and conduct other teaching tasks for the specialty.

(ii) Teaching Facilities

The teaching facilities shall be the necessary specialty classrooms, practical training laboratories and bases that are needed for usual curriculum teaching, internship, practical training, and that make information-based teaching possible.

1. Basic Conditions for Specialty Classrooms. The specialty classrooms, with adequate electric powers, lights and security precautions, shall be equipped with desks and chairs, blackboards, multimedia teaching equipment, basic teaching instruments, internet interfaces or good network environments that are adequate for the delivery of specialty courses. The classrooms shall be big enough to accommodate all the students for the lectures.

2. Requirements for Practical Training Laboratories within the College.

(1) The laboratory for accounting practical skills training shall be equipped with a server, a projector, a whiteboard, 1 computer/person, full Wi-Fi coverage as well as relevant accounting software. The laboratory shall be used for the teaching and practical training of basic accounting, corporate financial accounting, information management of ERP and other courses.

(2) The laboratory for cost management practical skills training shall be equipped with a server, a projector, a whiteboard, 1 computer/person, full Wi-Fi coverage, assembly line demonstration as well as related cost accounting and management software, which are necessary for the teaching and practical training in cost management, project practice and other courses.

(3) The laboratory for taxation practical skills training shall be equipped with a server, a projector, a whiteboard, 1 computer/person, full Wi-Fi coverage as well as related tax declaration and taxation skills practical training software, which are necessary for the

teaching and practical training in taxation management, project practice and other courses.
(4) The laboratory for comprehensive financial management practical skill training shall be equipped with a server, a projector, a whiteboard, 1 computer/person, and full Wi-Fi coverage. The layout of training room shall be designed according to the requirements of role of financial management, with all the related software and tools readily installed for the financial analysis and financial management. This room shall be used to carry out the teaching and practice of courses, such as financial analysis and performance evaluation, budget management, investment and financing management, internal control and risk management, operation management, performance management and other courses.
3. Requirements for Off-campus Practical Training Bases. The off-campus practical training bases shall be good firms or social intermediaries that are able to provide related typical professional activities for financial management and emphasize the integration of the industry and education. The practical training bases shall boast over complete facilities, provide adequate positions and offer designated experienced professionals to guide the students. They shall have comprehensive management regulations and mechanism. The specialty shall have more than three off-campus training bases that are in close cooperation with the specialty.
4. Requirements for Internship Bases. The internship bases shall be selected from various representative firms and social intermediaries that are able to provide adequate internship positions of financial management. They shall be able to designate appropriate experienced employees to guide and manage students. These bases shall be safe and insured and instituted with rules and regulations to guarantee the daily works, studies and lives of the interns.
5. Requirements for Information-based Teaching. The specialty shall offer information-based teaching of many courses, with digitalized teaching resources, research literature, answers to frequently asked questions and other conveniences. The specialty also shall guide and encourage teachers to develop and utilize information-based teaching resources, platforms, innovative teaching methods so as to improve the effectiveness of teaching activities.

(iii) Teaching Resources

In order to satisfy the students' demands for the learning of their specialty, and the teachers' demands for teaching and research, the specialty shall have in stock a lot of teaching materials, books and various digital resources.
1. Requirements on the Choice of Teaching Materials. According to the related state regulations, the specialty shall carefully select high quality textbooks and other teaching materials for students. A panel of specialty teachers, professional experts and researchers shall be involved to the selection of these teaching resources. Complete teaching material selection regulations shall be established to find the optimal resources for students.

2. Requirements on Books and Other Research Literature. The specialty shall have adequate books and research literature to meet the demands of talents training, specialty construction, teaching and scientific research. All these shall be easily accessible to teachers and students. Such books of the specialty shall be related to the theories, skills, methods, thinking and practical operations in the field of financial management.

3. Requirements on Digitalized Resources. The specialty shall have relevant specialty literature, audio and video materials, digital teaching materials, teaching courseware, supplementary materials, case bases, policies and regulations banks, exercises and questions banks, practical training software, professional and skill qualification examination materials as well as the employment and entrepreneurship information. They shall be in various forms, rich types, easily accessible, and updated regularly to meet the demand of teaching.

IX. Quality Guarantee

(i) The specialty shall establish a quality monitoring mechanism to supervise the specialty construction and teaching process, and a quality monitoring and management system for the teaching. The specialty shall establish comprehensive quality standards for classroom teaching, teaching evaluation, internship and practical training, graduation project, specialty research, talents training program and resources banks. By means of teaching implementation, process monitoring, quality evaluation and continuous improvement of such, the quality of talents training in the specialty shall be guaranteed.

(ii) The specialty shall institute comprehensive teaching management mechanism to improve the organization and operation of daily teaching affairs, to review and improve the curriculum construction and teaching quality regularly. The specialty shall establish a mechanism, such as touring classes, visiting classes, evaluating teaching and learning, to inspect the classroom teaching to ensure strict discipline of teaching and lecture participation, to strengthen the functions of teaching organization, to deliver open lectures and demonstration classes and other teaching and research activities regularly.

(iii) The specialty shall establish a tracking and feedback mechanism and a social evaluation mechanism for the graduates so as to analyze the sources of students, their academic achievements, and the employment situations of graduates in the hope of regularly evaluating the quality of talent training and the achievement of the educational objectives.

(iv) The specialty shall make full application of the above results of evaluation and analysis to effectively boost the specialty teaching. Meanwhile it shall design and implement measures for diagnosis and improvement to continuously enhance the qualities of talents training.

Teaching Standards for the Specialty of Credit Management

I. Specialty Title (Specialty Code)

Credit Management (630207)

II. Admission Requirements

Applicants shall be graduates from regular senior high schools, secondary vocational schools or with similar educational background.

III. Basic Schooling Duration

3 academic years

IV. Career Orientation

<table>
<tr><th>Specialty Category (Code)</th><th>Profession (Code)</th><th>Corresponding Industries (Code)</th><th>Major Occupational Categories (Code)</th><th>Examples of Major Job Categories (Technical Areas)</th><th>Examples of Vocational Qualification Certificates (Vocational Skill Level)</th></tr>
<tr><td rowspan="6">Major Categories of Economics, Finance, Business and Trade (63)</td><td rowspan="6">Finance (6302)</td><td>Trust Service (691)</td><td>Credit Manager (4-05-06)</td><td rowspan="6">Credit Management
Risk Management
Bank Teller
Account Manager
Accounting
Accounting Supervisor
Financial Analysis</td><td rowspan="6">Junior Accountant
Securities Qualification
Junior Economist
Assistant Credit Manager
Management Accountant</td></tr>
<tr><td rowspan="5">Accounting, Auditing and Taxation Service (7241)</td><td>Accounting Professional (2-06-03)</td></tr>
<tr><td>Credit Review Professional (2-06-09-05)</td></tr>
<tr><td>Bank Integrated Teller (4-05-01-01)</td></tr>
<tr><td>Bank Loan Officer (4-05-01-02)</td></tr>
<tr><td>Securities Professional (2-06-11)</td></tr>
</table>

V. Educational Objectives

This specialty shall cultivate high-quality technical and skilled talents who support the basic line of the Party, adapt to the needs of big-data credit reporting, the growth of Zhejiang's eight trillion-level industries and the development of Zhejiang's regional economic characteristics. They shall be employed to work at low level of positions of business and management in large or medium-size firms, financial institutions, accounting firms, credit rating agencies and others, with basic qualities of integrity, cooperation, dedication, innovation and entrepreneurship. They shall well master the knowledge of credit investigation, debt rating, corporate and personal credit management, credit management consulting, debt collection and Internet credit reporting, entrepreneurship and innovation, and others. They shall be trained to have good skills and abilities in risk management, credit evaluation, credit analysis, entrepreneurship and others under big data background, and be able to engage in credit data processing, credit management, credit analysis, etc., and at the same time, have comprehensive developments in moral, intellectual, physical and aesthetic aspects, with strong abilities to sustainable development.

VI. Educational Specifications

Graduates of this specialty shall meet the following requirements in terms of quality, knowledge and ability.

(i) Qualities

1. Graduates shall strongly support the leadership of the Communist Party of China, establish a common ideal of socialism with Chinese characteristics, and practice the core values of socialism with a deep sense of patriotism and Chinese national pride.
2. Graduates shall uphold the Constitution, abide by laws and observe regulations and disciplines.
3. Graduates shall abide by and perform moral guidelines and codes of conduct with senses of social responsibilities and consciousness of social participation.
4. Graduates shall have the qualities of honesty, faithfulness and dedication to work guided by good virtues as well as the craftsmanship of excellence.
5. Graduates shall have awareness of quality, security, career planning and innovative mindset.
6. Graduates shall have stronger collective senses and teamwork spirits, good behaviors and strong self-management abilities.
7. Graduates shall feature physical and mental health, wholesome personalities and well-

developed habits for physical exercise and personal hygiene.
8. Graduates shall be information literate, have the abilities of aesthetic appreciation, and possess good humanistic qualities.

(ii) Knowledge

1. Graduates shall master the relevant provisions of the "Accounting Standards for Business Enterprises", etc.; Graduates shall also master the accounting principles and methods of assets, liabilities, owner's equity, income, expenses, profits, etc. of enterprises in different industries, and the methods for preparing accounting statements.
2. Graduates shall master the basic knowledge of laws related to finance and economy, such as accounting law, contract law, company law, finance law and other laws; and master the basic requirements of accountants' professional ethics.
3. Graduates shall master the basics of Internet and Internet credit reporting.
4. Graduates shall master the basic operation methods of the initialization of accounting informatization and the modules of general ledger, fixed assets, wages, accounts receivable and accounts payable, etc.
5. Graduates shall master the basic knowledge of economics, finance, financial management, industry system comparison, ERP, computer regular operation and Internet application; and master the basic English knowledge related to positions of the specialty.
6. Graduates shall master the operational principles of credit management system and be familiar with the basic principles of the disciplinary mechanism for dishonesty.
7. Graduates shall understand the ways in which corporate credit risks are transferred, and be familiar with the conditions of use and implementation targets of the basic tools for credit risk transfer.
8. Graduates shall understand the symbols and methods of corporate credit ratings.
9. Graduates shall understand the basic knowledge of financial analysis, be familiar with various financial indicators, and understand the relationships among financial indicators.
10. Graduates shall understand the basic functions of the corporate credit management department and be familiar with the basic tasks of positions in business information, credit extension, business accounts and field operation.
11. Graduates shall understand the basics of credit risk management and be familiar with the main methods of credit risk analysis.
12. Graduates shall be familiar with the new dynamics of Internet finance development and understand the specialization, large-scale and diversification of Internet finance.
13. Graduates shall master the meaning, types and processes of innovative thinking and entrepreneurship, master the related knowledge of opportunities seeking and evaluation,

environment analysis, team establishment, financing channels and methods, business plan writing in entrepreneurship.

(iii) Competences

1. Graduates shall have the abilities to conduct credit investigations and use the big data platform to conduct credit investigations on enterprises.
2. Graduates shall possess expertise in credit analysis and be proficient in applying financial and non-financial analysis methods.
3. Graduates shall be familiar with the applications of computer and Internet knowledge, and can use computers to process professional information and businesses.
4. Graduates shall have certain abilities of credit rating, and be able to objectively evaluate the credit status of enterprises in different industries according to the actual situations of enterprises.
5. Graduates shall have certain abilities in internal collection and field collection, entrusting professional institutions to collecting, and legal collection, and be proficient in applying the knowledge learned to collect accounts receivable effectively, so that the risk of bad debts of enterprises will be minimized.
6. Graduates shall have certain analysis skills in industry, firm competitiveness, and comprehensive risk, and be able to conduct a comprehensive analysis of the firm's credit risk.
7. Graduates shall have the abilities to identify original vouchers, fill in accounting vouchers, register books, end-of-date reconciliation, statement preparation and analysis, and be able to accurately calculate the regular economic operations of the firm.
8. Graduates shall have certain abilities to read and translate professional English as well as English listening, speaking, reading and writing skills.
9. Graduates shall be able to accurately identify the development direction, goals, strategies and develop specific implementation plans of innovation and entrepreneurship according to subjective and objective conditions, and have certain personnel and financial management capabilities; and can effectively coordinate and communicate with relevant departments and individuals.

VII. Curriculum and Class Hour Schedule

(i) Curriculum

Curriculum shall include public basic courses and specialty courses.

1. Public Basic Courses. According to relevant documents issued and implemented by the Party and the Government, the ideological and political theory, Chinese traditional culture, physical education, military science, career development and employment guidance for undergraduates, mental health education shall be listed as public basic compulsory courses. Marxist theory, the Party's history and national history, practical writing in finance and economics, IT, advanced mathematics, public foreign language, education of innovation and entrepreneurship, health education, aesthetic education and professionalism for financial career shall be listed as compulsory courses or optional courses.

2. Specialty Courses. Specialty courses shall include professional foundation courses, core courses, extended courses, and relevant practical teaching and training courses.

(1) Professional Foundation Courses. Seven professional foundation courses offered shall include Economics Foundation, Modern Financial Foundation, Personal Finance, Internet Finance, Excel Financial Application, Basic Accounting, ERP Information Management, etc.

(2) Professional Core Courses. Six professional foundation courses offered shall include Financial Accounting, Credit Management practices, Internet Thinking and Big Data, Credit Rating, Credit Big Data Processing, Credit Management Comprehensive Practical Training , etc.

(3) Professional Extended Courses. There shall be three types of professional extended courses. The first type is the courses in extending applicative abilities of the specialty, like Financial Analysis, Cross-cultural Business Communication, Corporate Tax Practice, Industrial Accounting Comparison, Marketing; the second is the courses for introducing new technology in industrial development, such as Credit Theory and Practice, Internet Finance Marketing, Online Lending and Crowdfunding; the third is the courses in reflecting professionalism, such as Reasoning and Logic, Lady Etiquette, Chinese Accounting Culture, Professional Etiquette, Workplace Communication Technique.

3. Titles of Core Courses and Main Teaching Contents.

Number	Titles of Core Courses	Main Teaching Contents
1	Financial Accounting	Accounting for monetary fund, accounts receivable, inventory construction in progress and fixed assets, investment, intangible assets and other assets, current liabilities, non-current liabilities, income and expense, profit other businesses, financial accounting report preparation
2	Internet Thinking and Big Data	The dimensions of Internet thinking, applications of Internet thinking in traditional businesses, unlocking the veil of big data, and applications of big data in credit management
3	Credit Management Practice	The basic theories of credit management, organizational credit management, familiar with the framework of social credit system, the construction and development of China's social credit system; business operation skills in positions of credit management; using modern information technology and Internet platform to query corporate credit information

continued

Number	Titles of Core Courses	Main Teaching Contents
4	Credit Rating	The basic theories and practical operation skills of credit rating; using modern information technology and Internet financial terminal platform to collect information on the evaluated firms, and writing credit rating reports
5	Credit Big Data Processing	Using the information technology of the big data era and the Internet financial terminal platform to collect credit information, and using relevant software for data processing
6	Comprehensive Skills of Credit Management	Analyzing various types of credit reports and preparing high quality credit reports

4. Practical Teaching. According to the characteristics of different courses and the learning and understanding rules of beginners from the shallower to the deeper, the specialty shall adopt the "three-stage" model of phased basic practice + single practice + comprehensive practice which shall mainly include training, internship, graduation design and social practice. The specific implementing ways shall be integrated with online and offline together. The practical training shall be completed in the on-campus experimental training room and off-campus training base; the main contents of practice and internship shall include practical skills training of accounting, financial management, credit management, financial analysis, credit rating, credit big data processing, one day of comprehensive skills training of accounting, and credit management industry. It shall be necessary to strictly implement the relevant requirements of the "Regulations on the Management of Students' Internships in Vocational Schools" and the relevant standards for professional post internships. The specialty shall schedule cognitive internships in the first to second semester, following internships in the third to fourth semesters, and post internships in the fifth to sixth semesters. Practical training shall be not only practical teaching, but also an important part of professional teaching. The specialty shall focus on the integration of theory and practice.

5. Other Requirements. The specialty, by taking the actual requirements of the society on college graduates, shall offer many selective courses, extended courses or seminars (other activities) in the fields of social responsibility, safety education, energy conservation and emission reduction, green development and environmental protection, management and other selective courses in humanities and for the improvement of scientific literacy, the related contents of which shall be also integrated into the specialty courses. The specialty shall integrate innovation and entrepreneurship education into specialty courses and the related training of practical skills. The specialty also shall open some college-based other specialty courses, such as Reasoning and Logic, Lady Etiquette, and international curriculum,

etc., organize various activities for moral education, and encourage students to participate in voluntary activities as well as other social practical activities.

(ii) Class Hour Schedule

Total class hours shall be 2 600 to 2 700 periods; every 18 class hours shall be converted into 1 credit. The class hours of public basic courses shall be required to be no less than 25% of the total. Time used for the practical training shall constitute more than 50% of class hours, in which the accumulative time for post internship shall be up to 6 months, consecutively or through several phases. The class hours for selective courses shall take up at least 50% of the total.

VIII. Basic Teaching Conditions

(i) Teachers

1. Structure of Teachers. The ratio of students to full-time professional teachers shall be no more than 20 : 1. Teachers with double professional qualifications shall add up to not less than 90% of all professional teachers. And the specialty shall have good composition of teachers in terms of professional title, age structure, etc.
2. Full-time teachers in the specialty shall be all in possession of college teachers' qualifications, with good ethics, commitment to their careers, and in full compliance with the laws and disciplines. They shall have all been educated in the specialties of accounting, financial management and the related, with masters or higher level of degrees, which ensure them a solid theoretical foundation and strong practical abilities in credit management. They shall be all qualified to teach by means of information technology, and to conduct curriculum and teaching reforms and scientific researches. And they shall be required to have at least six months' experiences aggregately working in firms in every three years.
3. In principle, the leader of a specialty shall have deputy senior professional title or above, be able to grasp well the industrial and professional trends in domestic and international environments, and have close communications with the industry and enterprises, so as to understand the demands of the society for the talents in the specialty of credit management. He/she shall have strong competences in teaching design and doing researches in this field, and therefore enjoy some influence in the local region and related fields of study.
4. Part-time teachers shall be mostly from firms in the industry. They shall be all with good ideological, political qualities and professional ethics, in possession of the middle and high

level of professional qualifications in credit management and related specialties, and boast career qualities and professional competences and rich practical experiences. They shall be all able to teach the specialty courses, instruct in practical training sessions, guide the internship and conduct other teaching tasks for the specialty.

(ii) Teaching Facilities

The teaching facilities shall be the necessary specialty classrooms, practical training laboratories and bases that are needed for usual curriculum teaching, internship, practical training, and that make information-based teaching possible.

1. Basic Conditions for Specialty Classrooms. The specialty classrooms, with adequate electric powers, lights and security precautions, shall be equipped with desks and chairs, blackboards, multimedia teaching equipment, basic teaching instruments, internet interfaces or good network environments that are adequate for the delivery of specialty courses. The classrooms shall be big enough to accommodate all the students for the lectures.

2. Requirements for Practical Training Laboratories within the College.

(1) The laboratory for accounting practical skills training shall be equipped with a server, a projector, a whiteboard, 1 computer/person, full Wi-Fi coverage as well as relevant accounting software. The laboratory shall be used for the teaching and practical training of basic accounting, corporate financial accounting, information management of ERP and other courses.

(2) The laboratory for "Cloud House" financial sharing center experience room shall be equipped with a server, a projector, a whiteboard, 1computer/person, full Wi-Fi coverage, a Cloud House mobile work platform. The laboratory shall be used for teaching and training in courses such as financial management practice and credit management practice project.

(3) The laboratory for Internet credit reporting training room shall be equipped with a server, a projector, a whiteboard, 1computer/person, full Wi-Fi coverage, design and layout environment according to credit management positions, installation of related software and tools for credit management, credit rating, big data processing and others. The laboratory shall be used for teaching and practice of credit management practice, credit rating, credit big data processing, and credit management comprehensive training.

3. Requirements for Off-campus Practical Training Bases. The off-campus practical training bases shall be good firms or social intermediaries that are able to provide related typical professional activities for credit management and emphasize the integration of the industry and education. The practical training bases shall boast over complete facilities, provide adequate positions and offer designated experienced professionals to guide the

students. They shall have comprehensive management regulations and mechanisms. The specialty shall have more than fifty off-campus training bases that are in close cooperation with the specialty.

4. Requirements for Internship Bases. The internship bases shall be selected from various representative firms and social intermediaries that are able to provide adequate internship positions of credit management. They shall be able to designate appropriate experienced employees to guide and manage the students. These bases shall be safe and insured and instituted with rules and regulations to guarantee the daily work, studies and lives of the interns.

5. Requirements for Information-based Teaching. The specialty shall offer information-based teaching of many courses, with digitalized teaching resources, research literature, answers to frequently asked questions and other conveniences. The specialty also shall guide and encourage the teachers to develop and utilize information-based teaching resources, platforms, innovative teaching methods so as to improve the effectiveness of teaching activities.

(iii) Teaching Resources

In order to satisfy the students' demands for the learning of their specialty, and the teachers' demands for teaching and researches, the college shall have in stock a lot of teaching materials, books and various digital resources.

1. Requirements on the Choice of Teaching Materials. According to the related state regulations, the specialty shall carefully select high quality textbooks and other teaching materials for students. A panel of specialty teachers, professional experts and researchers shall be involved in the selection of these teaching resources. Complete teaching material selection regulations shall be established to find the optimal resources for students.

2. Requirements on Books and Other Research Literature. The specialty shall have adequate books and research literature to meet the demands of talents training, specialty construction, teaching and scientific research. All these shall be easily accessible to teachers and students. Such books of the specialty shall be related to the theories, skills, methods, thinking and practical operation in the field of credit management.

3. Requirements on Digitalized Resources. The specialty shall have relevant specialty literature, audio and video materials, digital teaching materials, teaching courseware, supplementary materials, case bases, policies and regulations banks, exercises and questions banks, practical training software, professional and skill qualification examination materials as well as the employment and entrepreneurship information. They shall be in various forms, rich types, easily accessible, and updated regularly to meet the demands of teaching.

IX. Quality Guarantee

(i) At the specialty level, the specialty shall establish a quality monitoring mechanism to supervise the specialty construction and teaching process, and a quality monitoring and management system for the teaching, which shall meet the requirements of "clear subject to undertake individual specific responsibilities". The specialty shall establish comprehensive quality standards for classroom teaching, teaching evaluation, internship and practical training, graduation project, specialty research, talents training program and resources banks. By means of teaching implementation, process monitoring, quality evaluation and continuous improvement of such, the qualities of talent training in the specialty shall be guaranteed.

(ii) At the course level, the specialty shall institute comprehensive teaching management mechanisms to improve the organization and operation of daily teaching affairs, to review and improve the curriculum construction and teaching quality regularly. The specialty shall establish a mechanism, such as touring classes, visiting classes, evaluating teaching and learning, to inspect the classroom teaching to ensure strict discipline of teaching and lecture participation, to strengthen the functions of teaching organization, to deliver open lectures and demonstration classes and other teaching and research activities regularly.

(iii) At the student level, the specialty shall establish a tracking and feedback mechanism and a social evaluation mechanism for the graduates so as to analyze the sources of students, their academic achievements, and the employment situations of the graduates in the hope of regularly evaluating the qualities of talent training and the achievement of the educational objectives.

(iv) At the faculty level, the specialty shall gradually establish a mechanism for integrating professional development planning, professional organization and implementation, professional process control, professional quality improvement and teacher development, enhance teachers' senses of quality culture and promote the formation of professional features and quality culture.

Teaching Standards for the Specialty of Marketing

I. Specialty Title (Specialty Code)

Marketing (630701)

II. Admission Requirements

Applicants shall be graduates from regular senior high schools, secondary vocational schools or with similar educational background.

III. Basic Schooling Duration

3 academic years

IV. Career Orientation

Specialty Category (Code)	Profession (Code)	Corresponding Industries (Code)	Major Occupational Categories (Code)	Examples of Major Job Categories (Technical Areas)	Examples of Vocational Qualification Certificates (Vocational Skill Level)
Major Categories of Economics, Finance, Business and Trade (63)	Marketing (6307)	Business and Services (72)	Wholesale and Retail Service Personne (4-01) Financial Service Personnel (4-05)	Marketing Planning Specialist Market Analysis Specialist Marketing Promotion Specialist Product Sales Specialist Customer Service Specialist Customer Relationship Management Specialist Network Marketing Specialist Sales Superviso Marketing Supervisor	Assistant Marketer Alibaba e-Commerce Talent Certification

V. Educational Objectives

The specialty shall cultivate high-quality technical and skilled talents with all-round development of morality, intelligence, fitness, aesthetics, and strong abilities of sustainable development, who support the Party's basic line, adapt to the needs of regional economic and social development under the Internet background, have the basic qualities of honesty, cooperation, dedication, innovation and entrepreneurship, grasp the knowledge of marketing, business management, economics and finance, entrepreneurship and innovation. They shall master the core skills of market research, marketing planning, product sales, business negotiation, customer service and management, network and new media-based marketing, innovation and entrepreneurship. And they shall be able to engage in market analysis, marketing promotion, product sales, customer service and management, network marketing, marketing management at related positions of front-line business and management in various firms.

VI. Educational Specifications

Graduates of this specialty shall meet the following requirements in terms of quality, knowledge and ability.

(i) Qualities

1. Graduates shall strongly support the leadership of the Communist Party of China, establish a common ideal of socialism with Chinese characteristics, and practice the core values of socialism with a deep sense of patriotism and Chinese national pride.
2. Graduates shall uphold the Constitution, abide by laws and observe regulations and disciplines.
3. Graduates shall abide by and perform moral guidelines and codes of conduct with a sense of social responsibility and a consciousness of social participation.
4. Graduates shall have the qualities of honesty, faithfulness and dedication to work guided by good virtues as well as the craftsmanship of excellence.
5. Graduates shall have awareness of quality, security, career planning and innovative mind-set.
6. Graduates shall have stronger collective senses and teamwork spirits, good behaviors and strong self-management abilities.
7. Graduates shall feature physical and mental health, wholesome personalities and well-developed habits for physical exercise and personal hygiene.
8. Graduates shall be information literate, have the abilities of aesthetic appreciation, and possess good humanistic qualities.

(ii) Knowledge

1. Graduates shall master systematic theories and basic knowledge of marketing.

2. Graduates shall master the knowledge of business management and economic laws and regulations.
3. Graduates shall master the basic knowledge of market research, target market analysis and marketing mix planning.
4. Graduates shall master the basic knowledge of product marketing and business negotiation.
5. Graduates shall master the basic knowledge of customer relationship development, maintenance and management.
6. Graduates shall master the marketing knowledge of chain stores, commercial complexes and new retail channels.
7. Graduates shall master the basic knowledge of new media marketing and e-commerce.
8. Graduates shall well understand the knowledge of financial products and master the marketing methods of various financial products.
9. Graduates shall grasp the psychological knowledge of consumers and be familiar with all kinds of business etiquettes.
10. Graduates shall master the basic knowledge of supply chain management, three-dimensional channel management and sales management.
11. Graduates shall be familiar with applications of computer and Internet knowledge.
12. Graduates shall grasp the relevant knowledge of seeking and evaluation of opportunities, analysis of environment, establishment of teams, channels and ways of financing, and writing of business plans in entrepreneurship.

(iii) Competences

1. Graduates shall be able to design and conduct market researches, well analyze and process market information, and write research reports.
2. Graduates shall be able to plan all kinds of marketing programs based on the analysis of market environment.
3. Graduates shall be able to promote firm's products and brands in the target market.
4. Graduates shall effectively integrate various media communication modes and carry out online and offline integrated marketing.
5. Graduates shall be able to integrate various resources based on the plan and organize and implement various marketing activities.
6. Graduates shall be able to identify target customers and engage in customer development, customer relationship maintenance and management.
7. Graduates shall be able to identify the types of customer based on consumption psychology and sell to target customer.

8. Graduates shall be able to communicate effectively with customers, conduct business negotiations and sign contracts.
9. Graduates shall be able to have good business etiquette, well receive and successfully visit customers on-site.
10. Graduates shall handle customer's dissatisfactions and complaints, accurately and timely, provide after-sales services and improve customer satisfaction effectively.
11. Graduates shall be able to effectively employ e-commerce based on new media marketing technologies.
12. Graduates shall be able to design and manage multiple sales channels by integrating and leveraging various marketing resources.
13. With enough skills and abilities of human resources and financial management, graduates shall be able to effectively manage sales through planning, organizing, motivating and controlling the entire process of marketing activities.
14. With stronger application abilities of knowledge on computer and Internet, graduates shall be able to engage in professional related information processing and professional business processing based on computer.
15. Graduates shall be able to accurately establish the developmental direction, objectives, strategies and set specific implementation plans of innovation and entrepreneurship depending on actual conditions.

VII. Curriculum and Class Hour Schedule

(i) Curriculum

Curriculum shall include public basic courses and specialty courses.
1. Public Basic Courses. According to relevant documents issued and implemented by the Party and the Government, an ideological and political theory, Chinese excellent traditional culture, physical education, military science, career development and employment guidance for undergraduates, mental health education shall be listed as public basic compulsory courses. Marxist theory, the Party's history and national history, practical writing in finance and economics, IT, advanced mathematics, public foreign language, education of innovation and entrepreneurship, health education, aesthetic education and professionalism for marketer shall be listed as compulsory courses or optional courses.
2. Specialty Courses. Specialty courses shall include professional foundation courses, core courses, extended courses, and relevant practical teaching and training courses.
(1) Professional Foundation Courses. Six to eight professional foundation courses offered

shall include Basics of Management, Basics of Economics, Basic Accounting, Basics of Economic Law, Business Cultures and Ethics, Basics of Marketing, Basics of E-Commerce, etc.

(2) Professional Core Courses. Six to eight professional core courses offered shall be Market Research, Consumer Behavior Analysis, Marketing Planning, Sales Techniques, Business Negotiation, New Media Marketing, Advertising Planning and Creativity, etc.

(3) Professional Extended Courses. There shall be three types of professional extended courses. The first type is the courses in extending applicative abilities of the specialty, like Retail Management, Service Marketing, Account Manager, Modern Logistics Management, Business Etiquette; the second is the courses for introducing new technology in industrial development, such as Marketing Simulation Comprehensive Training, Online Shop Operation and Application of Big Data in Marketing; the third is the courses in showing advantageous features of the college.

3. Titles of Core Courses and Main Teaching Contents.

Number	Titles of Core Courses	Main Teaching Contents
1	Market Research	The basic knowledge of market research and the evolution of market research technologies based on the Internet, the planning of market research projects, preparation of research instruments (observation forms and questionnaires), implementation of researches, collation and analysis of research results, and writing of research reports
2	Marketing Planning	The basic knowledge of marketing planning, strategic planning, market research planning, CIS planning, new product launch and brand planning, marketing 4Ps planning, and others, as well as their trends based on the Internet. Through study and training, students shall master the basic knowledge and skills of marketing planning necessary for marketing and marketing management
3	Sales Techniques	The basic theories, knowledge and methods of sales skills, sales methods and techniques at various stages in sales process, and their trends based on the Internet. It includes pre-sales preparations, and developing programs of target markets, identifying and managing prospective customers, basic tactics for reaching customers, effective sales communication and closing deals
4	Business Negotiation	The basic theories, negotiation process, skills and tactics of business negotiations, as well as their evolutions based on the Internet, enabling students to master the basic knowledge and skills necessary to engage in general business negotiations and communication through various channels, including Internet-based channels; to collect intelligence information and write business research report in an all-round and in-depth way on specific negotiation items; to develop a complete business negotiation plan; to master the basic skills and strategies of business negotiations
5	New Media Marketing	The basic knowledge, promotion instruments, implementation tactics, application methods, effectiveness evaluation, consumer research and others of new media marketing based on Internet through learning and training, students shall master the basic knowledge and skills necessary for new media marketing

continued

Number	Titles of Core Courses	Main Teaching Contents
6	Advertising Planning and Creativity	The basic theories, knowledge and methods of advertising planning, as well as their evolutions based on the Internet, including advertising planning cognition, advertising tactics developing, advertising scheme writing, advertising elements, advertising creativity designing, advertising layout designing, design of common print advertisements, etc. Through learning and training, students shall master the necessary basic knowledge and skills to engage in advertisement planning
7	Consumer Behavior Analysis	The analysis of process of consumer purchasing decision-making and its internal and external influencing factors, as well as its evolutions based on the Internet, including consumer purchasing decision-making process (such as consumer awareness of problems, information collection, evaluation and selection, purchase and post-purchase behavior), personal and psychological factors that influence and determine consumer behavior (including consumer perception, attention, learning and memory, attitude, needs and motivation, personality, self-concept and lifestyle), external factors affecting consumer behavior (including culture, social class, social group, family and situational factors), enabling students to have the professional abilities to observe and grasp customers' psychology in marketing or sales

4. Practical Teaching. This part shall be mainly comprised of practical training, internship, graduation project and social practice and others. The practical training shall be carried out in the laboratories on campus and the training bases outside the college. The main contents of practical training and internship shall include the skills training of market research, marketing planning, business negotiation, marketing, advertising planning, e-commerce, logistics management, new media marketing, retail management, business etiquette, comprehensive practical training in marketing and position of account manager, and others. Such training and practices shall be implemented in strict accordance with the "Regulations on Student Internship Management in Vocational Schools" and the relevant requirements on the standards for professional post internship. Cognition practice shall be scheduled in semester 1 or 2, following internship in semester 3 or 4, and post internship in semester 5 or 6. Skills training and internship shall be not only the teaching of practical skills, but also an important part of professional courses teaching. The specialty therefore shall emphasize a lot the integration of theoretical study and skill practice.

5. Other Requirements. The specialty, by taking the actual requirements of the society on college graduates, shall offer many selective courses, extended courses or seminars (other activities) in the fields of social responsibility, safety education, energy conservation and emission reduction, green development and environmental protection, management and other selective courses in humanities and for the improvement of scientific literacy, the related contents of which shall be integrated into the specialty courses. The specialty shall integrate innovation and entrepreneurship education into specialty courses and the

related training of practical skills. The specialty also shall open some college-based other specialty courses, organize various activities for moral education, and encourage students to participate in voluntary activities as well as other social practical activities.

(ii) Class Hour Schedule

Total class hours shall be 2 600 to 2 700 periods; every 18 class hours shall be converted into 1 credit. The class hours of public basic courses shall be required to be no less than 25% of the total. Time used for the practical training shall constitute more than 50% of class hours, in which the accumulative time for post internship shall be up to 6 months, consecutively or through several phases. The class hours for selective courses shall take up at least 10% of the total.

VIII. Basic Teaching Conditions

(i) Teachers

1. Structure of Teachers. The ratio of students to full-time professional teachers shall be no more than 25 : 1. Teachers with double professional qualifications shall add up to not less than 60% of all professional teachers. And the specialty shall have good composition of teachers in terms of professional titles, age structure etc.

2. Full-time teachers in the specialty shall be all in possession of college. teachers' qualifications, with good ethics, commitment to their careers, and in full compliance with the laws and disciplines. They shall have all been educated in the specialties of marketing, economic management and the related, with bachelors or higher level of degrees, which ensure them a solid theoretical foundation and strong practical abilities in marketing. They shall be all qualified to teach by means of information technology, and to conduct curriculum and teaching reforms and scientific researches. And they shall be required to have at least six months' experiences aggregately working in firms in every five years.

3. In principle, the leader of a specialty shall have deputy senior professional title or above, be able to grasp well the industrial and professional trends in domestic and international environments, and have close communications with the industry and enterprises, so as to understand the demands of the society for the talents in the specialty of marketing. He/she shall have strong competences in teaching design and doing researches in this field, and therefore enjoy some influence in the local region and related fields of study.

4. Part-time teachers shall be mostly from firms in the industry. They shall be all with good ideological, political qualities and professional ethics, in possession of the middle

and high level professional qualifications in marketing and related specialties, and boast career qualities and professional competences and rich practical experiences. They shall be all able to teach the specialty courses, instruct in practical training sessions, guide the internship and conduct other teaching tasks for the specialty.

(ii) Teaching Facilities

The teaching facilities shall be the necessary specialty classrooms, practical training laboratories and bases that are needed for usual curriculum teaching, internship, practical training, and that make information-based teaching possible.

1. Basic Conditions for Specialty Classrooms. The specialty classrooms, with adequate powers, lights and security precautions, shall be equipped with desks and chairs, blackboards, multimedia teaching equipments, basic teaching instruments, internet interfaces or good network environments that are adequate for the delivery of specialty courses. The classrooms shall be big enough to accommodate all the students for the lectures.

2. Requirements of Practical Training Rooms on Campus.

(1) The laboratory for marketing comprehensive skills trainingshall be equipped with a server, a projector, a whiteboard, 1 computer/person, full Wi-Fi coverage as well as relevant professional training software and create workshop atmosphere in which the specialty shall engage in simulated teaching, single and comprehensive skill training and social services for various specialty courses in the specialty, and establish a perfect management system of practical training room.

(2) The laboratory for marketing new technology skills training shall be equipped with a server, a projector, a whiteboard, 1 computer/person, full Wi-Fi coverage, training software of new media and new technology marketing, and create workshop atmosphere. The Training Room shall also be selectively equipped with headphones, two-dimensional code scanners, WeChat public number, LCD TV, printers, etc., mainly for practical training and teaching of new media and new technology marketing and other core courses in the specialty.

(3) The laboratory for marketing simulation skills training shall be equipped with a server, a projector, a whiteboard, 1 computer/person, full Wi-Fi coverage, discussion positions as well as marketing simulation teaching software, and create the workshop atmosphere, mainly used to carry out comprehensive simulating practical training and teaching of marketing. By simulating a market environment of the industry in which multiple firms are competing, students shall respectively play the roles of marketing teams in virtual firms, analyze market changes, competitor dynamics and other market environment factors

according to the available data from researches, develop the firm's marketing strategies, make various specific marketing decisions around the core of "4Ps", and the model operations of decision data shall be run by software, and lead to simulated market operation results. In the classroom, the specialty shall create a real competitive environment for firms in the industry, simulate the processes of firm's decision-making and marketing management, and help students systematically practice, experience and learn the complete methods and system of marketing.

3. Requirements for Off-campus Practical Training Bases. The off-campus practical training bases shall be good firms or social intermediaries that are able to provide related typical professional activities for marketing and emphasize the integration of the industry and education. The practical training bases shall boast over complete facilities, provide adequate positions and offer designated experienced professionals to guide the students. They shall have comprehensive management regulations and mechanism. The specialty shall have more than three close-relationship off-campus training bases.

4. Requirements of Students' Internship Base. The internship bases shall be selected from various representative firms and social intermediaries that are able to provide adequate internship positions of marketing. They shall be able to designate appropriate experienced employees to guide and manage the students. These bases shall be safe and insured and instituted with rules and regulations to guarantee the daily works, studies and lives of the interns.

5. Requirements for Information-based Teaching. The specialty shall offer information-based teaching of many courses, with digitalized teaching resources, research literature, answers to frequently asked questions and other conveniences. The specialty also shall guide and encourage the teachers to develop and utilize information-based teaching resources, platforms, innovative teaching methods so as to improve the effectiveness of teaching activities.

(iii) Teaching Resources

In order to satisfy the students' demands for the learning of their specialty, and the teachers' demands for teaching and research, the teaching resources shall have in stock a lot of teaching materials, books and various digital resources.

1. Requirements for the Selection of Textbooks. According to the related state regulations, the specialty shall carefully select high quality textbooks and other teaching materials for the students. A panel of specialty teachers, professional experts and researchers shall be involved in the selection of these teaching resources. Complete teaching material selection regulations shall be established to find the optimal resources for the students.

2. Requirements on Books and Other Research Literature. The specialty shall have adequate books and research literature to meet the demands of talents training, specialty construction, teaching and scientific researches. All these shall be easily accessible to the teachers and students. Such books of the specialty shall be related to the theories, skills, methods, thinking and practical operation in the field of marketing.

3. Requirements of Digital Resources. The specialty shall have relevant specialty literature, audio and video materials, digital teaching materials, teaching courseware, supplementary materials, case bases, policies and regulations banks, exercises and questions banks, practical training software, professional and skill qualification examination materials as well as the employment and entrepreneurship information. They shall be in various forms, rich types, easily accessible, and updated regularly to meet the demands of teaching.

IX. Quality Guarantee

(i) The specialty shall establish a quality monitoring mechanism to supervise the specialty construction and teaching process, and a quality monitoring and management system for the teaching. The specialty shall establish comprehensive quality standards for classroom teaching, teaching evaluation, internship and practical training, graduation project, specialty research, talents training program and resources banks. By means of teaching implementation, process monitoring, quality evaluation and continuous improvement of such, the qualities of talents training in the specialty shall be guaranteed.

(ii) The specialty shall instituted comprehensive teaching management mechanism to improve the organization and operation of daily teaching affairs, to review and improve the curriculum construction and teaching quality regularly. The specialty shall establish a mechanism, such as touring classes, visiting classes, evaluating teaching and learning, to inspect the classroom teaching to ensure strict discipline of teaching and lecture participation, to strengthen the functions of teaching organization, to deliver open lectures and demonstration classes and other teaching and research activities regularly.

(iii) The specialty shall establish mechanisms of tracking and feedback and social evaluation for the graduates so as to analyze the sources of students, their academic levels at specialty, and employment in the hope ofregularly evaluating the qualities of talent fostering and the achievement of the educational objectives.

(iv) The specialty shall make full application of the above results of evaluation and analysis to effectively boost the specialty teaching. Meanwhile, the specialty shall design and implement measures for diagnosis and improvement based on the problems in talents training so as to continuously enhance the qualities of talents training.

Teaching Standards for the Specialty of Corporate Management

I. Specialty Title (Specialty Code)

Corporate Management(630601)

II. Admission Requirements

Applicants shall be graduates from regular senior high schools, secondary vocational schools or with similar educational background.

III. BasicSchooling Duration

3 academic years

IV. Career Orientation

Specialty Category (Code)	Profession (Code)	Corresponding Industries (Code)	Major Occupational Categories (Code)	Examples of Major Job Categories (Technical Areas)	Examples of Vocational Qualification Certificates (Vocational)
Major Categories of Economics, Finance, Business and Trade (63)	Business Management (6306)	Retailing (52) Catering (62) Commercial Service (72)	Human Resource Professional (2–06–08) Salesperson (4–01–02) Business Consultant (2–06–07)	Human Resource Manager Human Resource Service Professional Marketer Management Consultant	Human Resource Administrator (level 3) Human Resource Administrator (level 4) Assistant Marketer

V. Educational Objectives

The specialty shall cultivate high-quality, all-round technical and skilled talents who boast strong abilities in sustainable development and support the Party's basic line and meet the needs of regional economic construction and social development. They shall be able to work at low levels of positions in management and front-line service of firms based on modern service. They shall boast basic professional literacy such as integrity, cooperation, dedication, innovation and entrepreneurship and others. They shall be trained to master basic knowledge, skills and abilities of stores management, human resource management, administrative management, customer relationship management, innovation and entrepreneurship, and develop in all-round ways in morality, intellect, sport and aesthetic.

VI. Educational Specifications

Graduates of this specialty shall meet the following requirements in terms of quality, knowledge and ability.

(i) Qualities

1. Ideological and political quality: Graduates shall love the motherland, support the Party's basic line, master the basic principles of Marxism-Leninism, Mao Zedong thought and the theoretical system of socialism with Chinese characteristics, and have a correct outlook on life, values, ethics and legal system.
2. Humanities and scientific quality: Graduates shall not only have the scientific spirits and mind-sets, but also the healthy and elegant artistic and aesthetic cultivations. They shall also be trained to have the international visions and abilities of cross-cultural understanding, stronger collectivism spirits, and distinct personalities and excel in skills.
3. Physical and mental quality: Graduates shall achieve the standard of *National Students Physical Health Standard* and develop good fitness and hygiene habits. They also shall be trained to master certain skills in athletics and professional sports, have a positive attitude, good interpersonal relationship and sound personality.
4. Professional Morality and Ethics: Graduates shall be cultivated to meet the professional ethics requirements of business management and related business practitioners, as well as have good professional attitudes, professional accomplishment and lifelong learning abilities. They shall not only boast the professional spirits of loyalty, honesty, high responsibility, dedication to work, and with great initiative, but also have the attitudes of strict implementation of relevant laws and regulations, as well as the diligent and rigorous professional practices and strong enthusiasm for work.
5. The Quality of Innovation and Entrepreneurship: Graduates shall not only have the conciousness of the Internet thinking, innovative spirit and entrepreneurship, but also enjoy such innovative and entrepreneurial qualities as independent working technology literacy, social

interaction proficiency, management competence, communication and coordination ability.

(ii) Knowledge

1. Graduates shall master the basic principles of management and economics, and the basic theories and knowledge of modern enterprise management.
2. Graduates shall master qualitative and quantitative analysis methods of business management.
3. Graduates shall be familiar with the relevant general and specific policies and regulations of business management in China.
4. Graduates shall well understand the trend of latest theoretical development in the discipline.

(iii) Competences

1. Graduates shall have the abilities to apply modern technologies and theories to enterprise management and human resources development and utilization.
2. Graduates shall have the abilities to adapt to the positions of enterprise financing, administrative management, foreign trade, marketing and other related fields such as store management, project management, logistics management, human resources management and so on.
3.Graduates shall have the basic abilities of language and written expression, interpersonal communication, analysis and problem solving.
4.Graduates shall be very familiar with the application of knowledge of computer and Internet science, being able to use computer as a tool for related professional information and professional business processing.
5.Graduates shall have the abilities in self-study, innovation and development.

VII. Curriculum and Class Hour Schedule

(i) Curriculum

Curriculum shall include public basic courses and specialty courses.
1. Public Basic Courses. According to relevant regulations issued and implemented by the Party and the government, ideological and political theory, Chinese excellent traditional culture, physical education, military science, career development and employment guidance for undergraduates, mental health education shall be listed as public basic compulsory courses. Marxist theory, the Party's history and national history, practical writing in finance and economics, information technology, advanced mathematics, foreign language, education of

innovation and entrepreneurship, health education, aesthetic education and professionalism for business management career shall be listed as compulsory courses or optional courses.

2. Specialty Courses. Specialty courses shall include professional foundation courses, core courses, extended courses, and relevant practical teaching and training courses.

(1) Professional Foundation Courses. Eight professional foundation courses offered shall include Basics of Management, Marketing Practice, Market Research, Enterprise Management Sand Table Drill, Business Culture and Ethics, Workplace Communication, E-commerce Practice, Financial Knowledge of Innovation and Entrepreneurship, etc.

(2) Professional Core Courses. Four professional core courses offered shall be Store Management, Human Resources Management, Enterprise Administration Management, Internet and CRM.

(3) Professional Extended Courses. There shall be three types of professional extended courses. The first type is courses extending applicative abilities of the specialty, such as Advanced Application of Business Office Software, Modern Logistics Management, Practical Writing, etc. The second is the courses for introducing new technology in industrial development, such as Management Psychology, Business Negotiation, ERP Software Exercise, etc. The third is the courses that characterize the advantageous features of the college.

3. Titles of Core Courses and Main Teaching Contents.

Number	Titles of Core Courses	Main Teaching Contents
1	Store Management	The contents, principles, functions and modes of store layout; the principles and methods of commodity display; the basic qualities and duties of tallyman, the knowledge of commodity and equipment maintenance that tallyman shall possess; the mode and principles of commodity purchase; the working duties and etiquette service norms of cashier, as well as the operation discipline and process of cash collection; the psychological process and purchase behavior of customer in purchase, and salesperson's skills in customer reception; the functions and ways of store promotion; the types and handling methods of customer complaints, the process of handling customer complaints; the causes of loss in store operation and the importance of store safety management, the prevention methods and measures of loss; online and offline store marketing strategies under the background of the Internet
2	Enterprise Administration	Formulating firm's meeting documents, economic contracts, market survey reports, feasibility studies report, advertising documents, dissemination documents, meeting documents include meeting announcements, meeting agenda, meeting speech, meeting statements, proposals, meeting minutes, meeting summary, etc. Formulating duty schedule for enterprise holiday, meeting program, etc. carrying out the enterprise administration work with the Internet
3	Human Resource Management	Human resource planning, positions analysis and design, employee recruitment and selection, performance evaluation, compensation management, employee motivation, training and development; career planning, labor relationships management; ideas, ways and methods of human resource management in the Internet age

continued

Number	Titles of Core Courses	Main Teaching Contents
4	Internet and Customer Relationship Management	The idea of customer relationship management, ways to develop customers and implement tiered management, customer service and communication skills; concept of customer satisfaction and ways to improve customer satisfaction, concept of customer loyalty and skills to retain customers; skills of the new customer relationship management in the context of the Internet

4. Practical Teaching. This part shall be mainly comprised of practical training, internship, graduation project and social practice and others. The practical training shall be carried out in laboratories on the campus and training bases outside the college. The main contents of practical training and internship shall include the skills training of ERP software training, enterprise management simulation, management psychology applied training, etc. Such training and practice shall be implemented in strict accordance with the "Regulations on Student Internship Management in Vocational Schools" and the relevant requirements on the standards for professional post internship. Cognitive practice shall be scheduled in semester 1 or 2, following internship in semester 3 or 4, and post internship in semester 5 or 6. Skills training and internship shall be not only the teaching of practical skills, but also an important part of professional courses teaching. The specialty shall therefore emphasize a lot the integration of theoretical study and skill practice.

5. Other Requirements. The specialty, by taking the actual requirements of the society on college graduates, shall offer many selective courses, extended courses or seminars (other activities) in the fields of social responsibility, safety education, energy conservation and emission reduction, green development and environmental protection, management and other selective courses in humanities and for the improvement of scientific literacy, the related contents of which shall be integrated into the specialty courses. The specialty shall integrate innovation and entrepreneurship education into specialty courses and the related training of practical skills. The specialty shall also open some college-based other specialty courses, organize various activities for moral education, and encourage students to participate in voluntary activities as well as other social practical activities.

(ii) Class Hour Schedule

Total class hours shall be 2 600 to 2 700 periods; every 18 class hours shall be converted into 1 credit. The class hours of public basic courses shall be required to be no less than 25% of the total. Time used for the practical training shall constitute more than 50% of class hours, in which the accumulative time for post internship shall be up to 6 months, consecutively or through several phases. The class hours for selective courses shall take up at least 10% of the total.

VIII. Basic Teaching Conditions

(i) Teachers

1. Structure of Teachers. The ratio of student to full-time professional teacher shall beno more than 16 : 1. Teachers with double professional qualifications shall add up to no less than 60% of all professional teachers. And the specialty shall have good composition of teachers in terms of professional titles, age structure etc.
2. Full-time teachers in the specialty shall be all in possession of college teacher's qualifications, with good ethics. They shall have the work experience and practical experience related to business management and be familiar with the business management and proficient in the basic theory and knowledge of the specialty. Strong teaching and research capabilities shall be also be boasted.
3. Part-time teachers shall be mostly from firms in the industry. They shall beall with good ideological, political quality and professional ethics. They shall have more than 5 years of work experience related to the enterprise management and rich experience in enterprise management, as well as certain teaching and organizational ability.

(ii) Teaching Facilities

The teaching facilities shall be the necessary specialty classrooms, practical training laboratories and bases that are needed for usual course teaching, internship, practical training, and that make information-based teaching possible.
1. Basic Conditions for Specialty Classrooms. The specialty classrooms, with adequate electric power, lights and security precautions, shall be equipped with desks and chairs, blackboards, multimedia teaching equipment, basic teaching instruments, internet interface or good network environments that are adequate for the delivery of specialty courses. The class rooms shall be big enough to accommodate all the students for the lectures.
2. Requirements for Practical Training Laboratories within the College.
(1) The laboratory for business management comprehensive training shall be equipped with a server, a projector, a whiteboard, 1 computer/person, full Wi-Fi coverage as well as relevant accounting software, which shall be used in training activities such as SWOT analysis for entrepreneurship projects, market research, design and analysis, online collection of policies and regulations related to entrepreneurship, and writing some programs and entrepreneurship plans, etc.
(2) The Laboratory for enterprise management practical skills shall comprise two experimental platforms of enterprise management sand table laboratory and ERP

Laboratory.These two laboratories shall be equipped with computers, projectors and other related teaching equipment, as well as the operation management software such as enterprise electronic sand table simulation management, ERP management and physical sand table teaching aids. And there shall be various software and hardware in support of seven departments, such as purchasing department, sales department, finance department, warehousing department, production department, information department (server), quality inspection department, and a certain number of product materials. It shall aim to create as real an environment as possible for students' practical training, so that the practical teaching can achieve good results. The sand table simulation experiment of enterprise management shall be easy to operate. The main purpose of the experiment shall be to make students master the process of enterprise establishment and production operation, which is suitable for junior students. ERP laboratory shall be conducive to students' mastery of information management process and business operation method of enterprise resources; through simulating the process of enterprise management, operation and processing, it shall be "bringing enterprises into the classroom", thus create a real enterprise environment in the classroom. The practice of enterprise process simulation shall allow students to work in the "real business environment" during the period of schooling so that they can better integrate the theory with practice.

3. Requirements for Off-campus Practical Training Bases. The off-campus practical training bases shall be good firms or social intermediaries that are able to provide related typical professional activities for business management and emphasize the integration of the industry and education. The practical training bases shall boast over complete facilities, provide adequate positions and designate experienced professionals to guide the students. They shall have comprehensive management regulations and mechanism. The specialty shall have more than three off-campus training bases that are in close cooperation with the specialty.

4. Requirements for Internship Bases. The internship bases shall be selected from various representative firms and social intermediaries that are able to provide adequate internship positions of financial management. They shall be able to designate appropriate experienced employees to guide and manage the students. These bases shall be safe and insured and instituted with rules and regulations to guarantee the daily works, studies and lives of the interns.

5. Requirements for Information-based Teaching. The specialty shall offer information-based teaching of many courses, with digitalized teaching resources, research literature, answers to frequently asked questions and other conveniences. The specialtyalso shall guide and encourage the teachers to develop and utilize information-based teaching resources, platforms, innovative teaching methods so as to improve the effectiveness of teaching activities.

(iii) Teaching Resources

In order to satisfy the students' demands for the learning of their specialty, and the teachers' demands for teaching and research, the specialty shall have in stock a lot of teaching materials, books and various digital resources.

1. Requirements on the Choice of Teaching Materials. According to the related state regulations, the specialty shall carefully select high quality textbooks and other teaching materials for the students. A panel of specialty teachers, professional experts and researchers shall be involved to the selection of these teaching resources. Complete teaching material selection regulations shall be established to find the optimal resources for the students.

2. Requirements on Books and Other Research Literature. The specialty shall have adequate books and research literature to meet the demand of talents training, specialty construction, teaching and scientific research. All these shall be easily accessible to the teachers and students. Such books of the specialty shall be related to the theories, skills, methods, thinking and practical operation in the field of business management.

3. Requirements on Digitalized Resources. The specialty shall have relevant specialty literature, audio and video materials, digital teaching materials, teaching courseware, supplementary materials, case bases, policies and regulations banks, exercises and questions banks, practical training software, professional and skill qualification examination materials as well as the employment and entrepreneurship information. They shall be in various forms, rich types, easily accessible, and updated regularly to meet the demand of teaching.

IX. Quality Guarantee

(i) The specialty shall establish a quality monitoring mechanism to supervise the specialty construction and teaching process, and a quality monitoring and management system for the teaching. The specialty shall establish comprehensive quality standards for classroom teaching, teaching evaluation, internship and practical training, graduation project, specialty research, talents training program and resources banks. By means of teaching implementation, process monitoring, quality evaluation and continuous improvement of such, the qualities of talents training in the specialty shall be guaranteed.

(ii) The specialty shall institute comprehensive teaching management mechanism to improve the organization and operation of daily teaching affairs, to review and improve the curriculum construction and teaching quality regularly. The specialty shall establish a mechanism, such as touring classes, visiting classes, evaluating teaching and learning, to inspect the classroom teaching to ensure strict discipline of teaching and lecture participation, to strengthen the functions of teaching organization, to deliver open lectures and demonstration classes and other teaching and research activities regularly.

(iii) The specialty shall establish a tracking and feedback mechanism and a social evaluation mechanism for the graduates so as to analyze the sources of students, their academic achievements, and the employment situations of the graduates in the hope of regularly evaluating the qualities of talent training and the achievement of the educational objectives.

(iv) The specialty shall make full application of the above results of evaluation and analysis to effectively boost the specialty teaching. Meanwhile, the specialty shall design and implement measures for diagnosis and improvement to continuously enhance the qualities of the talents training.

Teaching Standards for the Specialty of Real Estate Management

I. Specialty Title (Specialty Code)

Real Estate Management (540701)

II. Admission Requirements

Applicants shall be graduates from regular senior high schools, secondary vocational schools or with similar educational background.

III. Basic Schooling Duration

3 academic years

IV. Career Orientation

Specialty Category (Code)	Profession (Code)	Corresponding Industries (Code)	Major Occupational Categories (Code)	Examples of Major Job Categories (Technical Areas)	Examples of Vocational Qualification Certificates (Vocational Skill Level)
Civil Construction (54)	Real Estate (5407)	Real Estate (70)	Real Estate Intermediary Service Personnel (4-06-02)	Real Estate Agent	Real Estate Agent Assistant Manager (Junior)
				Real Estate Planner	Real Estate Assistant Planner(Junior)
			Assessment Professional (2-06-06)	Real Estate Appraisal Professionals	Real Estate Appraiser (Junior)
			Business Professional (2-06-07)	Real Estate Developers	Real Estate Assistant Analyst(Junior)

V. Educational Objectives

This specialty shall cultivate high-quality technical and skilled talents who advocate the basic line of the Party, adapt to the needs of regional economic construction and social development, and work at the low level of positions in business and management, such as marketing, brokerage, appraisal, investment, operation of real estate and others, in firms of real estate development, intermediary service, investment and relevant authorities. They shall have basic qualities of integrity, cooperation, dedication, innovation and entrepreneurship, be equipped with a good understanding of the market situation in the economy, the financial situation so as to carry out proper appraisal of assets value, the structure of buildings so as to improve efficiency of construction. They shall be well versed in marketing and culture, services and laws, network and innovation, so as to be engaged in real estate marketing, brokerage, appraisal, management, investment and purchasing. They shall also be cultivated to have strong abilities in innovation and entrepreneurship and develop in all-round ways in morality, intellect, sport and aesthetic with strong capacities for sustainable development.

VI. Education Specifications

Graduates of this specialty shall meet the following requirements in terms of quality, knowledge and abilities.

(i) Qualities

1. Graduates shall strongly support the leadership of the Communist Party of China, establish a common ideal of socialism with Chinese characteristics, and practice the core values of socialism with a deep sense of patriotism and Chinese national pride.
2. Graduates shall uphold the Constitution, abide by laws and observe regulations and disciplines.
3. Graduates shall master the practical expertise of real estate development, operation, management, marketing and property management.
4. Graduates shall have the qualities of honesty, faithfulness and dedication to work guided by good virtues as well as the craftsmanship of excellence.
5. Graduates shall have awareness of quality, security, career planning and innovative mind-set.
6. Graduates shall have stronger collective senses and teamwork spirits, good behaviors and strong self-management abilities.
7. Graduates shall feature physical and mental health, wholesome personalities and well-developed habits for physical exercise and personal hygiene.
8. Graduates shall be information literate, have the abilities of aesthetic appreciation, and

possess good humanistic qualities.

(ii) Knowledge

1. Graduates shall master the basic system and regulations of real estate.
2. Graduates shall master the basics of investment, management, finance, and accounting.
3. Graduates shall master the development, operation, management, and marketing of real estate and property management practices of real estate.
4. Graduates shall master the analysis of real estate investment and the methods of financing through capital markets.
5. Graduates shall master the methods of real estate appraisal.
6. Graduates shall master necessary and practical professional English used in real estate areas.
7. Graduates shall have the knowledge of information collection, analyzing and processing and have the abilities of addressing problems with Internet-era thinking.
8. Graduates shall have an understanding of the meaning, types and processes of innovative mind-set and entrepreneurship, and master the knowledge of the search and evaluation of opportunities, environment analysis, team building, financing channels and methods, and business plan writing in entrepreneur ship.

(iii) Competences

1. Graduates shall have certain abilities of operations in management of commercial real estate and property.
2. Graduates shall have good abilities in real estate marketing, brokerage and others.
3. Graduates shall have strong abilities in real estate price assessment and finance.
4. Graduates shall have certain abilities in real estate management.
5. Graduates shall have certain abilities in analyzing building structure.
6. Graduates shall have certain abilities in operating real estate-related businesses in various financial institutions including commercial banks.
7. Graduates shall have good abilities in processing professional-related information and business with computer.
8. Graduates shall have good abilities in big data analysis and application with Internet thinking.
9. Graduates shall have good abilities in innovation and entrepreneurship, be able to accurately set development direction, goals, strategies and specific implementation plans for innovation and entrepreneurship according to the subjective and objective conditions and local conditions; they shall have certain personnel and financial management

capabilities; they also shall have good abilities in coordination and communication with relevant departments and individuals effectively.

VII. Curriculum and Class Hour Schedule

(i) Curriculum

Curriculum shall include public basic courses and specialty courses.

1. Public Basic Courses. According to relevant regulations issued and implemented by the Party and the Government, ideological and political theory, Chinese excellent traditional culture, physical education, military science, career development and employment guidance for undergraduates, mental health education shall belisted as public basic compulsory courses.

2. Specialty Courses. Specialty courses shall include professional foundation courses, core courses, extended courses, and relevant practical teaching and training courses.

(1) Professional Foundation Courses. Nine professional foundation courses offered shall include Basics of Management, Marketing Practice, Modern Business Culture and Ethics, Workplace Communication, Network Marketing, Financial Knowledge on Innovation and Entrepreneurial, Real Estate Management Foundation, Construction Engineering Structure and Map-reading, Real Estate Consumer Psychology, etc.

(2) Professional Core Courses. Five professional core courses offered shall be Real Estate Regulations and Policies, Real Estate Brokerage, Real Estate Appraisal, Real Estate Market Research and Analysis, Real Estate Marketing, etc.

(3) Professional Extended Courses. Six professional core courses offered shall be Commercial Real Estate Operation Management, Real Estate Brokerage Store Management, Real Estate Marketing Planning, Property Management Practice, Real Estate Information Management, Real Estate Investment and Financing Practice.

3. Titles of Core Courses and Main Teaching Contents.

Number	Titles of Core Courses	Main Teaching Contents
1	Real Estate Brokerage	Professional ethics of real estate brokers, business operations of real estate leasing, brokerage replacement, brokerage agent, collect and release housing information by Internet, online house viewing appointment, signing contracts, etc
2	Real Estate Marketing	Professional ethics of real estate consultants, real estate market survey, real estate project positioning, real estate pricing, marketing channels and promotion strategies selection, new marketing ideals, strategies and methods in the Internet era
3	Real Estate Appraisal	Professional ethics of real estate appraisers, basic knowledge and principles of real estate appraisal, main methods of real estate appraisal, procedures of real estate appraisal, and collect relevant information by Internet

continued

Number	Titles of Core Courses	Main Teaching Contents
4	Real Estate Regulations and Policies	Real estate laws and regulations and policies on ownership, housing demolition, real estate transactions, axes and others, understand the latest real estate policies by Internet
5	Real Estate Market Survey and Analysis	Methods, content and process of real estate market survey, market survey questionnaire design, Collect, treat, and analyze data by Internet

4. Practical Teaching. This part shall be mainly comprised of practical training, internship, graduation project and social practice and others. The practical training shall be carried out in laboratories on the campus and training bases outside the college. The main contents of practical training and internship shall include the skills training of real estate marketing, brokerage, appraisal, property management, engineering budget and others. Such training and practice shall be implemented in strict accordance with the "Regulations on Student Internship Management in Vocational Schools" and the relevant requirements on the standards for professional post internship. Cognitive practice shall be scheduled in semester 1 or 2, guided practice in semester 3 or 4, and internship in semester 5 or 6. Skills training and internship shall be not only the teaching of practical skills, but also an important part of professional courses teaching.The specialty therefore emphasizes a lot the integration of theoretical study and skill practice.

5. Other Requirements. The specialty, by taking the actual requirements of the society on college graduates, shall offer many selective courses, extended courses or seminars (other activities) in the fields of social responsibility, safety education, energy conservation and emission reduction, green development and environmental protection, management and other selective courses in humanities and for the improvement of scientific literacy, the related contents of which shall be also integrated into the specialty courses. The specialty shall integrate innovation and entrepreneurship education into specialty courses and the related training of practical skills. The specialty shall also open some college-based other specialty courses, organize various activities for moral education, and encourage students to participate in voluntary activities as well as other social practical activities.

(ii) Class Hour Schedule

Total class hours shall be 2 600 to 2 700 periods; every 18 class hours shall be converted into 1 credit. The class hours of public basic courses shall be required to be no less than 25% of the total. Time used for the practical training shall constitute more than 50% of class hours, in which the accumulative time for post internship shall be up to 6 months, consecutively or through several phases. The class hours for selective courses shall take up at least 10% of the total.

VIII. Basic Teaching Conditions

(i) Teachers

1. Structure of Teachers. The ratio of student to full-time professional teacher shall be no more than 25 : 1. Teachers with double professional qualifications shall add up to not less than 60% of all professional teachers. And the specialty shall have good composition of teachers in terms of professional titles, age structure etc.
2. Full-time teachers in the specialty shall be all in possession of college teachers' qualifications, with good ethics, commitment to their careers, and in full compliance with the laws and disciplines. They shall have all been educated in the specialties of management, economics, civil construction and the related, with bachelors or higher level of degrees, which ensure them a solid theoretical foundation and strong practical abilities in the specialty. They shall be all qualified to teach by means of information technology, and to conduct curriculum and teaching reforms and scientific researches. And they shall be required to have at least six months' experience aggregately working in firms in every five years.
3. In principle, the leader of a specialty shall have deputy senior professional title or above, be able to grasp well the industrial and professional trend in domestic and international environments, and have close relationship with enterprises in the industry, so as to understand the demand of the society for the talents in the specialty of real estate. They shall have strong competences in teaching design and doing researches in this field, and therefore enjoy some influence in the local region and related fields of study.
4. Part-time teachers shall be mostly from firms in the industry. They shall be all with good ideological, political qualities and professional ethics, in possession of the middle and high level professional qualifications in accounting and related specialties, and boast career qualities and professional competences and rich practical experiences. They shall be all able to teach the specialty courses, instruct in practical training sessions, guide the internship and conduct other teaching tasks for the specialty.

(ii) Teaching Facilities

The teaching facilities shall be the necessary specialty classrooms, practical training laboratories and bases that are needed for usual curriculum teaching, internship, practical training, and that make information-based teaching possible.
1. Basic Conditions for Specialty Classrooms. The specialty classrooms, with adequate

electric power, lights and security precautions, shall be equipped with desks and chairs, blackboard, multimedia teaching equipment, basic teaching instruments, internet interface or good network environments that are adequate for the delivery of specialty courses. The classrooms shall be big enough to accommodate all the students for the lectures.

2. Requirements for Practical Training Laboratories within the College.

(1) The laboratory for real estate practical skills training shall be equipped with a server, a projector, a whiteboard, 1 computer/person, full Wi-Fi coverage as well as relevant real estate software. The laboratory shall be used for the teaching and practical training of courses such as real estate marketing, brokerage, appraisal and other courses.

(2) The Real estate business scenario simulation training center shall be equipped with a server, a projector, a whiteboard, full Wi-Fi coverage, a real estate model, a sand table, a model display, a real estate map, a land level map, business flow charts, related real estate brokerage, marketing software to be used for the related teaching and practical training.

3. Requirements for Off-campus Practical Training Bases. The off-campus practical training bases shall be good firms or social intermediaries that are able to provide related typical professional activities for real estate operation and management. These bases shall emphasize the integration of the industry and education. The practical training bases shall boast over complete facilities, provide adequate positions and offer designated experienced professionals to guide the students. They shall have comprehensive management regulations and mechanism. The specialty shall have more than three off-campus training bases that are in close cooperation with the specialty.

4. Requirements for Internship Bases. The internship bases shall be selected from various representative firms and social intermediaries that are able to provide adequate internship positions of operation and management of real estate. They shall be able to designate appropriate experienced employees to guide and manage the students. These bases shall be safe and insured and instituted with rules and regulations to guarantee the daily works, studies and lives of the interns.

5. Requirements for Information-based Teaching. The specialty shall offer information-based teaching of many courses, with digitalized teaching resources, research literature, answers to frequently asked questions and other conveniences. The specialty also shall guide and encourage the teachers to develop and utilize information-based teaching resources, platforms, innovative teaching methods so as to improve the effectiveness of teaching activities.

(iii) Teaching Resources

In order to satisfy the students' demands for the learning of their specialty, and the teachers' demands for teaching and research, the specialty shall have in stock a lot of teaching materials, books and various digital resources.

1. Requirements on the Choice of Teaching Materials. According to the related state regulations, the specialty shall carefully select high quality textbooks and other teaching materials for the students. A panel of specialty teachers, professional experts and researchers shall be established to select these teaching resources. Complete teaching material selection mechanism shall be instituted to find the optimal resources for the students.

2. Requirements on Books and Other Research Literature. The specialty shall have adequate books and research literature to meet the demand of talents training, specialty construction, teaching and scientific research. All these shall be easily accessible to the teachers and students. Such books of the specialty shall be related to the theories, skills, methods, thinking and practical operation in the field of real estate operation and management.

3. Requirements on Digitalized Resources. The specialty shall have relevant specialty literature, audio and video materials, digital teaching materials, teaching courseware, supplementary materials, case bases, policies and regulations banks, exercises and questions banks, practical training software, professional and skill qualification examination materials as well as the employment and entrepreneurship information. They shall be in various forms, rich types, easily accessible, and updated regularly to meet the demand of teaching.

IX. Quality Guarantee

(i) The specialty shall establish a quality monitoring mechanism to supervise the specialty construction and teaching process, and a quality monitoring and management system for the teaching. the specialty shall establish comprehensive quality standards for classroom teaching, teaching evaluation, internship and practical training, graduation project, specialty research, talents training program and resources banks. By means of teaching implementation, process monitoring, quality evaluation and continuous improvement of such, the quality of talents training in the specialty shall be guaranteed.

(ii) The specialty shall institute comprehensive teaching management mechanism to improve the organization and operation of daily teaching affairs, to review and improve the curriculum construction and teaching quality regularly. The specialty shall establish a mechanism, such as touring classes, visiting classes, evaluating teaching and learning, to inspect the classroom teaching to ensure strict discipline of teaching and lecture participation, to strengthen the functions of teaching organization, to deliver open lectures and demonstration classes and other teaching and research activities regularly.

(iii) The specialty shall establish a tracking and feedback mechanism and a social evaluation mechanism for the graduates so as to analyze the sources of students, their academic achievements, and the employment situations of the graduates in the hope of regularly evaluating the quality of talent training and the achievement of the educational objectives.

(iv) The specialty shall make full application of the above results of evaluation and analysis to effectively boost the specialty teaching. Meanwhile, the specialty shall design and implement measures for diagnosis and improvement to continuously enhance the quality of the talents training.

Teaching Standards for the Specialty of Electronic Commerce

I. Specialty Title (Specialty Code)

Electronic Commerce (630801)

II. Admission Requirements

Applicants should be graduates from regular senior high schools, secondary vocational schools or with similar educational background.

III. Basic Schooling Duration

3 academic years

IV. Career Orientation

Specialty Category (Code)	Profession (Code)	Corresponding Industries (Code)	Major Occupational Categories (Code)	Examples of Major Job Categories (Technical Areas)	Examples of Vocational Qualification Certificates (Vocational Skill Level)
Major Categories of Economics, Finance, Business and Trade (63)	E-commerce (6308)	Internet Wholesale (5193)	E-commerce Engineer (4-01-02-02) Marketer (4-01-02-01)	Customer Service Store Operation Planning Website Promotion Foreign Trade Clerk	Assistant E-Commerce Engineer (Beginner) E-Commerce Engineer (Intermediate) Alibaba E-commerce Talent Certificate International Commercial Documents National Examination Certificate

V. Educational Objectives

The college shall cultivate high-quality technical and skilled talents with all-round development of morality, intelligence, fitness, aesthetic, and strong abilities of sustainable development, who support the Party's basic line, adapt to the needs of regional economic construction and social development, have the basic qualities of honesty, cooperation, and dedication and internet thinking, grasp the knowledge of e-commerce, network marketing, business management, entrepreneurial innovation and other basic knowledge and skills. And they shall be able to engage in network promotion, online shop operation, network editor, customer relationship management, image editing and processing, online self-startup and related managerial positions of various firms.

VI. Education Specifications

(i) Qualities

1. Ideological and political quality: Graduates shall love the motherland, support the Party's basic line, master the basic principles of Marxism-Leninism, Mao Zedong Thought and the theoretical system of socialism with Chinese characteristics, have a correct outlook on life, values, morality and legal concept.
2. Humanities and scientific quality: Graduates shall have scientific spirit and scientific thinking habits, health, elegant art and aesthetic cultivation, have an international perspective and cross-cultural understanding ability, have a strong collectivist spirit, distinct personality and learning a long.
3. Physical and mental quality: Graduates shall be able to achieve the "national standard of physical health of students", to develop a good fitness and hygiene habits, master a certain degree of competitive sports and professional sports skills, with a positive attitude, good interpersonal relationship and sound personality.
4. Professional Ethics and Professional Ethics: Graduates shall be in line with the national laws and regulations, integrity-based professional ethical requirements and dedication, adhere to the principle, hard work, humility, compliance and other professional ethics requirements, with a good professional attitude, professional accomplishment and lifelong learning ability. At the same time, graduates shall have dedication, work, entrepreneurship, liye and other professional spirit, strict implementation of the relevant laws and regulations of the attitude, diligent, rigorous professional habits and a strong enthusiasm for work.
5. Professional quality: Graduates shall have good ideological and moral character, professional ethics and political accomplishment, have strong self-study ability and information acquisition ability, have good psychological quality and ability to resist pressure, master good social interaction, communication skills with customers, the use of professional knowledge and communication skills. Graduates shall develop a good marketing ability, proficient in the use of e-commerce industry related software, with the

overall planning and operation capabilities of electronic website, website page design and production capabilities, website art processing ability, marketing and promotion capabilities, customer service and customer relationship maintenance capabilities.

6. Innovative entrepreneurial quality: Graduates shall have a certain entrepreneurial enthusiasm and innovative spirit, a strong team spirit, keen insight, learning ability, technical ability, problem-solving ability and environmental adaptability.

(ii) Knowledge

1. Graduates shall master the basic principles of management, economics and the basic knowledge of modern enterprise management.
2. Graduates shall master the relevant knowledge of e-commerce practice operation.
3. Graduates shall master the relevant knowledge of e-commerce Web page maintenance and production.
4. Graduates shall master the relevant knowledge of network marketing and logistics management.
5. Graduates shall well understand the theoretical frontier and development trend of this discipline.
6. Graduates shall master master entrepreneurial opportunity identification, entrepreneurial operation, entrepreneurial finance, entrepreneurial leadership and other related knowledge.

(iii) Competences

1. Graduates shall have good abilities in language and text expression, interpersonal communication and the basic ability to analyze and solve enterprise management problems.
2. Graduates shall have good abilities in possess the skills related to electronic commerce practice operation.
3. Graduates shall have good abilities in network research, planning and network marketing.
4. Graduates shall be able to use computer for information processing and professional business processing.
5. Graduates shall have good abilities in e-commerce web page maintenance and production capabilities and multimedia production.
6. Graduates shall have good abilities in logistics management, such as network procurement and warehousing.
7. Graduates shall have good abilities in translation, listening, speaking and writing English materials.

8. Graduates shall have good abilities in self-learning and sustainable development.
9. Graduates should have good abilities in business plan writing, startup company management, venture capital financing and so on.

VII. Curriculums and Class Hour Schedule

(i) Curriculums

Curriculums shall include public basic courses and specialty courses.
1. Public Basic Courses. According to relevant documents issued and implemented by the Party and the Government, an ideological and political theory course, a course of Chinese traditional culture, physical education, a course of military science, career development and employment guidance for undergraduates, mental health education shall be listed as public basic compulsory courses. Marxist theory course, the Party's history and national history, practical writing in finance and economics, IT, advanced mathematics, public foreign language, education of innovation and entrepreneurship, health education, aesthetic education courses and professionalism for marketer shall be listed as compulsory courses or optional courses.
2. Specialty Courses. Specialty courses shall include professional foundation courses, core courses, extended courses, and relevant practical teaching and training courses.
(1) Professional Foundation Courses. Seven professional foundation courses offered shall include Basics of Economics, Basics of Modern Finance, Management Foundation, Business Culture Ethics, Photographic Camera Technology, E-Commerce Programming, Foreign Trade Foundation.
(2) Professional Core Courses. Six professional core courses offered shall be E-Commerce Practice, Network Marketing, E-Commerce Media Technology, Online Shop Decoration, Online Shop Operation, Web Design, etc.
(3) Professional Extended Courses. There shall be two types of professional extended courses. The first type is professional deepening courses, like Data Analysis And Processing, Cross-Border E-Commerce Practice, Export Business Operations, Import Business Operations, Foreign Trade Document Operation, etc; the second is the courses in showing advantageous features of the college.
3. Titles of Core Courses and Main Teaching Contents.

Number	Titles of Core Courses	Main Teaching Contents
1	E-commerce Practice	mobile internet thinking; network market research; Taobao Open shop, decoration, etc.; e-commerce security technology; the basic knowledge of network marketing; Logistics Concept

continued

Number	Titles of Core Courses	Main Teaching Contents
2	Network Marketing	Understand network marketing, network marketing market positioning, Network marketing platform construction, network marketing promotion and network marketing management
3	Electronic Commerce Media Technology	Gratuates shall use Flash software provides tools and features to create graphical objects and special effects text, create project components and instances, create tween animations, mask animations, bone animations, multi-scene animations, MVAnimation, ad animation, interactive animation, will be published on the Internet animation, can search the Internet animation material
4	Shop Decoration	the design and production of shop recruitment; the design and production of posters; the design and production of the home page; the design and production of the main diagram; the design and production of the details page
5	Online Shop Operation	according to the macro-economy, market demand, target groups and other factors to choose the Business category and determine the purchase channel; the product photo shoot and complete the post-processing of the photo, complete the home page and details page design and production; the use of a variety of marketing tools for shop diversion; correctly complete the goods warehousing and outbound operations, and complete the packaging and delivery of goods; customer service communication and customer relationship management
6	Web Design	Dreamweaver the use of tools; HTML5 the page elements and attributes; CSS3 selector; H5 multimedia technology; box model, floating and positioning of elements, application of forms

4. Practical Teaching. This part shall be mainly comprised of practical training, internship, graduation project and social practice and others. The practical training shall be carried out in laboratories on the campus and training bases outside the college. The main contents of practical training and internship shall include e-commerce skills training, web design training, e-commerce programming practice, cross-border e-commerce training, online shop operation training, Network Marketing training, e-commerce media technology training and others. Such training and practice shall be implemented in strict accordance with the "Regulations on Student Internship Management in Vocational Schools" and the relevant requirements on the standards for professional post internship. Cognitive practice shall be scheduled in semester 1 or 2, following internship in semester 3 or 4, and post internship in semester 5 or 6. Skills training and internship is not only the teaching of practical skills, but also an important part of professional courses teaching. The college therefore shall emphasize a lot the integration of theoretical study and skill practice.

5. Other Requirements. Our college, by taking the actual requirements of the society on college graduates, shall offer many selective courses, extended courses or seminars (other activities) in the fields of social responsibility, safety education, energy conservation and emission reduction, green development and environmental protection, management and

other selective courses in humanities and for the improvement of scientific literacy, the related contents of which are also integrated into the specialty courses. Our college also shallshall integrate innovation and entrepreneurship education into specialty courses and the related training of practical skills. The college also shall open some college-based other specialty courses, organize various activities for moral education, and encourage students to participate in voluntary activities as well as other social practical activities.

(ii) Class Hour Schedule

Total class hours shall be 2 600 to 2 700 periods; every 18 class hours shall be converted into 1 credit. The class hours of public basic courses are required to be no less than 25% of the total. Time used for the practical training shall constitute more than 50% of class hours, in which the accumulative time for post internship shall be up to 6 months, consecutively or through several phases. The class hours for selective courses shall take up at least 10% of the total.

VIII. Basic Teaching Conditions

(i) Teachers

1. Structure of Teachers. The ratio of student to full-time professional teacher shall be no more than 25 : 1. Teachers with double professional qualifications shall add up to not less than 60% of all professional teachers. And the college shall have good composition of teachers in terms of professional titles, age structure etc.

2. Full-time teachers in the college shall be all in possession of college teachers' qualifications, with good ethics, commitment to their careers, and in full compliance with the laws and disciplines. They shall have all been educated in the specialties of e-commerce, marketing, enterprise management and the related, with bachelors or higher level of degrees, which ensure them a solid theoretical foundation and strong practical abilities in e-commerce, marketing, enterprise management. They shall be all qualified to teach by means of information technology, and to conduct curriculum and teaching reforms and scientific researches. And they shall be required to have at least six months' experience aggregately working in firms in every five years.

3. Leaders of specialty. In principle, the leader of a specialty shall have deputy senior professional title or above, be able to grasp well the industrial and professional trend in domestic and international environments, and have close communications with the industry and enterprises, so as to understand the demand of the society for the talents in

the specialty of e-commerce. They shall be have strong competence in teaching design and doing researches in this field, and therefore enjoy some influence in the local region and related fields of study.

4. Part-time teachers shall be mostly from firms in the industry. They shall be all with good ideological, political quality and professional ethics, in possession of the middle and high level professional qualifications in Internet, e-commerce industry and related specialties, and boast career quality and professional competence and rich practical experience. They shall be all able to teach the specialty courses, instruct in practical training sessions, guide the internship and conduct other teaching tasks for the specialty.

(ii) Teaching Facilities

The teaching facilities shall be the necessary specialty classrooms, practical training laboratories and bases that are needed for usual curriculum teaching, internship, practical training, and that make information-based teaching possible.

1. Basic Conditions for Specialty Classrooms. The specialty classrooms, with adequate electric powers, lights and security precautions, shall be equipped with desks and chairs, blackboards, multimedia teaching equipments, basic teaching instruments, internet interfaces or good network environments that are adequate for the delivery of specialty courses. The classrooms shall be big enough to accommodate all the students for the lectures.

2. Requirements for Practical Training Laboratories within the College. The teaching software shall be fully functional, covering the latest business model in the field of electronic commerce and its related background realization process. It shall be carry on the demonstration, the verification, the synthesis, the design and so on e-commerce Experiment Project operation, all-round, multi-level to meet the needs of experimental teaching.

3. Requirements for Off-campus Practical Training Bases. The off-campus practical training bases shall be good firms or social intermediaries that are able to provide related typical professional activities for e-commerce and emphasize the integration of the industry and education. The practical training bases shall boast over complete facilities, provide adequate positions and offer designated experienced professionals to guide our students. They shall have comprehensive management regulations and mechanism. The college shall have more than three off-campus training bases that are in close cooperation with our specialty.

4. Requirements for Internship Bases. Our internship bases shall be selected from various representative firms and social intermediaries that are able to provide adequate internship positions of online marketing, e-commerce operation, logistics and warehousing, and

customer service. They shall be able to designate appropriate experienced employees to guide and manage our students. These bases shall be safe and insured and instituted with rules and regulations to guarantee the daily works, studies and lives of the interns.

5. Requirements for Information-based Teaching. The college shall offer information-based teaching of many courses, with digitalized teaching resources, research literature, answers to frequently asked questions and other conveniences. The college shall also guide and encourage our teachers to develop and utilize information-based teaching resources, platforms, innovative teaching methods so as to improve the effectiveness of teaching activities.

(iii) Teaching Resources

In order to satisfy the students' demand for the learning of their specialty, and the teachers' demand for teaching and research, the college shall have in stock a lot of teaching materials, books and various digital resources.

1. Requirements on the Choice of Teaching Materials. According to the related state regulations, the college shall carefully select high quality textbooks and other teaching materials for our students. A panel of specialty teachers, professional experts and researchers shall be involved to the selection of these teaching resources. Complete teaching material selection regulations shall be established to find the optimal resources for our students.

2. Requirements on Books and Other Research Literature. The college shall have adequate books and research literature to meet the demand of talents training, specialty construction, teaching and scientific research. All these shall be easily accessible to our teachers and students. Such books of the specialty shall be related to the theories, skills, methods, thinking and practical operation in the field of e-commerce.

3. Requirements on Digital Resources. The college shall have relevant specialty literature, audio and video materials, digital teaching materials, teaching courseware, supplementary materials, case bases, policies and regulations banks, exercises and questions banks, practical training software, professional and skill qualification examination materials as well as the employment and entrepreneurship information. They shall be in various forms, rich types, easily accessible, and updated regularly to meet the demand of teaching.

IX. Quality Guarantee

(i) The college shall establish a quality monitoring mechanism to supervise the specialty construction and teaching process, and a quality monitoring and management system for the teaching. The college shall establish comprehensive quality standards for classroom teaching, teaching evaluation, internship and practical training, graduation project, specialty research, talents training program and resources banks. By means of teaching implementation, process monitoring, quality evaluation and continuous improvement of such, the quality of talents training in the specialty shall be guaranteed.

(ii) The college shall institute comprehensive teaching management mechanism to improve the organization and operation of daily teaching affairs, to review and improve the curriculum construction and teaching quality regularly. The college shall establish a mechanism, such as touring classes, visiting classes, evaluating teaching and learning, to inspect the classroom teaching to ensure strict discipline of teaching and lecture participation, to strengthen the functions of teaching organization, to deliver open lectures and demonstration classes and other teaching and research activities regularly.

(iii) The college shall establish a tracking and feedback mechanism and a social evaluation mechanism for our graduates so as to analyze the sources of students, their academic achievements, and the employment situations of the graduates in the hope of regularly evaluating the quality of talent training and the achievement of the educational objectives.

(iv) The college shall make full application of the above results of evaluation and analysis to effectively boost the specialty teaching. Meanwhile, the college shall design and implement measures for diagnosis and improvement based on the problems in talents training so as to continuously enhance the quality of talents training.

Teaching Standards for the Specialty of International Trade Practice

I. Specialty Title (Specialty Code)

Practices of International Trade (630501)

II. Admission Requirements

Applicants shall be graduates from regular senior high schools, secondary vocational schools or with similar educational background.

III. Basic Schooling Duration

3 academic years

IV. Career Orientation

Specialty Category (Code)	Profession (Code)	Corresponding Industries (Code)	Major Occupational Categories (Code)	Examples of Major Job Categories (Technical Areas)	Examples of Vocational Qualification Certificates (Vocational Skill Level)
Major Categories of Economics, Finance, Business and Trade (63)	Economics and Trade (6305)	Wholesale (51) Retail (52)	International business (Trade) Professional (2-06-07-01)	Vouching Clerk Foreign Trade Merchandiser Foreign Trade Salesperson Cross-border e-commerce Commissioner(B2B)	(B2B) Certificate for the National Cross-border E-commerce Commissioner

V. Educational Objectives

The specialty shall cultivate high-quality technical and skilled talents with firm ideals and beliefs, virtues and skills, and comprehensive development who boast a certain level of scientific and cultural knowledge, good professional ethics and spirit of craftsman. They shall be trained to have strong abilities in working, entrepreneurship and lifelong development. With a good mastery of professional knowledge, techniques and skills in international trade, they shall be able to work as business professionals in foreign trade enterprises that target at industries of wholesale and retail. They will be competent to engage in operations of foreign trades, foreign trade documents, and foreign trade merchandising and cross-border e-commerce of B2B.

VI. Educational Specifications

Graduates of this specialty shall meet the following requirements in terms of quality, knowledge and abilities.

(i) Qualities

1. Graduates shall strongly support the leadership of the Communist Party of China, practice the core values of socialism guided by Xi Jinping's thought on socialism with Chinese characteristics for a new era and have a deep sense of patriotism and Chinese national pride.
2. Graduates shall uphold the Constitution, abide by laws and observe disciplines, be honest and faithful, respect life and love labor, perform moral guidelines and codes of conduct with senses of social responsibilities and consciousness of social participation.
3. Graduates shall have awareness of quality, environmental protection, and security with information literacy, craftsmanship, innovative mind-set, global vision and marketing insight.
4. Graduates shall have self-management abilities, awareness of career planning and stronger collective senses and teamwork spirits.
5. Graduates shall feature physical and mental health, wholesome personalities, master basic sports knowledge and one or two sports skills and well-developed habits for physical exercise and personal hygiene as well as good behaviors.
6. Graduates shall have the abilities of aesthetic appreciation, and possess good humanistic qualities, and develop one or two types of art specialties or hobbies.

(ii) Knowledge

1. Graduates shall master necessary theories of ideology and politics, basic knowledge of science and culture, and Chinese traditional culture.
2. Graduates shall be familiar with laws and regulations related to the specialty and knowledge of environmental protection and fire safety.
3. Graduates shall master necessary basics of practical writing, economic mathematics, commercial foreign language (mainly English) as well as computer and Internet.

4. Graduates shall mater related economic and management knowledge of practices of international trade.
5. Graduates shall mater basic expertise of import and export business, foreign trade document, foreign trade merchandising, English foreign business correspondence and cross-border e-commerce.
6. Graduates shall master knowledge of international practices, laws and conventions in foreign trade activities.
7. Graduates shall master management of foreign trade risks.
8. Graduates shall master knowledge of seeking and assessment of opportunity, analysis of environment, establishment of team, venture financing channels and methods, business plan writing, and others in entrepreneurship.
9. Graduates shall be familiar with basic principles of international marketing and main methods of network marketing.
10. Graduates shall be familiar with knowledge of international business documents, international business communication.
11. Graduates shall well understand accounting standards and accounting system, and be familiar with accounting methods and statistical technologies in modern enterprises.
12. Graduates shall well understand basic knowledge of arts and humanities, history, and mental health.
13. Graduates shall well understand the development trend of international trade, the latest businesses in foreign trade and the new dynamics of cross-border e-commerce.
14. Graduates shall well understand economic development and trade policies of countries and regions that do business frequently with China.

(iii) Competences

1. Graduates shall have abilities in inquiry learning, lifelong learning, problem analysis and solving.
2. Graduates shall have good abilities in language, word expression and communication.
3. Graduates shall have good abilities in making documents of consignment, inspection, customs clearance and exchange settlement.
4. Graduates shall have good abilities in international freight agent.
5. Graduates shall have good abilities in consignment for shipment, declaration for inspection, clearance of goods, insurance and cargo receiving, etc.
6. Graduated shall have good abilities in lead generation, customer tracking, relationship establishment and customer service through cross-border e-commerce platform.
7. Graduates shall have good abilities in Internet thinking, network promotion and

international marketing.
8. Graduates shall have good abilities in dealing with disputes of import and export.
9. Graduates shall have good abilities in financial management.
10. Graduates shall have good abilities in preventing and handling common foreign trade risks.
11. Graduates shall have good abilities in innovation and entrepreneurship.
12. Graduates shall have good abilities in applying information technology and analyzing and solving problems.
13. Graduates shall have good abilities in cross-cultural communication and teamwork.

VII. Curriculum and Class Hour Schedule

(i) Curriculum

Curriculum shall include public basic courses and specialty courses.
1. Public Basic Courses. According to relevant documents issued and implemented by the Party and the government, an ideological and political theory, Chinese excellent traditional culture, physical education, military science, career development and employment guidance for undergraduates, mental health education shall be listed as public basic compulsory courses. The Party's history and national history, college Chinese, information technology, advanced mathematics, public foreign language, education of innovation and entrepreneurship, health education, aesthetic education and professionalism are listed as compulsory courses or optional courses.
2. Specialty Courses. Specialty courses shall include professional foundation courses, core courses, extended courses, and relevant practical teaching and training courses.
(1) Professional Foundation Courses. The six to eight professional foundation courses offered shall be Basics of International Trade, Basics of Economics, Basics of Accounting, Business English, Spoken English for Foreign Trade, International Business Etiquette, International Marketing and International Laws, etc.
(2) Professional Core Courses. The six to eight professional core courses offered shall be Import and Export Business Operation, Foreign Trade Documents Operation, Foreign Trade Merchandising Operation, International Settlement Operation, English Foreign Trade Correspondence, Foreign Trade Risk Management and Cross-border e-commerce B2B Practice, etc.
(3) Professional Extended Courses. They shall be courses introducing new trend in industrial development, extending skill requirements for employment positions and showing advantageous features of the college.

3. Titles of Core Courses and Main Teaching Contents.

Number	Titles of Core Courses	Main Teaching Contents
1	Import and Export Business Operation	Operational knowledge of import and export preparation, negotiation and signing, import and export performance and import and export aftermath. Quotations and counter-offers for import and export; various import and export correspondences; drafting import and export contracts, domestic purchase contracts, import agency agreements and domestic sales contracts; import and export performance operations; export collection, import payment and export rebate operations
2	Foreign Trade Documents Operation	Essentials of making consignment documents, inspection documents, customs declaration documents and exchange documents, handling of import documents and official documents, and knowledge of document management. Making or processing commercial invoices, packing orders, cabin consignment, inspection reports, declarations, certificates of origin, marine bills of lading, insurance slips, policy of insurance, bills of exchange, beneficiary's certificates, shipping notices and other documents; examining and amending letters of credit; examining documents under various payment modes; filing documents
3	Foreign Trade Merchandising Operation	Basic knowledge of commodity and product technology, operational essentials of selection of suppliers, sample documentation, raw material documentation, production progress documentation, quality documentation, packaging documentation and transportation documentation. Operations of supplier selection, sample documentation, raw material documentation, production progress documentation, quality documentation, packing documentation and transportation documentation
4	International Settlement Operation	Main settlement tools and methods, familiar with bank guarantee, standby letter of credit, import and export trade financing and cross-border trade RMB settlement. Business of International Bill, International Remittance, International Collection, Letter of Credits, Bank Guarantee and Standby Letter of Credit, Export Trade Financing, Import Trade Financing B and Cross-border Trade RMB Settlement, etc.
5	English Foreign Trade Correspondence	Common formats, special words and sentence patterns of English foreign trade correspondence. Writing skills for diplomatic letter, inquiry letter, offer letter, counter-offer letter, acceptance letter, reminder letter, amendment letter, shipment instructions, shipment notice, insurance letter, complaint letter, claim letter and settlement letter and so on needed in foreign trade business
6	Foreign Trade Risk Management	The meaning and types of foreign trade risks, and the methods of identifying, estimating and evaluating foreign trade risks, the understanding and management of macroeconomic and environmental risk, transaction risk, contract risk, performance risk and other foreign trade risks, and measures and skills for mitigating risk losses
7	B2B(Cross-border E-commerce B2B Practice)	Cross-border e-commerce B2B platform rules and basic operating procedures; target customer analysis and overall marketing plan formulation; cross-border shop construction and optimization; promotion and diversion, channeling and analyzing data; acquisition and management of business opportunity; order processing and settlement; customer service and maintenance and other knowledge of cross-border B2B business

4. Practical Teaching. This part shall be mainly comprised of practical training, internship, graduation project and social practice and others. The practical training shall be carried

out in laboratories on the campus and training bases outside the college. Social practice, post internship and following internship shall be organized by the specialty and carried out in foreign trade enterprises. The main contents of practical training shall include on/off-campus practical training, such as enterprises cognition internship, foreign trade operation, foreign trade document operation and foreign trade merchandising operation, as well as following internship and post internship in foreign trade enterprises, such as foreign trade document, foreign trade merchandising and foreign trade business. Such training and practice shall be implemented in strict accordance with the "Regulations on the Management of Students' Practice in Vocational Schools". Skills training and internship shall be not only the teaching of practical skills, but also an important part of professional courses teaching. The specialty shall therefore emphasize a lot the integration of theoretical study and skill practice.

5. Other Requirements. The specialty, by taking the actual requirements of the society on graduates, offers many selective courses, extended courses or seminars (other activities) in the fields of social accountabilities, safety education, green development and environmental protection, management and other courses in humanities and for the improvement of scientific literacy, the related contents of which shall be integrated into the specialty courses. The specialty shall also integrate education of innovation and entrepreneurship into specialty courses and the related training of practical skills. The specialty shall also open some college-based other specialty courses, organize various activities for moral education, and encourage students to participate in voluntary activities as well as other social practical activities.

(ii) Class Hour Schedule

Total class hours shall be 2 700 periods; every 18 credit hours shall be converted into 1 credit. The class hours of public basic courses shall be required to be no less than 25% of the total. Time used for the practical training shall constitute not less than 50% of class hours, in which the accumulative time for internship shall be up to 6 months, consecutively or through several phases. The class hours for selective courses shall take up at least 10% of the total.

VIII. Basic Teaching Conditions

(i) Teachers

1. Structure of Teachers. The ratio of student to full-time professional teacher shall be no

more than 25 : 1. Teachers with double professional qualifications shall add up to no less than 60% of all professional teachers. And the specialty shall have good composition of teachers in terms of professional titles, age structure etc.

2. Full-time Teachers. Full-time teachers in the specialty shall be all in possession of college teachers' qualifications, professional certificates, or skill level certificates, with ideals and beliefs, moral sentiments, solid knowledge and kindness. They shall have all been educated in the specialties of international economy and trade, international business and the related, with bachelors or higher level of degrees, which ensure them a solid theoretical foundation and strong practical abilities in practices of international trade. They shall be all qualified to teach by means of information technology, and to conduct curriculum and teaching reforms and scientific researches. And they shall be required to have at least six months' experience aggregately working in firms in every five years.

3. Leader of the Specialty. In principle, the leader of the specialty shall have deputy senior professional title or above, be able to grasp well the industrial and professional trend of international trade in domestic and international environments, and shall have close communications with the industry and enterprises, so as to understand the demands of the society for the talents in the specialty of international trade. She/he shall have strong competences in teaching design and doing researches in this field, organizing and performing teaching and researching activities and therefore enjoy some influence in the local region and related fields of study.

4. Part-time Teachers. Part-time teachers shall be employed mostly from the international trade firms. They shall be all with good ideological, political quality, professional ethics, and spirits of craftsman, in possession of the middle and high level professional qualifications in related professions, and boast solid knowledge of international trade and rich practical experience. They shall be all able to teach the specialty courses, instruct in practical training sessions, guide the internship and conduct other teaching tasks for the specialty.

(ii) Teaching Facilities

Teaching facilities shall be the necessary classrooms, practical training laboratories and bases that are needed for usual curriculum teaching and practical training.

1. Basic Conditions for Specialty Classrooms. The specialty classrooms shall be equipped with black (white) boards, multimedia computers, projection equipment, audio equipment, Internet access or full Wi-Fi covering environment with network security protection measures. Also, they shall be installed with emergency lighting device and keep in good condition. They shall meet the requirements of emergency evacuation, have obvious signs.

And the escape passages shall be kept unobstructed.

2. Requirements for Practical Training Laboratories within the College.

(1) The laboratory for foreign trade document shall be equipped with a serve, a projector, a white board, software for foreign trade document practical training, 1 computer/person, full Wi-Fi coverage, etc. The room shall be used for teaching and practical training of foreign trade document operation, international settlements operation and practical training of foreign trade document.

(2) The laboratory for foreign trade merchandising shall be equipped with a serve, a projector, a white board, foreign trade samples, software for foreign trade merchandising, 1 computer/person, full Wi-Fi coverage, etc. The room shall be used for teaching and practical training of foreign trade document operation teaching and foreign trade documents training.

(3) The laboratory for foreign trade business shall be equipped with a serve, a projector, a white board, software for foreign trade business, 1 computer/person, full Wi-Fi coverage, etc. The room shall be used for teaching and practical training of import and export business operation, English foreign business correspondence, foreign trade risk management and foreign trade business.

All above laboratories shall also be used as practical platform for student innovation and entrepreneurship.

3. Requirements for Off-campus Practical Training Base. The off-campus practical training bases shall be stable and able to have practical activities like operation of foreign trade business, foreign trade documents and foreign trade merchandising, operation and promotion of cross-border e-commerce, international marketing planning. The training bases shall boast complete facilities, provide adequate posts and offer designated experienced professionals to guide the students. They shall have comprehensive management regulations and mechanism.

4. Requirements for Internship Base. The off-campus internship bases shall be stable and able to offer internship positions like vouching clerk, foreign trade merchandiser and foreign trade salesperson, etc. They shall cover mainstream technologies of current development of international trade industry, and be able to provide adequate positions of international trade, and designate appropriate experienced employees to guide and manage the students. These bases shall be safe and insured and instituted with rules and regulations to guarantee the daily work, studies and lives of the interns.

5. Requirements for Information-based Teaching. The specialty shall offer information-based teaching of many courses, with digitalized teaching resources, research literature, and other conveniences. The specialty shall also guide and encourage the teachers to

develop and utilize information-based teaching resources, platforms, innovative teaching methods so as to improve the effectiveness of teaching activities.

(iii) Teaching Resources

In order to satisfy the students' demands for the learning of their specialty, and the teachers' demands for teaching and research, the specialty shall have in stock a lot of teaching materials, books and various digital resources.

1. Requirements on the Choice of Teaching Materials. According to the related state regulations, the specialty shall carefully select high quality textbooks and other teaching materials for the students. A panel of specialty teachers, professional experts and researchers shall be involved to the selection of these teaching resources. Complete teaching material selection regulations shall be established to find the optimal resources for the students.

2. Requirements on Books and Other Research Literature. The specialty shall have adequate books and research literature to meet the demand of talents training, specialty construction, teaching and scientific research. All these shall be easily accessible to the teachers and students. Such books of the specialty shall include policies and regulations, industry standard and international practice for foreign trade sector, books of international trade and practical cases, more than five kinds of academic journals on international trade.

3. Requirements on Digitalized Resources. The specialty shall have relevant audio and video materials, teaching courseware, supplementary materials, information-based case bases, virtual simulation software, and digital teaching material. They shall be in rich types, various forms, easily accessible, and updated regularly to meet the demand of teaching.

IX. Quality Guarantee

(i) The specialty shall establish a quality monitoring mechanism to supervise the specialty construction and teaching process, and a quality monitoring and management system for the teaching, comprehensive quality standards for classroom teaching, teaching evaluation, internship and practical training, graduation project, specialty research, talents training program and resources banks. By means of teaching implementation, process monitoring, quality evaluation and continuous improvement of such, the quality of talents training in the specialty shall be guaranteed.

(ii) The college and specialty shall institute comprehensive teaching management mechanism to improve the organization and operation of daily teaching affairs, to review and improve the curriculum construction and teaching quality regularly. The specialty shall establish a mechanism, such as touring classes, visiting classes, evaluating teaching and learning, to inspect the classroom teaching and a practical teaching supervision system linked with enterprises to ensure strict discipline of teaching and lecture participation, to strengthen the functions of teaching organization, to deliver open lectures and demonstration classes and other teaching and research activities regularly.

(iii) The specialty shall establish a tracking and feedback mechanism and a social evaluation mechanism for the graduates so as to analyze the sources of students, their academic achievements, and the employment situations of the graduates in the hope of regularly evaluating the qualities of talent training and the achievement of the education objectives.

(iv) The specialty shall make full application of the above results of evaluation and analysis to effectively boost the specialty teaching. Meanwhile, the specialty shall design and implement measures for diagnosis and improvement to continuously enhance the quality of the talents training.

Teaching Standards for the Specialty of International Business

I. Specialty Title (Specialty Code)

International Business (630503)

II. Admission Requirements

Applicants shall be graduates from regular senior high schools, secondary vocational schools or with similar educational background.

III. Basic Schooling Duration

3 academic years

IV. Career Orientation

Specialty Category (Code)	Profession (Code)	Corresponding Industries (Code)	Major Occupational Categories (Code)	Examples of Major Job Categories (Technical Areas)	Examples of Vocational Qualification Certificates (Vocational Skill Level)
Major Categories of Economics, Finance, Business and Trade (63)	Economy and Trade (6305)	Economic and Financial Service (66) Wholesale (51) Retail Service (52)	Business Professional (2-06-07) Salesperson (4-01-02)	International Business Professional Business Plan Professional Customs Declaration Professional Customs Inspector Cross-border E-commerce operation Specialist Cross-border E-commerce Customer Service Specialist Cross-border E-commerce Logistics Specialist	(B2C) National Cross-border E-commerce Specialist Post (B2C) Test (Junior) China Association of International Trade

V. Educational Objectives

This specialty shall cultivate high-quality technical and skilled talents with sustainable development abilities and love the country and advocate the Party's basic line. They shall be trained with such important abilities as to meet the demands of development strategies for China's "the Belt and Road Initiative", the national free trade zone and the reform of national cross-border e-commerce integrated experimental zones. They shall be able to work in positions of frontline and management incross-border e-commerce enterprises, international logistics enterprises and foreign trade enterprises, with professional ethics of integrity, dedication, responsibility and excellent senses of service, and professional characteristics of international vision, humanistic literacy, professional standards, and practical skills of international business. They shall be able to well comprehend the specific rules of the Internet + foreign trade + logistics, Internet thinking and big data application, and have a good grasp of the design, operation, sales and customer service of various formats of traditional foreign trading and cross-border e-commerce (B2B, B2C, B2B2C, M2B2C, etc.).

VI. Educational Specifications

Graduates of this specialty shall meet the following requirements in terms of quality, knowledge and abilities.

(i) Qualities

1. Graduates shall strongly support the leadership of the Communist Party of China, establish a common ideal of helping build socialism with Chinese characteristics, and practice the core values of socialism with a deep sense of patriotism and Chinese national pride.
2. Graduates shall uphold the Constitution, abide bylaws and observe regulations and disciplines.
3. Graduates shall abide by and perform moral guidelines and codes of conduct with the senses of social responsibilities and consciousness of social participation.
4. Graduates shall have the qualities of honesty, faithfulness and dedication to work guided by good virtues as well as the craftsmanship of excellence.
5. Graduates shall have awareness of quality, security, career planning and innovative mind-set.
6. Graduates shall have strong collective senses and teamwork spirits, good behaviors and strong self-management abilities.
7. Graduates shall feature physical and mental health, wholesome personalities and well-developed habits for physical exercise and personal hygiene.
8. Graduates shall conform to international business etiquette in behavior, reception,

communication, talks, interactions, dining, etc.

(ii) Knowledge

1. Graduates shall master necessary theories of ideology and politics and basic.
2. Graduates shall well understand the political, religious, cultural, legal, economic, geographical, local conditions and customs, consumptive level and other basic information of major trading countries and regions, and laws and regulations related to the specialty and knowledge of civilized production, green environmental protection, fire safety, innovation and entrepreneurship.
3. Graduates shall master the basics of international business professional qualities in management, economics, statistics and finance, and basic knowledge of foreign trade contracts, foreign trade documents, import and export business processes and settlement, etc.
4. Graduates shall master the knowledge of international maritime freight forwarding, international air freight forwarding, cross-border e-commerce logistics (postal package, special line, international express, overseas warehouse).
5. Graduates shall have the knowledge of products screening for cross-border e-commerce, rules of cross-border e-commerce sales platforms such as Ali Express, EBAY, Amazon, DH gate, etc.
6. Graduates shall have the knowledge of the methods and techniques of online platform marketing, customer service skills and consumer habits of major trading countries.
7. Graduates shall master the knowledge and process of international cargo inspection, customs declaration, transportation and insurance.

(iii) Competences

1. Graduates shall have good abilities in inquiry learning, lifelong learning, problem analysis and solving.
2. Graduates shall have good abilities in organization, coordination, management, communication, teamwork, and language and word expression.
3. Graduates shall have computer processing abilities of words, spreadsheets, graphics and images, and the abilities of data mining, data analysis, data application and other information technology applications.
4. Graduates shall have good abilities in self-management, adaptabilities and stress tolerance.
5. Graduates shall have good abilities in choosing reasonable and applicable modes of international cargo transport, international maritime transport and international air transport

carriers, routes, shipping dates, flights, means of transport.
6. Graduates shall have good abilities in scientifically and reasonably signing forwarding business contracts import and export sales contracts and domestic product purchase and sale contracts, and correctly producing foreign trade related documents.
7. Graduates shall have good abilities in operations of cargo collection, freight forwarding, customs declaration, inspection declaration, insurance, export rebate, etc.
8. Graduates shall have good abilities to communicate in both Chinese and English and to carry out the function of online marketing. They shall be able to conduct market research of products, develop target customers and markets, collect information and provide feedback on potential target customers and markets, and effectively manage customer relationships, and respond to their complaints and claims.
9. Graduates shall have good abilities to select cross-border e-commerce products and make full use of various cross-border e-commerce platforms to sell products.
10. Graduates shall have good abilities to accurately set the development direction, objectives, and strategies, to work out specific implementation plans of innovation and entrepreneurship according to subjective and objective conditions and local conditions. With certain personnel and financial management capabilities, they shall be able to effectively coordinate and communicate with relevant authorities and individuals.

VII. Curriculum and Class Hour Schedule

(i) Curriculum

Curriculum shall include public basic courses and specialty courses.
1. Public Basic Courses. According to relevant documents issued and implemented by the Party and the Government, an ideological and political theory, Chinese excellent traditional culture, physical education,military science, career development and employment guidance for undergraduates, mental health education shall be listed as public basic compulsory courses. Marxist theory, Party's history and national history, practical writing in finance and economics, IT, public foreign language, education of innovation and entrepreneurship, health education, aesthetic education and professionalism for international personnel shall be listed as compulsory courses or optional courses.
2. Specialty Courses. Specialty courses shall include professional foundation courses, core courses, extended courses, and relevant practical teaching and training courses.
(1) Professional Foundation Courses. Seven professional foundation courses offered shall include Basics of Economics, Basics of Modern Finance, Basics of Accounting, Internet

Finance, International Business Culture and Etiquette, Basics of Cross-border E-commerce, Practice of Cross-border E-commerce Art Designing, etc.

(2) Professional Core Courses. Six professional core courses offered shall be Cross-border E-commerce Logistics and Overseas Warehouse Operation, Cross-border E-commerce Customs Clearance Practice, Cross-border E-commerce Marketing, Cross-border E-commerce B2C Practice, Cross-border E-commerce Practical English, Comprehensive Practice of Cross-border E-commerce, etc.

(3) Professional Extended Courses. There shall be three types of professional extended courses. The first type is the courses in extending applicative abilities of the specialty, like Export Business Operation, International Settlement Operation, Import Business Operation, Foreign Trade Documents Operation, Cross-cultural Communication, etc.; the second is the courses for introducing new trend in industrial development, such as Foreign Trade Risk Management, Laws and Regulations of International Trade, Online Shop Operation and Management, Case Analysis of Zhejiang Merchants, etc.; the third is the courses in showing advantageous features of the college.

3. Titles of Core Courses and Main Teaching Contents.

Number	Titles of Core Courses	Main Teaching Contents
1	Cross-border E-commerce Logistics and Overseas Warehouse Operation	Basic definitions, operation process and operation design of international postal logistics, international express logistics, international line logistics, overseas warehouse logistics, first leg logistics in international maritime transportation, first leg logistics in international air freight, and "the Belt and Road Initiative" logistics and other cross-border e-commerce logistics
2	Cross-border E-commerce Customs Clearance Practice	Basic definitions, operation process and model design of customs clearance (B2B exit customs clearance, B2C exit customs clearance, C2C exit customs clearance, B2B entry customs clearance, B2C entry customs clearance, C2C entry customs clearance, etc.)
3	Cross-border E-commerce Marketing	The basic theories and methods of international marketing, the technologies and strategies of Internet marketing, cross-border e-commerce platform marketing and operation with the help of network environments and social media
4	B2C Cross-border E-commerce B2C Practice	Basic concepts and policies of cross-border e-commerce, rules of cross-border third-party operation platform, basic operation process of cross-border e-commerce, abilities to manage cross-border shop and operate e-commerce technology
5	Cross-border E-commerce Practical English	English in delivery process and background customer service management of cross-border e-commerce, background operations and customer communication in English, English in pre-sale, in-sale, after-sale process to improve customer service
6	Comprehensive Practice of Cross-border E-commerce	Cross-border trade e-commerce platform operation, abilities to conduct cross-border e-commerce operation in all aspects

4. Practical Teaching. This part shall be mainly comprised of practical training, internship, graduation project and social practice and others. The practical training shall be carried out

in laboratories on the campus and training bases outside the college. The main contents of practical training and internship shall include skills training of cross-border e-commerce platform operation, freight forwarding business, customs clearance, inspection, cross-border e-commerce marketing, product informationalized processing, cross-border e-commerce shop operation and management, and cross-border e-commerce customer service, etc. Such training and practice shall be implemented in strict accordance with the "Regulations on Student Internship Management in Vocational Schools" and the relevant requirements on the standards for professional post internship. Cognitive practice shall be scheduled in semester 1 or 2, following internship in semester 3 or 4, and post internship in semester 5 or 6. Skills training and internship shall be not only the teaching of practical skills, but also an important part of professional courses teaching. The specialty shall therefore emphasize a lot the integration of theoretical study and skill practice.

5. Other Requirements. The specialty, by taking the actual requirements of the society on college graduates,offers many selective courses, extended courses or seminars (other activities)in the fields of social responsibility, safety education, energy conservation and emission reduction, green development and environmental protection, management and other selective courses in humanities and for the improvement of scientific literacy, the related contents of which shall be also integrated into the specialty courses. The specialty shall integrate innovation and entrepreneurship education into specialty courses and the related training of practical skills. The specialty shall also open some college-based other specialty courses, organize various activities for moral education, and encourage students to participate in voluntary activities as well as other social practical activities.

(ii) Class Hour Schedule

Total class hours shall be 2 600 to 2 700 periods; every 18 class hours shall be converted into 1 credit. The class hours of public basic courses shall be required to be no less than 25% of the total. Time used for the practical training shall constitute more than 50% of class hours, in which the accumulative time for post internship shall be up to 6 months, consecutively or through several phases. The class hours for selective courses shall take up at least 10% of the total.

VIII. Basic Teaching Conditions

(i)Teachers

1. Structure of Teachers. The ratio of student to full-time professional teacher shall be no

more than 25 : 1. Teachers with double professional qualifications shall add up to no less than 60% of all professional teachers. And the specialty shall have good composition of teachers in terms of professional titles, age structure etc.

2. Full-time teachers in the specialty shall all be in possession of college teachers' qualifications, with good ethics, commitment to their career, and in full compliance with the laws and disciplines. They shall have all been educated in the specialties of international business, international trade, international logistics and the related, with bachelors or higher level of degrees, which ensure them a solid theoretical foundation and strong practical abilities in international business. They shall be all qualified to teach by means of information technology, and to conduct curriculum and teaching reforms and scientific researches. And they shall have at least six months' experience aggregately working in firms in every five years.

3. In principle, the leader of a specialty shall have deputy senior professional title or above, be able to grasp well the industrial and professional trend in domestic and international environments, and have close communications with the industry and enterprises, so as to understand the demand of the society for the talents in the specialty of international business. He/she shall have strong competence in teaching design and doing researches in this field, and therefore enjoy some influence in the local region and related fields of study.

4. Part-time teachers shall be mostly from firms in the industry. They shall be all with good ideological, political quality and professional ethics, in possession of the middle and high level professional qualifications in economics and related specialties, and boast career qualities and professional competences and rich practical experiences in international businesses. They shall be all able to teach the specialty courses, instruct in practical training sessions, guide the internship and conduct other teaching tasks for the specialty.

(ii) Teaching Facilities

The teaching facilities shall be the necessary specialty classrooms, practical training laboratories and bases that are needed for usual curriculum teaching, internship, practical training, and that make information-based teaching possible.

1. Basic Conditions for Specialty Classrooms. The specialty classrooms, with adequate electric power, lights and security precautions, shall be equipped with desks and chairs, blackboard, multimedia teaching equipment, basic teaching instruments, internet interface or good network environments that shall be adequate for the delivery of specialty courses. The classrooms shall be big enough to accommodate all the students for the lectures.

2. Requirements for Practical Training Laboratories within the College. The practical training laboratories within the college shall be at least as spacious as 200 m^2, with full

Wi-Fi coverage, posts, positions and environment arranged considering the requirement of cross-border e-commerce. There shall be adequate cross border ecommerce simulation software, such as cross-border talents training system, forwarding ERP management system, training software for customs clearance, training software for inspection registration, software for training international forwarding skills. All such software shall be able to meet the requirements of cross-border e-commerce logistics and overseas warehouse operation, cross-border e-commerce customs clearance practice, cross-border e-commerce B2C practice, cross-border e-commerce comprehensive business practice and other courses.

3. Requirements for Off-campus Practical Training Bases. The off-campus practical training bases shall be good firms or social intermediaries that are able to provide related typical professional activities for international logistics and cross-border e-commerce and emphasize the integration of the industry and education. Such practical training bases shall be fully equipped with complete facilities, adequate positions, and designated experienced professionals. There shall be full set of system for practical training management and operation regulations, thus offering proper environment for successful guided practice and internship of our students.

4. Requirements for Internship Bases. Our internship bases shall be selected from various representative firms and social intermediaries that are able to provide adequate internship positions of international logistics and cross-border e-commerce. They shall be able to designate appropriate experienced employees to guide and manage the students. These bases shall be safe and insured and instituted with rules and regulations to guarantee the daily work, studies and lives of the interns.

5. Requirements for Information-based Teaching. The specialty shall offer information-based teaching of many courses, with digitalized teaching resources, research literature, answers to frequently asked questions and other conveniences. The specialty also shall guide and encourage the teachers to develop and utilize information-based teaching resources, platforms, innovative teaching methods so as to improve the effectiveness of teaching activities.

(iii) Teaching Resources

In order to satisfy the students' demands for the learning of their specialty, and the teachers' demands for teaching and research, the specialty shall have in stock a lot of teaching materials, books and various digital resources.

1. Requirements on the Choice of Teaching Materials. According to the related state regulations, the specialty shall carefully select high quality textbooks and other teaching

materials for the students. A panel of specialty teachers, professional experts and researchers shall be involved to the selection of these teaching resources. Complete teaching material selection regulations shall be established to find the optimal resources for the students.

2. Requirements on Books and Other Research Literature. The college shall have adequate books and research literature to meet the demand of talents training, specialty construction, teaching and scientific research. All these shall be easily accessible to the teachers and students. Such books of the specialty shall be related to the theories, skills, methods, thinking and practical operation in the field of international logistics and cross-border e-commerce.

3. Requirements on Digitalized Resources. We shall have relevant specialty literature, audio and video materials, digital teaching materials, teaching courseware, supplementary materials, case bases, policies and regulations banks, exercises and questions banks, practical training software, professional and skill qualification examination materials as well as the employment and entrepreneurship information. They shall be in various forms, rich types, easily accessible, and updated regularly to meet the demand of teaching.

IX. Quality Guarantee

(i) The specialty shall establish a quality monitoring mechanism to supervise the specialty construction and teaching process, and a quality monitoring and management system for the teaching. The specialty shall establish comprehensive quality standards for classroom teaching, teaching evaluation, internship and practical training, graduation project, specialty research, talents training program and resources banks. By means of teaching implementation, process monitoring, quality evaluation and continuous improvement of such, the quality of talents training in the specialty shall be guaranteed.

(ii) The specialty shall institute comprehensive teaching management mechanism to improve the organization and operation of daily teaching affairs, to review and improve the curriculum construction and teaching quality regularly. The specialty shall establish a mechanism, such as touring classes, visiting classes, evaluating teaching and learning, to inspect the classroom teaching to ensure strict discipline of teaching and lecture participation, to strengthen the functions of teaching organization, to deliver open lectures and demonstration classes and other teaching and research activities regularly.

(iii) The specialty shall establish a tracking and feedback mechanism and a social evaluation mechanism for the graduates so as to analyze the sources of students, their academic achievements, and the employment situations of the graduates in the hope of regularly evaluating the quality of talent training and the achievement of the educational objectives.

(iv) The specialty shall make full application of the above results of evaluation and analysis to effectively boost the specialty teaching. Meanwhile the specialty shall design and implement measures for diagnosis and improvement to continuously enhance the quality of the talents training.

Teaching Standards for the Specialty of Exhibition Planning and Management

I. Specialty Title (Specialty Code)

Exhibition Planning and Management (Sino-Australia Cooperative Program) (640301)

II. Admission Requirements

Applicants shall be graduates from regular senior high schools, secondary vocational schools or with similar educational background.

III. Basic Schooling Duration

3 academic years

IV. Career Orientation

Specialty Category (Code)	Profession (Code)	Corresponding Industries (Code)	Major Occupational Categories (Code)	Examples of Major Job Categories (Technical Areas)	Examples of Vocational Qualification Certificates
Tourism (64)	Exhibition Planning and Management (6403)	Business service industry (72)	Exhibition Planning Specialist (2-06-07-05) Business planner (2-06-07-03) Salesperson (4-01-02)	Project Planning and Operation Project Sales Promotion Site Supervision Management Follow-up and Process Service Overall Management and Operation	Certificate of Professionals in Enterprise Human Resources (Level 4) Certificate of Professionals in Exhibition Business

V. Educational Objectives

This specialty is jointly established by Zhejiang Financial college and Australian University of the Sunshine Coast. It aims at introducing advanced ideals of international exhibition education and building an international exhibition talent training model featuring "Sino-foreign cooperation, enterprise participation, and practical innovation". The specialty aims to cultivate high-quality technical and skilled talents with sustainable development ability, international vision and fluent English for firms and institutions of exhibition, foreign trade, cultural communication and others in exhibition sector, who are able to engage in planning and marketing international exhibition, carrying out management and services in the process, as well as evacuating and tracking the service work after the exhibition.

VI. Educational Specifications

(i) Qualities

1. Graduates shall strongly support the leadership of the Communist Party of China, establish a common ideal of helping build socialism with Chinese characteristics, and practice the core values of socialism with a deep sense of patriotism and Chinese national pride.
2. Graduates shall uphold the Constitution, abide bylaws and observe regulations and disciplines.
3. Graduates shall abide by and perform moral guidelines and codes of conduct with senses of social responsibilities and a consciousness of social participation.
4. Graduates shall have the qualities of honesty, faithfulness and dedication to work guided by good virtues as well as the craftsmanship of excellence.
5. Graduates shall have awareness of quality, security, career planning and innovative mind-set.
6. Graduates shall have stronger collective senses and teamwork spirits, good behaviors and strong self-management abilities.
7. Graduates shall feature physical and mental health, wholesome personalities and well-developed habits of physical exercise and personal hygiene.
8. Graduates shall be information literate, have the ability of aesthetic appreciation, and possess good humanistic quality.

(ii) Knowledge

1. Graduates shall have good command of English skills in listening, speaking, reading and writing, as well as the reading and translation skills of exhibition English.
2. Graduates shall have basic knowledge of computer software, Internet information query ability and online marketing skills.
3. Graduates shall master the basic knowledge of economics, finance, accounting and their

applications.

4. Graduates shall master the terminologies for international trade, and the knowledge of import and export trade and be able to handle foreign trade documents.

5. Graduates shall be familiar with international business etiquette and knowledge such as business image, behavior, reception, communication, negotiation, business exchange, and catering practice, etc.

6. Graduates shall be familiar with the aesthetic knowledge for exhibition design.

7. Graduates shall master the basic knowledge of international exhibition project management.

8. Graduates shall master psychological knowledge for customer service, and be familiar with the knowledge in the early, middle and late stages of international exhibition service.

9. Graduates shall master the basic knowledge of international exhibition marketing.

10. Graduates shall master the knowledge of exhibition planning.

11. Graduates shall master relevant knowledge of searching and evaluating business opportunities, analyzing business environment, building work teams, finding financial channels and methods, and writing business plans in entrepreneurship.

(iii) Competences

1. Abilities of International Exhibition Service: Graduates shall have good interpersonal communication and strong language abilities to develop and manage customers, conduct thorough on-site reception services, organize services and site services, arrange smooth exhibition traffic, organize security, cleaning work, exhibits customs clearance and other supporting services, and to conduct close customers tracking services.

2. Abilities of Exhibition English: Graduates shall be able to communicate in exhibition English and introduce basic information of exhibitions. They shall be able to conduct exhibition reception, handle complaint, negotiate price, and sign contracts and other activities. And they shall be able to comprehend common English exhibition information, write English business letters and translate English information related to the exhibition.

3. Abilities of International Business Etiquette: Graduates shall have the abilities to plan standard personal business image, to behave gracefully in businesses, and to achieve etiquette norms in business receptions. They shall also communicate fluently in the work place, behave generously in business meetings and behave elegantly over business meals.

4. Abilities of International Exhibition Marketing: Graduates shall have the abilities to attract exhibitions via telephone, fax, email, visit and other techniques. They shall be able to develop exhibition plan, design and work out exhibition document, develop investment proposal and make exhibition promotion plan. They shall have the abilities to

conduct market research and obtain corresponding information independently, to carry out marketing activities according to the segment exhibition market, to change marketing strategies and methods according to environment changes in a timely manner, and to make use of marketing strategies skillfully and carry out various marketing combinations.

5. Abilities of Exhibition Design: Graduates shall have the abilities of basic computer aided design, innovation and creation, aesthetic appreciation and identification. They shall have the abilities to evaluate exhibition design schemes, to distinguish the differences of exhibition design style and to build and arrange the exhibition site.

6. Abilities of Exhibition Project Management: Graduates shall have the abilities to start projects, to develop project plans, to execute projects, to control projects and to put an end to the projects. They shall have good organizational, coordination and interpersonal skills to carry out effective project budgeting, information management and logistics and to solve unexpected problems.

7. Abilities of Exhibition Planning: Graduates shall have the abilities to carry out feasibility analysis of exhibition projects, to make rational selection and scientific planning of the venues and to compile simple questionnaires for the exhibitions. They shall also have the abilities to draft plans for conferences, exhibitions and festivities, to make good financial budget for projects and to develop exhibition publicity strategies and media support programs.

8. Graduates shall have the abilities to accurately identify development trend, set objectives and strategies and work out specific implementation procedures for innovation and entrepreneurship according to subjective and objective conditions and local environment.

9. Graduates shall have the abilities to manage human resources and corporate finance.

10. Graduates shall be able to communicate and coordinate with relevant authorities and individuals.

11. Graduates shall have the abilities to carry out self-employment in exhibition industry and related industries.

VII. Curriculum and Class Hour Schedule

(i) Curriculum

The curriculum shall include public basic courses and specialty courses.

1. Public Basic Courses. According to relevant regulations issued and implemented by the Party and Government, Introduction to Mao Zedong Thought and the Theoretical System of Socialism with Chinese Characteristics, Basics of Ideological and Moral Cultivation and

Laws, Situations and Policies, PE, Basics of Computer and Big Data Analysis, Reasoning and Logic, Employment Guidance, Chinese Excellent Traditional Culture, Guidance for Innovation and Entrepreneurship, Military Education, Health Education shall be listed as public basic compulsory courses. New Media Marketing, International Conference Practice, Exhibition Design, Innovation and Entrepreneurship Education, Self-taught Platform Online Courses, Institute of Lady and others shall be listed as optional courses.

2. Specialty Courses. Specialty courses shall include professional foundation courses, core courses, extended courses, and relevant practical teaching and training courses.

(1) Professional Foundation Courses. Five professional foundation courses offered shall include Introduction to Economics, Basics of Exhibition, International Business Culture and Etiquette, Communication and Thought, Practice of Exhibitors, Comprehensive English, etc.

(2) Professional Core Courses. Six professional core courses offered shall be Exhibition Planning, Event Management, International Exhibition Service, International Marketing, Exhibition English, and Business Events.

(3) Professional Extended Courses. There shall generally be four courses in this category, including Basic Business English, Advanced Business English, Sport and Event Marketing, Sports Management, etc.

3. Titles of Core Courses and Main Teaching Contents.

Number	Titles of Core Courses	Main Teaching Contents
1	Event Management	Basic knowledge of management, theme identification, establishment, site operation, control, human resources management, budget management, crisis management, logistics management, project information management
2	Exhibition Planning	Basic knowledge of exhibition planning, relevant laws and policies, conference planning, exhibition planning, site selection and design, forum and related activities planning, exhibition informatization, exhibition planning and evaluation, festival and event planning, media communication and cooperation, knowledge of publicity
3	International Marketing	Internet thinking, Marketing based on Internet technology, general strategies of marketing and sales, exhibition promotion, information collection and database establishment, contract-related knowledge, exhibition invitation and investment knowledge
4	International Exhibition Service	Internet thinking, customer service based on Internet technology, basic knowledge of customer psychology, pre-exhibition, in-exhibition and post-exhibition management and services, on-site receptions and professional services, related service of catering, tourism, accommodation, transportation, customer tracking and others
5	Exhibition English	English expressions relating to exhibition introduction, exhibition planning, reservation, sales, reception, logistics services, post-exhibition tourism and exhibition investigation
6	Business Events	Training of exhibition registration management, service management, market research, marketing, exhibition management and services, customer relationship management, crisis management and exhibitor reception service

4. Practical Teaching. This part shall mainly be comprised of practical training, internship, graduation project and social practice and others. The practical training can be carried out in laboratories on the campus and in the training bases outside the college. The main contents of practical training and internship shall include Exhibition Planning Business Training, Exhibition Marketing Business Training, Exhibition Site Supervision Training and Exhibition Project Management Training, etc. Such training and practice shall be implemented in strict accordance with the "Regulations on Student Internship Management in Vocational Schools" and the relevant requirements on the standards for professional post internship. Cognitive practice shall be scheduled in semester 1 or 2, following internship in semester 3 or 4, and post internship in semester 5 or 6. Skills training and internship shall be not only the teaching of practical skills, but also an important part of professional courses teaching. The specialty therefore shall emphasize a lot the integration of theoretical study and skill practice.

5. Other Requirements. The specialty, by taking the actual requirements of the society on college graduates, shall offer many selective courses, extended courses or seminars (other activities) in the fields of social responsibility, safety education, energy conservation and emission reduction, green development and environmental protection, management and other selective courses in humanities and for the improvement of scientific literacy, the related contents of which shall be integrated into the specialty courses. The specialty shall integrate innovation and entrepreneurship education into specialty courses and the related training of practical skills. It shall also open some college-based other specialty courses, organize various activities for moral education, and encourage students to participate in voluntary activities as well as other social practice activities.

(ii) Class Hour Schedule

Total class hours shall be 2 600 to 2 700 periods; every 18 class hours shall be converted into 1 credit. The class hours of public basic courses shall be required to be no less than 25% of the total. Time used for the practical training shall constitute more than 50% of class hours, in which the accumulative time for post internship shall be up to 6 months, consecutively or through several phases. The class hours for selective courses shall take up at least 10% of the total.

VIII. Basic Teaching Conditions

(i) Teachers

1. Structure of Teachers. The ratio of student to full-time professional teacher shall be no

more than 25 : 1. Teachers with double professional qualifications shall add up to not less than 60% of all professional teachers. And the specialty shall have good composition of teachers in terms of professional titles, age structure etc.

2. Full-time teachers in the specialty shall be all in possession of college teachers' qualifications, with good ethics, commitment to their career, and in full compliance with the laws and disciplines. They shall have all been educated in the specialties of accounting, financial management and the related, with bachelors or higher level of degrees, which ensure them a solid theoretical foundation and strong practical abilities in international business. They shall be all qualified to teach by means of information technology, and to conduct curriculum and teaching reforms and scientific researches. And they shall be required to have at least six months' experience aggregately working in firms in every five years.

3. In principle, the leader of a specialty shall have deputy senior professional title or above, be able to grasp well the industrial and professional trends in domestic and international environments, and have close communications with the industry and enterprises, so as to understand the demands of the society for the talents in the specialty of financial management. They shall have strong competences in teaching design and doing researches in this field, and therefore enjoy some influence in the local region and related fields of study.

4. Part-time teachers shall be mostly from firms in the industry. They shall be all with good ideological, political quality and professional ethics, in possession of the middle and high level professional qualifications in accounting and related specialties, and boast career qualities and professional competences and rich practical experiences in financial management. They shall also be able to teach the specialty courses, instruct in practical training sessions, guide the internship and conduct other teaching tasks for the specialty.

(ii) Teaching Facilities

The teaching facilities shall be the necessary specialty classrooms, practical training laboratories and bases that are needed for usual curriculum teaching, internship, practical training, and that make information-based teaching possible.

1. Basic Conditions for Specialty Classrooms. The specialty classrooms, with adequate electric power, lights and security precautions, shall be equipped with desks and chairs, blackboards, multimedia teaching equipment, basic teaching instruments, internet interface or good network environment that are adequate for the delivery of specialty courses. The classrooms shall be big enough to accommodate all the students for the lectures.

2. Requirements for Practical Training Laboratories within the College. A comprehensive

exhibition practical training studio shall be built with a server, a projector, a white board, 1 computer/person, full Wi-Fi coverage as well as teaching software related to exhibition design and management. They shall be used for the teaching and training of core courses and basic courses include international exhibition service, exhibition project management, exhibition planning, comprehensive exhibition training, etc.

3. Requirements for Off-campus Practical Training Bases. The off-campus practical training bases shall be good firms or social intermediaries that are able to provide related usual professional activities for exhibition project, and shall emphasize the integration of the industry and education. The practical training bases shall boast complete facilities, provide adequate positions and offer designated experienced professionals to guide the students. They shall have comprehensive management regulations and mechanism. There shall be more than three such off-campus training bases with close cooperation to this specialty.

4. Requirements for Internship Bases. The internship bases shall be selected from various representative firms and social intermediaries that are able to provide adequate internship positions of exhibition planning and management. They shall be able to designate appropriate experienced employees to guide and manage the students. These bases shall be safe and insured and instituted with rules and regulations to guarantee the daily work, studies and lives of the interns.

5. Requirements for Information-based Teaching. The specialty shall offer information-based teaching of many courses, with digitalized teaching resources, research literature, answers to frequently asked questions and other conveniences. The specialty also shall guide and encourage the teachers to develop and utilize information-based teaching resources, platforms, innovative teaching methods so as to improve the effectiveness of teaching activities.

(iii) Teaching Resources

In order to satisfy the students' demands for the learning of their specialty, and the teachers' demands for teaching and research, the specialty shall have in stock a lot of teaching materials, books and various digital resources.

1. Requirements on the Choice of Teaching Materials. According to the related state regulations, the specialty shall carefully select high quality textbooks and other teaching materials for the students. A panel of specialty teachers, professional experts and researchers shall be involved to the selection of these teaching resources. Complete teaching material selection regulations shall be established to find the optimal resources for the students.

2. Requirements on Books and Other Research Literature. The specialty shall have adequate books and research literature to meet the demands of talents training, specialty construction, teaching and scientific research. All these shall be easily accessible to the teachers and students. Such books of the specialty shall be related to the theories, skills, methods, thinking and practical operation in the field of exhibition planning and management.

3. Requirements on Digitalized Resources. The specialty shall have relevant specialty literature, audio and video materials, digital teaching materials, teaching courseware, supplementary materials, case bases, policies and regulations banks, exercises and questions banks, practical training software, professional and skill qualification examination materials as well as the employment and entrepreneurship information. They shall be in various forms, rich types, easily accessible, and updated regularly to meet the demand of teaching.

IX. Quality Guarantee

(i) The specialty shall establish a quality monitoring mechanism to supervise the specialty construction and teaching process, and a quality monitoring and management system for the teaching. The specialty shall establish comprehensive quality standards for classroom teaching, teaching evaluation, internship and practical training, graduation project, specialty research, talents training program and resources banks. By means of teaching implementation, process monitoring, quality evaluation and continuous improvement of such, the quality of talents training in the specialty shall be guaranteed.

(ii) The specialty shall institute comprehensive teaching management mechanism to improve the organization and operation of daily teaching affairs, to review and improve the curriculum construction and teaching quality regularly. The specialty shall establish a mechanism, such as touring classes, visiting classes, evaluating teaching and learning, to inspect the classroom teaching to ensure strict discipline of teaching and lecture participation, to strengthen the functions of teaching organization, to deliver open lectures and demonstration classes and other teaching and research activities regularly.

(iii) The specialty shall establish a tracking and feedback mechanism and a social evaluation mechanism for the graduates so as to analyze the sources of students, their academic achievements, and the employment situations of the graduates in the hope of regularly evaluating the qualities of talent training and the achievement of the educational objectives.

(iv) The specialty shall make full application of the above results of evaluation and analysis to effectively boost the specialty teaching. Meanwhile, the specialty shall design and implement measures for diagnosis and improvement to continuously enhance the qualities of the talent straining.

Teaching Standards for the Specialty of Business English

I. Specialty Title (Specialty Code)

Business English (670202)

II. Admission Requirements

Applicants shall be graduates from regular senior high schools, secondary vocational schools or with similar educational background.

III. Basic Schooling Duration

3 academic years

IV. Career Orientation

Specialty Category (Code)	Profession (Code)	Corresponding Industries (Code)	Major Occupational Categories (Code)	Examples of Major Job Categories (Technical Areas)	Examples of Vocational Qualification Certificates (Vocational Skill Level)
Linguistics (67)	Business English (6702)	Wholesale Trade (F51) Retail business (F52)	Business Assistant (2-06-07-03)	Receptionists, Office Clerk	"Basic Computer Knowledge and Application Abilities" (Level 1, required) National College English Test Certificate(CET-4, required) National College English Test Certificate(CET-6, encouraged) National Cross-border E-commerce Specialist Post (B2B) Level Test (primary level, encouraged) Certificate of Putonghua Proficiency Test (Level 2, grade B)
		Wholesale Trade (F51) Retail business (F52)	Foreign Trade Salesperson (2-06-07-01)	Salesperson	
		Commerce (5292)	Cross-border E-commerce Salesperson (4-01-02-02)	Salesperson, Cross-border Logistician, Customer Service Agent	
		Education (8350)	Training Institution Teache (2-08-03)	Teaching Assistants, Administrative Personnel, Teacher	

V. Educational Objectives

This specialty shall cultivate high-quality, all-round technical and skilled talents, who boast strong abilities in sustainable development, support the Party's basic lines and meet the needs of regional economic construction and social development. They shall be able to work at the positions of low level business and management in export-oriented enterprises such as entities as foreign trade enterprises, foreign investment enterprises (joint ventures), financial institutions and social education training institutions. They shall be equipped with integrity, cooperation, dedication, innovation and entrepreneurship and other basic traits for professionalism. They shall master the basic knowledge of English, international trade, cross-border e-commerce, entrepreneurship and innovation, etc. and have strong competence in English application, cross-cultural communication, business practice, critical thinking, and independent learning. They shall be able to work as business assistants for foreign trade companies, or as foreign trade salespersons and teachers of English in schools and other training institutions. Meanwhile, they shall also possess strong abilities in innovation and entrepreneurship.

VI. Educational Specifications

Graduates of this specialty shall meet the following requirements in terms of quality, knowledge and abilities.

(i) Qualities

1. Graduates shall strongly support the leadership of the Communist Party of China, establish a common ideal of helping build socialism with Chinese characteristics, and practice the core values of socialism with a deep sense of patriotism and Chinese national pride.
2. Graduates shall uphold the Constitution, abide by laws and observe regulations and disciplines.
3. Graduates shall abide by and perform moral guidelines and codes of conduct with senses of social responsibilities and consciousness of social participation.
4. Graduates shall have the qualities of honesty, faithfulness and dedication to work guided by good virtues as well as the craftsmanship of excellence.
5. Graduates shall have awareness of quality, security, career planning and innovative mind-set.
6. Graduates shall have stronger collective senses and teamwork spirits, good behaviors

and strong self-management abilities.
7. Graduates shall feature physical and mental health, wholesome personalities and well-developed habits for physical exercise and personal hygiene.
8. Graduates shall be information literate, have the ability of aesthetic appreciation, and possess good humanistic qualities.

(ii) Knowledge

1. Graduates shall master English pronunciation, grammar, adequate vocabulary and other language-related knowledge, have the consciousness of cross-cultural communication, and grasp related knowledge for international business. They shall also be competent in such English language skills as listening, speaking, reading, and writing and translation, able to carry out business communication and mail exchanges for international business.
2. Graduates shall master the basic theories of English education and teaching, and be well trained in English teaching methods and skills.
3. Graduates shall master the skills of using computer office software, be able to surf the Internet to gather information, and to proficiently use the knowledge for online marketing.
4. Graduates shall be familiar with various international marketing methods and techniques, and well understand the basic principles of international marketing.
5. Graduates shall master the basic knowledge of economics, finance and accounting, be able to put such into application, and grasp the skills of recording purchase, sales and inventory, and applying accounting statements.
6. Graduates shall master the knowledge of international trade terms, clauses in import and export contracts, foreign exchange rate information, and methods of international settlement, etc.
7. Graduates shall have good knowledge of international trade practices and fully understand regulations concerning international trade.
8. Graduates shall be fully familiar with business etiquettes in terms of presenting good impressions, acceptable behaviors, natural reception, communication and negotiation skills, catering and accommodation and others.
9. Graduates shall master the knowledge of business opportunity hunting and evaluation, business environment analysis, team building, financing channels and methods, and business plan preparation and writing, and related skills in entrepreneurship.

(iii) Competences

1. Graduates shall have good abilities in establishing and maintaining customer relationship by means of using English language.

2. Graduates shall be able conduct the task of receiving foreign customers.
3. Graduates shall be good at carrying out communication and negotiation of import and export.
4. Graduates shall be proficient in using office software and various frequently used office appliances to handle daily office work.
5. Graduates shall be able to prepare, organize and arrange various conferences.
6. Graduates shall have the competence of assisting lecturers in English teaching activities.
7. Graduates shall be able to accurately identify the development direction, objectives and strategies of innovation and entrepreneurship and develop detailed implementation plans in accordance with the subjective and objective conditions and local environment.
8. Graduates shall have adequate capabilities in personnel and financial management.
9. Graduates shall be able to coordinate and communicate effectively with relevant departments and individuals.
10. Graduates shall have the competence of starting a business in industries related to the specialty.

VII. Curriculum and Class Hour Schedule

(i) Curriculum

The curriculum shall include public basic courses and specialty courses.
1. Public Basic Courses. According to relevant regulations issued and implemented by the Party and the government, the ideological and political theory, physical education, computer culture, military science, mental health education, Chinese traditional culture shall be listed as public basic compulsory courses. Education of innovation and entrepreneurship, health education, aesthetic education shall be listed as compulsory courses or optional courses, which will train students to set up scientific world outlook, outlook on life, values, ethics and law-based governance, improve the humanistic and scientific literacy, and cultivate good professional ethics and professional development abilities. Basic quality courses shall include those related to ideological and moral qualities, basic vocational application abilities, and physical and mental health.
2. Specialty Courses. Specialty courses shall include professional foundation courses, core courses, extended courses, and relevant practical teaching and training courses.
(1) Professional Foundation Courses. Professional foundation courses shall be opened for the purpose of meeting the students' demand for special theories and knowledge to complete the future work and tasks in their posts, helping students better understand post

work, and aiming at cultivating students' basic professional theoretical quality, which is the foundation for the students' career development.

Students of this specialty are required to complete professional foundation courses, including Basic English, Business English Listening and Speaking, International Business Culture and Etiquette, Introduction to Foreign Trade, and International Marketing.

(2) Professional Core Courses. Professional core courses shall be set up to cultivate students' professional competences which are necessary for them to complete post work, and cultivate their professional core competences. Such courses aim to equip students for professional jobs by training them to proficiently use specialized skills.

The core courses that students of this specialty are required to complete shall include Business English, Business English Translation, Intercultural Communication, Export Business Operation, and Foreign Trade Document Operation.

(3) Professional Extended Courses. Professional extended courses shall be optional courses set up according to the employment directions and personal development demands on the basis of students' mastering of the necessary knowledge and skills of the specialty. Such courses include those for the three orientations of cross-border e-commerce (B2C), English Teaching (ESP), and innovation and entrepreneurship.

Courses for cross-border e-commerce (B2C) shall include Cross-border E-commerce Practice, Inspection and Customs Declaration Practice, and Cross-border E-commerce Customer Service. Courses for English teaching shall include English Phonetics, Educational Psychology and Comprehensive Practical Training of English Teaching Skills. Courses for innovation and entrepreneurship shall include Human Resource Management of Entrepreneurial Business, Online Shop Operation and Management, Case Analysis of Zhejiang Merchants, etc.

3. Titles of Core Courses and Main Teaching Contents.

Number	Titles of Core Courses	Main Teaching Contents
1	Basic English	English listening, speaking, reading, writing and translating skills and training of comprehensive English language skills; College English Test (Band 4 and 6) preparation and training
2	Business English Listening and Speaking	Basic knowledge of cultural background and social practices of English-speaking countries, and the training of related skills; Oral English communication skills training in business environments
3	Business Translation and interpreting	Basic theories and skills of business translation and interpreting; translation of commodity specifications, company profiles, tourist materials and other materials in the writing; simulation of translation in business environments
4	Cross-cultural Communication	Chinese and western cultural differences and cross-cultural communication skills

continued

Number	Titles of Core Courses	Main Teaching Contents
5	Export Operation	Internet thinking training, export operation supported by Internet technology, knowledge of export preparation and skills of contract negotiation; knowledge of export contract performance and after-sales service and other operations
6	Foreign Trade Documents Operation	Training the awareness of Internet thinking; operation of foreign trade documents supported by Internet technology; procedures of preparing shipping documents, inspection declaration documents, customs declaration documents, and documents for foreign exchange settlement; importing documents and other official documents preparation; knowledge of documents management

4. Practical Teaching. Comprehensive abilities courses shall aim to improve the comprehensive application of the abilities trained in the above courses. They shall be comprised of social practice and graduation project design and performance.

(1) Social Practice. This specialty shall focus on cultivating students' practical abilities, research abilities and entrepreneurial abilities, and there for corresponding practical teaching shall be included in the teaching plan.

① Professional cognition practice shall be conducted before the students actually start their professional courses to raise their preliminary awareness of the specialty. It is to take the students to different enterprises to learn about business operation, cultivate their professional interests in the specialty, and thus will help set up their correct career views. After the practical training, they shall write a report on professional cognition in the companies. ② On-campus simulation of business practice refers to the training of abilities and professional skills intended in certain professional courses, and the improvement of the competence in business operation. ③ The off-campus graduation internship is the training of practical skills, which means organizing students to intern at relevant positions in enterprises to develop their skills of adapting themselves to the society, and of solving practical problems by applying the theories they learn in various courses. The internship process shall be well recorded in an internship journal, and the students are to write a report on the internship of no less than 2 000 words.

(2) Graduation Project. Graduation project is an important part of professional talent training program, and it is also an effective means to train students to combine theory with practice and therefore to improve their research-based learning abilities. The graduation project of this specialty shall be carried out together with the graduation internship, but this is to emphasize the applicability, practicality, operationality and time effectiveness. After completing all the required courses, the students are required to complete a graduation project report of no less than 4 000 words. This report shall be evaluated by a panel of experts, and with their approval as qualified, the student will be conferred the graduation

certificate.

5. Other Requirements. The college, by taking the actual requirement of the society on university graduates, shall offer many selective courses, extended courses or seminars (other activities) in fields of social accountabilities, safety education, energy conservation and emission reduction, green development and environmental protection, management and other courses in humanities and for the improvement of their scientific literacy, the related contents of which shall also be integrated into the specialty courses. The college shall integrate innovation and entrepreneurship education into specialty courses and the related training of practical skills. The college shall also open some other college-based specialty courses, organize various activities for moral education, and encourage students to participate in voluntary activities as well as other social practical activities.

(ii) Class Hour Schedule

Total class hours shall be 2 600 to 2 700 periods; and every 18 class hours shall be converted into 1 credit. The class hours of public basic courses are required to be no less than 25% of the total. Time spent for practical training shall constitute more than 50% of the class hours, in which the accumulative time for post internship shall be up to 6 months, consecutively or through several phases. Class hours for selective courses shall take up at least 10% of the total.

VIII. Basic Teaching Conditions

(i) Teachers

1. Structure of Teachers. The ratio of student to full-time professional teacher shall be no more than 25 : 1. Teachers with double professional qualifications shall add up to no less than 60% of all professional teachers.

2. Specialty teachers shall be only qualified with masters' degree or above in the fields of English linguistics and literature, ESP etc, and they shall have professional qualifications as college teachers and the necessary qualities and business competences working in related industries. They shall have the experience working in foreign trade companies and cross-border e-commerce companies, master the theories and operation knowledge in business English, possess strong theoretical competence in doing research and practical teaching, and have the competences of carrying out teaching and research tasks in information age. Full time teachers are required to participate in function training regularly, and at least 6 months in five years, in the companies of the related industries.

3. Leading teacher of the specialty shall have the professional title of associate professor or above, able to grasp the development trend of the business English and identify the demand for business English talents from the industry, have strong competences in teaching design and theoretical researches, and enjoy some influence in the field or in the region.
4. Part-time teachers hired shall be high talents with at least 5 years' experience in foreign trade or functions in related area. They shall generally have the mid-level professional and technical title or above, and be younger than 65 years old. Part time teachers shall have strong expertise and high level technical skills, be able to carry out teaching function and participate in improving the practical training facilities and capacity building of the specialty. These part-time teachers shall perform more than 50% of the specialty teaching task, mainly in practical skills teaching. Each specialty teacher is to cooperate with a part time specialty teacher, jointly improving the competence of teaching and researching.

(ii) Teaching Facilities

Teaching facilities are the necessary classrooms, practical training laboratories and bases that are needed for usual curriculum teaching, practical training, and that make information-based teaching possible.
1. Basic Conditions for Specialty Classrooms. The classrooms shall be equipped with electricity, lights, desks and chairs, a blackboard, multi-media facility, basic teaching instruments, internet access and good network environment with security precautions that are adequate for the delivery of specialty courses. The classrooms shall be big enough to accommodate all the students for the lectures.
2. Requirements for Practical Training Bases within the College. On-campus practical training bases for business English shall mainly focus on the training of practical skills in English language and business activities. Their main function shall be to implement practical teaching and cultivate professional qualities. Practical training bases within the college must be based on the cultivation of the core competences of the specialty and be equipped with the necessary software and hardware equipment for the basic skills and comprehensive skills training of practical teaching for business English majors in accordance with the requirements of the teaching syllabus, so as to ensure the smooth progress of students' various skills and improve their practical abilities. By imitating the construction of relevant enterprises, practical training bases within the college shall create a professional atmosphere to enable the students to study in the simulated working environment. Students shall not only understand the basic knowledge of relevant majors and preliminarily grasp general professional skills, but also get familiar with the basic requirements of the job and experience the corporate culture in these bases.

3. Requirements for Off-campus Practical Training Bases. Off-campus Practical Training Bases shall bean important opportunity for comprehensive education to strengthen professional knowledge, increase students' perceptual knowledge and innovative abilities. Practical training bases outside the college shall be an important place to cultivate students' practical abilities and innovative spirits, and a bridge for students to contact and understand the society. The construction of a batch of high-quality and stable practical training bases outside the college provides a reliable platform for students to quickly transform professional knowledge into practical operation abilities. In addition, it is also conducive to the improvement of students' application abilities.

4. Requirements for Internship Bases. The internship bases shall be selected from various representative enterprises and social intermediaries that are able to provide adequate posts of business English. They shall be able to designate appropriate experienced employees to guide the students and conduct necessary management of the students. These bases shall be safe and insured and instituted with rules and regulations to guarantee the daily work, studies and lives of the interns.

5. Requirements for Information-based Teaching. The specialty shall offer information-based teaching of many courses, with digitalized teaching resources, research literature, and other conveniences. The specialty shall also guide and encourage the teachers to develop and utilize informationalized teaching resources, platforms, innovative teaching methods so as to improve the effectiveness of their teaching activities.

(iii)Teaching Resources

In order to satisfy the students' demands for the learning of their specialty, and the teachers' demands for teaching and research, the college shall have in stock a lot of teaching materials, books and various digital resources.

1. Requirements on the Choice of Teaching Materials. According to the related state regulations, the specialty shall carefully select high quality textbooks and other teaching materials for the students. A panel of specialty teachers, professional experts and researchers shall be involved to the selection of these teaching resources. Complete teaching material selection regulations shall also be established to find the optimal resources for the students.

2. Requirements on Books and Other Research Literature. The specialty shall have adequate books and research literature to meet the demands of talents training, specialty construction, teaching and scientific research. All these shall be easily accessible to the teachers and students. Such books of the specialty shall be related to the theories, skills, methods, training and practical operation in the field of business English.

3. Requirements on Digitalized Resources. The specialty shall have relevant specialty literature, audio and video materials, digital teaching materials, teaching courseware, supplementary materials, case bases, exercises and questions banks, practical training software, professional and skill qualification examination materials as well as the employment and entrepreneurship information. They shall be various in forms, rich in types, easily accessible, and updated regularly to meet the demand of teaching.

IX. Quality Guarantee

(i) The specialty shall establish a quality monitoring mechanism to supervise the specialty construction and teaching process, and a quality monitoring and management system for the teaching. It shall also establish comprehensive quality standards for classroom teaching, teaching evaluation, internship and practical training, graduation project, specialty research, talents training program and resources banks. By means of teaching implementation, process monitoring, quality evaluation and continuous improvement of such, the quality of talents training in the specialty are sure to be guaranteed.

(ii) The college shall be committed to the process-based and practice-based assessment of the curriculum, and constantly reform and improve the evaluation system of students' academic performance. The students' academic performance shall be classified and evaluated according to the nature and orientation of the course. The theoretical course grade shall include scores from the final examination and the usual performance which shall be comprised of homework, class questions and discussions, tests or short papers, etc. Innovative evaluation system for the practical course shall put an emphasis on the assessment of practical skills.

(iii) The specialty shall establish a third-party evaluation system. The evaluation of the graduates by personnel from enterprises in the industries shall be an important part of the quality evaluation system in talents training. The college shall make efforts to establish and improve the third-party quality evaluation system of talents training by means of regularly and irregularly reviewing the evaluations of the graduates from various enterprises and industries.

(iv) The specialty shall make full application of the above results of evaluation and analysis to effectively boost the specialty teaching. The specialty shall also design and implement measures for diagnosis and improvement to continuously enhance the quality of talents training.

Teaching Standards for the Specialty of Computer Information Management

I. Specialty Title (Specialty Code)

Computer Information Management (610203)

II. Admission Requirements

Applicants shall be graduates from regular senior high schools, secondary vocational schools or with similar educational background.

III. Basic Schooling Duration

3 academic years

IV. Career Orientation

Specialty Category (Code)	Profession (Code)	Corresponding Industries (Code)	Major Occupational Categories (Code)	Examples of Major Job Categories (Technical Areas)	Examples of Vocational Qualification Certificates (Vocational Skill Level)
Major Categories of Electronic Information (61)	Computer (6102)	Application Software Development (6513) Operation and Maintenance Service (6540)	Computer Hardware Engineering Technician (2-02-10-02) Computer Software Engineering Technician (2-02-10-03) Computer Network Engineering Technician (2-02-10-04)	System Administrator Network Administrator, Technical Clerk Mobile Application Development Engineer Website Editor and Operation Manager	Linux Network Administrator Computer Level II (Office Software Advanced Applications) of Zhejiang Higher Education Institutions

V. Educational Objectives

The specialty shall cultivate high-quality technical and skilled talents for front-line business and managerial positions of various firms and not-for-profit organizations who are suitable for regional economic and social development while advocating the Party's basic line. They shall be comprehensive development in virtue, intelligence, fitness, aesthetics, and with fundamental qualities like honesty, cooperation, commitment, innovation and entrepreneurship, and stronger abilities of sustainable development. With a good mastery of professional knowledge, techniques and skills in basic computer science, analysis, design, and implementation of information system, information processing and management, they shall be able to work in the professions of installation, maintenance, and management of computer system, computer network establishment and maintenance, mobile application development, website construction and management, etc.

VI. Educational Specifications

Graduates of this specialty shall meet the following requirements in terms of quality, knowledge and ability.

(i) Qualities

1. Graduates shall ardently love the socialist motherland, be able to accurately understand and grasp the deep meaning and practical requirements of core values of socialism, and have proper worldview, view on life and values.
2. Graduates shall uphold the Constitution, abide by laws, observe regulations and disciplines, abide by and fulfil moral guidelines and codes of conduct.
3. Graduates shall have the qualities of enterprise, senses of responsibility, honesty, faithfulness, willing to give and dedication to work guided by good virtues as well as the craftsmanship of excellence.
4. Graduates shall be information literate of an advanced level, particularly be able to consciously and effectively gain, evaluate, distinguish and make use of information and thus, be of digital survivability. They shall be actively adaptable to trends of social informationization like "Internet Plus" and others, and have senses of cyber ethics and information security.
5. Graduates shall have the abilities of aesthetic appreciation, and possess good humanistic literatures.
6. Graduates shall feature physical and mental health, wholesome personalities and well-developed habits for physical exercise and personal hygiene.

(ii) Knowledge

1. Graduates shall master necessary theories of ideology and politics and basic knowledge of science and culture.
2. Graduates shall master necessary knowledge of mathematics and foreign language, and

basic theories of modern business management, finance and financial management.

3. Graduates shall well understand laws and regulations related to the specialty and knowledge of civilized production, green environmental protection, fire safety, innovation and entrepreneurship.

4. Graduates shall master relevant knowledge of copyright of computer software and patent, etc.

5. Graduates shall well know the basic theories of the invention, development and application of computer and computer hardware/software system, etc.

6. Graduates shall master the basic theoretical knowledge and skills of common operation systems, in particular, the Microsoft Windows and Linux.

7. Graduates shall well master the basic theoretical knowledge and skills of various common application software, such as office automation software like Microsoft Office.

8. Graduates shall master the skills of requirements analysis, design and creation of relational database for application system, as well as database programming.

9. Graduates shall have good basic programming and debugging skills in at least one advanced programming language.

10. Graduates shall grasp the basic theories of information management and information system; know the methods of analysis, design and implementation of management information system.

11. Graduates shall understand software development specifications and processes; know the methods of technical document writing management, as well as other relevant knowledge and requirements of IT project management.

12. Graduates shall well master Apple iOS and Android OS, and have capabilities of mobile application development and debugging.

13. Graduates shall grasp the basic theories of computer network and the Internet, and be capable of building enterprise intranet. They shall also have certain network security knowledge to design and implement full-scale network security solution.

14. Graduates shall know the methods and process of website developing, testing and releasing, along with the latest relevant technologies. They shall be able to plan, design, build, maintain and manage simple websites according to firm's actual requirements.

15. Graduates shall know frontier theories and developmental dynamics of computer science, and have the abilities to analyze and solve problems with all learned knowledge, and to constantly update knowledge.

(iii) Competences

1. Graduates shall have good abilities in autonomic learning, and be capable of actively

planning their own learning process, including learning goal, plan, time and content, etc. They shall be able to reasonably arrange their daily lives and learning based on their own insights, and to continue to explore their own learning methods in order to adapt them to times change.

2. Graduates shall have good abilities in inquiry learning, lifelong learning, problem analysis and solving.

3. Graduates shall have good abilities in organization, coordination, management, communication, teamwork, and language expression and verbal statement.

4. Graduates shall have good abilities in self-management, adaptability and stress tolerance.

5. Graduates shall have computer processing abilities of words, spreadsheets and images, and other application abilities in learning, cooperation, communication, and problem solving based on information technology.

6. Graduates shall have good abilities in microcomputer hardware system assembling, operation system and common application software installing.

7. Graduates shall have good abilities in establishing, maintaining and administrating LAN.

8. Graduates shall have good abilities in administrating and maintaining database management system.

9. Graduates shall have good abilities in designing, building and maintaining websites.

10. Graduates shall have good abilities in developing and testing computer application software.

11. Graduates shall have good abilities in developing and testing mobile application software.

12. Graduates shall have good abilities in Java visual programming.

13. Graduates shall have good abilities in using Microsoft Office and Chinses character typing.

14. Graduates shall have good abilities in using internet to search for and sort relevant professional documents and to write technical documents.

15. Graduates shall have good abilities in simple organizing and managing according to the demands of particular IT project.

VII. Curriculum and Class Hour Schedule

(i) Curriculum

Curriculum shall include public basic courses and specialty courses.

1. Public Basic Courses. According to relevant documents issued and implemented by the

Party and the Government, an ideological and political theory, Chinese traditional culture, physical education, military science, career development and employment guidance for undergraduates, mental health education shall be listed as public basic compulsory courses. Marxist theory, advanced mathematics, public foreign language, education of innovation and entrepreneurship, health education, aesthetic education, speech and eloquence, commercial etiquette, individual finance, Internet-based finance, advanced applications of office software and marketing practices shall be listed as compulsory courses or optional courses.

2. Specialty Courses. Specialty courses shall include professional compulsory courses and extended courses, and relevant practical teaching and training courses.

(1) Professional Compulsory Courses. Nine professional compulsory courses offered shall include High-level Language Programming, Web Page Development, Principles and Application of Database, 2D Animation Production, LAN Creation and Management, Graphics and Image Processing (Bilingual Course 2), Website Construction Technology, Management Information System and Mobile Internet Application Design, etc.

(2) Professional Extended Courses. There shall be two types of professional extended courses. The first type is the courses in extending applicative abilities of the specialty, and there are four categories of module, including Mobile Application Development, Online Financial System Operation, Internet Financial Product Operating and Marketing and UI Design and Implementation. These courses shall be modular, for example, the Mobile Application Development courses shall include WeChat Mini Program Development, C2C Entrepreneurship Guidance, Linux OS, Web Front-end Design, etc. The second is the courses in showing advantageous features of the college, including two categories of modular courses, respectively Innovation and Entrepreneurship, and Outsourcing Order.

3. Titles of Core Courses and Main Teaching Contents.

Number	Titles of Core Courses	Main Teaching Contents
1	High-level Language Programming	This course shall have 4 class hours per week and last 2 semesters. In the first semester, it shall mainly focus on basics of Java programming language, including basic data types, control flow, string and array, class and object, and the basic concepts of object-oriented programming; in the second semester, it shall mainly focus on Java application development, including programming with Swing toolkit, database programming, input and output, multithreading, and communication of network
2	Principles and Application of Database	Requirements analysis and design of application system, creation of database and table, database integrity constrain design, view creation, stored procedure and trigger design, database programming with T-SQL, daily administration and maintenance of database management system, and to independently design and program a simple database application system

continued

Number	Titles of Core Courses	Main Teaching Contents
3	Management Information System	Study management information system based on feasibility, analysis and design; design strategies of object-orientation; design methods of function design, database design, code design, UI design, etc.; modular test and system test, and implementation of the tested system; to finally auto-select to design and program a management information system of Client/Server(C/S) model
4	Website Construction Technology	Comprehensive and preliminary knowledge of dynamic website on development process, environment setup, choice of software, website replication, maintenance and management of website; design and development of dynamic website according to given artistic effect map of website, including the process of website slicing, front-end layout arranging, front-end developing, webpage testing, database installing, back-end developing, website testing and releasing; content of responsive web design; individual auto-select topic and collect information to design and develop a dynamic website
5	LAN Creation and Management	Contents of network planning and design, IP address management, web server setup, FTP server setup, video on demand (VOD) stream server, mail server, DNS system configuration and implementation, installation and configuration of firewall, wireless LAN building, detection and solution of common error, basics of network wiring, and sharing resources among documents in host computers and various terminal equipment (e.g. printers) of firm
6	Mobile Internet Application Design	Creatively design unique applications with knowledge in mobile application development, including designing projects like mobile application development environment setup, basics in mobile application design, various calculators, image displaying and audio playing. Students shall also be capable of managing mobile development project

4. Practical Teaching. This part shall be mainly comprised of cognitive practice, following internship, post internship, practical training, graduation project, innovation and entrepreneurship training, social practice and others. The practical training shall be carried out in laboratories on the campus and training bases outside the college. The main contents of practical training and internship shall include investigation of software industry's current situations and development potentials, website design, development and management, LAN setup, maintenance and monitoring, database administration and maintenance, development and testing of application software, development and testing of mobile application, visual programming, and advanced application of office software. Cognitive practice shall be scheduled in semester 1 or 2, following internship in semester 3 or 4, and post internship in semester 5 or 6. Skills training and internship shall be not only the teaching of practical skills, but also an important part of professional courses teaching. The specialty therefore shall emphasize a lot the integration of theoretical study and skill practice.

5. Other Requirements. The specialty, by taking the actual requirements of the society on college graduates, shall offer many selective courses, extended courses or seminars (other

activities) in the fields of social responsibility, safety education, energy conservation and emission reduction, green development and environmental protection, management and other selective courses in humanities and for the improvement of scientific literacy, the related contents of which shall be integrated into the specialty courses. The specialty shall integrate innovation and entrepreneurship education into specialty courses and the related training of practical skills. The specialty shall also open other college-based specialty courses, organize various activities for moral education, and encourage students to participate in voluntary activities as well as other social practice activities.

(ii) Class Hour Schedule

Total class hours shall be 2 600 to 2 700 periods; every 18 class hours shall be converted into 1 credit. The class hours of public basic courses shall be required to be no less than 25% of the total. Time used for the practical training shall constitute more than 60% of class hours, in which the accumulative time for post internship shall be up to 6 months, consecutively or through several phases. The class hours for selective courses shall take up at least 10% of the total.

VIII. Basic Teaching Conditions

(i) Teachers

1. Structure of Teachers. The ratio of student to full-time professional teacher shall be no more than 30 : 1. Teachers with double professional qualifications shall add up to be not less than 80% of all professional teachers. And the specialty shall have good composition of teachers in terms of professional titles, age structure, etc.
2. Full-time teachers in the specialty shall be all in possession of college teachers' qualifications, with good ethics, commitment to their careers, and in full compliance with the laws and disciplines. They shall have all been educated in the specialties of computer application, software engineering and the related, with bachelors or higher level of degrees, which ensure them a solid theoretical foundation and strong practical abilities in computer software and hardware related fields. They shall be all qualified to teach by means of information technology, and to conduct reforms of curriculum and teaching and scientific researches. And they shall be required to have at least six months' experiences aggregately working in firms in every five years.
3. In principle, the leader of a specialty shall have deputy senior professional title or above, be able to grasp well the industrial and professional trends in domestic and international

environments, and have close communications with the industry and enterprises, so as to understand the demands of the society for the talents in the specialty of computer information management. He/she shall have strong competences in teaching design and doing researches in this field, and therefore enjoy some influence in the local region and related fields of study.

4. Part-time teachers shall be mostly from firms in the industry. They shall be all with good ideological, political qualities and professional ethics, in possession of the middle and high level of professional qualifications in computer science and related specialties, and boast career qualities and professional competences and rich practical experiences. They shall be all able to teach the specialty courses, instruct in practical training sessions, guide the internship and conduct other teaching tasks for the specialty.

(ii) Teaching Facilities

The teaching facilities shall be the necessary specialty classrooms, practical training laboratories and bases that are needed for usual curriculum teaching, internship, practical training, and that make information-based teaching possible.

1. Basic Conditions for Specialty Classrooms. The specialty classrooms, with adequate electric power, lights and security precautions, shall be equipped with desks and chairs, blackboard, multimedia teaching equipment, basic teaching instruments, internet interface or good network environments that are adequate for the delivery of specialty courses. The classrooms shall be big enough to accommodate all the students for the lectures.

2. Requirements for Practical Training Laboratories within the College.

(1) The laboratory for practical skills training of software application development shall be equipped with a server, a projector, a whiteboard, 1 computer/person, full Wi-Fi coverage, e-class and so on, as well as relevant mobile application development software. The laboratory shall be used for the teaching and practical training of WeChat mini program development, mobile Internet application design, high-level language programming design, principles and application of database, information management system and other courses.

(2) The laboratory for practical skills training of network resource sharing shall be equipped with a server, a projector, a whiteboard, 1 computer/person, e-class and so on, full Wi-Fi coverage as well as related network management software, which are necessary for the teaching and practical training in LAN creation and management, comprehensive IT skills, graduation project, etc.

(3) The laboratory for multimedia practical skills training shall be equipped with a server, a projector, a whiteboard, 1 computer/person, e-class and so on, full Wi-Fi coverage as well as related website design, development and managing software, which are necessary for the

teaching and practical training in front-end web design, website development, graphics and image processing, webpage development, 2D animation production and other courses.

(4) The laboratory for practical skill training of Linux OS shall be equipped with a server, a projector, a whiteboard, 1 computer/person, e-class and so on, full Wi-Fi coverage as well as Linux OS and other related software, which are necessary for the teaching and practical training in Linux OS utilization, C2C entrepreneurship, advanced application of office software and other courses.

3. Requirements for Off-campus Practical Training Bases. The off-campus practical training bases shall be good firms or social intermediaries that are able to provide typical computer related professional activities and emphasize the integration of the industry and education. The practical training bases shall boast over complete facilities, provide adequate positions and offer designated experienced professionals to guide the students. They shall have comprehensive management regulations and mechanism. The specialty shall have more than ten off-campus training bases that are in close cooperation relationships.

4. Requirements for Internship Bases. The internship bases shall be selected from various representative firms and social intermediaries that are able to provide adequate computer-related internship positions. They shall be able to designate appropriate experienced employees to guide and manage the students. These bases shall be safe and insured and instituted with rules and regulations to guarantee the daily work, studies and lives of the interns.

5. Requirements for Information-based Teaching. The specialty shall offer information-based teaching of many courses, with digitalized teaching resources, research literature, answers to frequently asked questions and other conveniences. The specialty also shall guide and encourage the teachers to develop and utilize information-based teaching resources, platforms, innovative teaching methods so as to improve the effectiveness of teaching activities.

(iii) Teaching Resources

In order to satisfy the students' demands for their learning specialty, and the teachers' demands for teaching and researches, the specialty shall have in stock a lot of teaching materials, books and various digital resources.

1. Requirements on the Choice of Teaching Materials. According to the related state regulations, the specialty shall carefully select high quality textbooks and other teaching materials for the students. A panel of specialty teachers, professional experts and researchers shall be involved to the selection of these teaching resources. Complete teaching material selection regulations shall be established to find the optimal resources for

students.

2. Requirements on Books and Other Research Literature. The specialty shall have adequate books and research literature to meet the demands of talents training, specialty construction, teaching and scientific research. All these shall be easily accessible to the teachers and students. Such books of the specialty shall be related to the theories, skills, methods, thinking and practical operation in the field of computer information management.

3. Requirements on Digitalized Resources. The specialty shall have relevant specialty literature, audio and video materials, digital teaching materials, teaching courseware, supplementary materials, case bases, policies and regulations banks, exercises and questions banks, practical training software, professional and skill qualification examination materials as well as the employment and entrepreneurship information. They shall be in various forms, rich types, easily accessible, and updated regularly to meet the demands of teaching. The specialty shall put its efforts into improving the richness, quality and utilization effect of the teaching resources, the scientificalness, rationality and applicability of the teaching methods through construction of high quality core courses and development of mini courses.

IX. Quality Guarantee

(i) The specialty shall establish a quality monitoring mechanism to supervise the specialty construction and teaching process, and a quality monitoring and management system for the teaching. The specialty shall establish comprehensive quality standards for classroom teaching, teaching evaluation, internship and practical training, graduation project, specialty research, talents training program and resources banks. By means of teaching implementation, process monitoring, quality evaluation and continuous improvement of such, the qualities of talents training in the specialty shall be guaranteed.

(ii) The specialty shall institute comprehensive teaching management mechanisms to improve the organization and operation of daily teaching affairs, to review and improve the curriculum construction and teaching quality regularly. The specialty shall establish a mechanism, such as touring classes, visiting classes, evaluating teaching and learning, to inspect the classroom teaching to ensure strict discipline of teaching and lecture participation, to strengthen the functions of teaching organization, to deliver open lectures and demonstration classes and other teaching and research activities regularly.

(iii) The specialty shall establish a tracking and feedback mechanism and a social evaluation mechanism for the graduates so as to analyze the sources of students, their academic achievements, and the employment situations of the graduates in the hope of regularly evaluating the qualities of talent training and the achievement of the educational objectives.

(iv) The specialty shall make full application of the above results of evaluation and analysis to effectively boost the specialty teaching. Meanwhile, the specialty shall design and implement measures for diagnosis and improvement to continuously enhance the qualities of talents training.

(v) The specialty shall dedicate itself to ensure the accuracy of the position of training goals in the process of developing talents training plan, prospectively make them match developmental trends of the industry. The curriculum's schedule shall target at students to improve their comprehensive career skills, thus the specialty shall make an effort to design and implement the curriculum systematically based on the demands of career development.

(vi) The specialty shall establish and operate practical training laboratories based on the real environment and conditions of worksite so as to match the practical teaching with actual positions in firms. The specialty shall try to make the utilization rate of laboratories within the college be at top.

Teaching Standards for the Specialty of Internet Finance

I. Specialty Title (Specialty Code)

Internet Finance (630209)

II. Admission Requirements

Applicants shall be graduates from regular senior high schools, secondary vocational schools or with similar educational background.

III. Basic Schooling Duration

3 academic years

IV. Career Orientation

Specialty Category (Code)	Profession (Code)	Corresponding Industries (Code)	Major Occupational Categories (Code)	Examples of Major Job Categories	Vocational Qualification Certificates (Vocational Skill Level)
Major Categories of Economics, Finance, Business and Trade (63)	Finance (6302)	Monetary and Financial Service (66) Capital Market Service (67) Insurance (68) Other Financial Services (69) Internet and Related Service (64) Software and IT Service (65)	Salesperson (4-01-02) Other Financial Service Personnel (4-05-99) Software and Information Technology Service Personnel (4-04-05) Banking Service Personnel (4-05-01) Other Economic and Financial Professional (2-06-99)	Business Development Risk Control Marketing User Operations Customer Service Product Manager Technical Operation and Maintenance	Securities Practitioners Qualification Certificate

V. Educational Objectives

This specialty shall cultivate high-quality technical and skilled talents with firm ideals and beliefs, virtues and skills who boast a certain level of scientific and cultural knowledge, good professional ethics and spirits of craftsman as well as strong abilities in employment and entrepreneurship. They shall be trained with such important abilities as to support lifelong development and to meet requirements of the times. With a good mastery of professional knowledge, techniques and skills in Internet finance management, they shall be able to work in Internet finance industry and adapt to the dynamic changes in its requirements. They shall be competent to work in the professions of Internet financial product design, system operation and operation, marketing, risk control, customer service, etc.

VI. Educational Specifications

Graduates of this specialty shall meet the following requirements in terms of quality, knowledge and ability.

(i) Qualities

1. Graduates shall strongly support the leadership of the Communist Party of China, establish a common ideal of socialism with Chinese characteristics, and practice the core values of socialism with a deep sense of patriotism and Chinese national pride.
2. Graduates shall uphold the Constitution, abide by laws and observe regulations and disciplines.
3. Graduates shall abide by and perform moral guidelines and codes of conduct with a sense of social responsibility and a consciousness of social participation.
4. Graduates shall possess professional qualities such as honesty, maintaining confidentiality, seriousness, carefulness and enterprise, which are appropriate to the financial industry.
5. Graduates shall have open, equal, cooperative and shared Internet thinking.
6. Graduates shall have the innovative spirits and entrepreneurial consciousness in the Internet age.
7. Graduates shall have awareness of quality, environmental protection, safety, innovation and information literacy.
8. Graduates shall have strong collective senses and teamwork spirits, and also be able to understand corporate strategies and adapt to corporate cultures.

9. Graduates shall have the consciousness of career planning. They shall feature physical and mental health, wholesome personalities, well-developed habits for physical exercise and personal hygiene, good behaviors and strong self-management abilities.
10. Graduates shall be able to carry out psychological adjustment and emotional management on frustrations and pressures in work, studies and lives.
11. Graduates shall be information literate, have the abilities of aesthetic appreciation, and possess good humanistic qualities.

(ii) Knowledge

1. Graduates shall master necessary theories of ideology and politics and basic knowledge of science and culture.
2. Graduates shall well understand the basic knowledge of economics, accounting, modern finance and business management, and familiar with the policies and regulations, financial risks and regulative rules of financial management in China.
3. Graduates shall master the basic knowledge and methods of modern Internet information technology and data analysis and processing.
4. Graduates shall master the knowledge of the emergence and development, innovation and application of Internet financial formats.
5. Graduates shall master the knowledge and methods of online lending and crowdfunding.
6. Graduates shall master the technologies and methods of credit reporting in the Internet era.
7. Graduates shall master the knowledge and methods of Internet financial marketing and product operation.
8. Graduates shall be familiar with the techniques and methods of plan, design and management of Internet financial platform.
9. Graduates shall be familiar with the knowledge and methods of Internet financial innovation and entrepreneurship, and understand the new rapidly changing knowledge, new technologies and new applications of the Internet financial industry.

(iii) Competences

1. Graduates shall be able to proficiently apply modern information technology, including office software, graphic and image processing software, web design software, mind mapping software and other regular software.
2. Graduates shall be able to collect, mine, analyze and apply data to the Internet financial industry.
3. Graduates shall be able to explain the main operation models and characteristics of

online lending and crowdfunding.

4. Graduates shall be able to carry out credit reporting, analysis and scoring of users in the Internet age.

5. Graduates shall be able to analyze the characteristics of Internet financial users, use interactive design tools, write demand documents of Internet financial product, and plan and implement the marketing programs of Internet finance.

6. Graduates shall be able to design and implement the operation activities of Internet financial product.

7. Graduates shall have business negotiation abilities, be able to communicate effectively with users, develop and maintain user relationships.

8. Graduates shall be able to analyze the strategies and plans of Internet financial platform, carry out demand analysis, platform design and project management.

9. Graduates shall be able to use the latest laws and regulations to analyze and judge the legality of Internet financial innovation and development, and can use methods and tools to control Internet financial risks.

10. Graduates shall have the abilities to explore and learn to quickly adapt to the dynamic development and changes in the Internet financial industry.

VII. Curriculum and Class Hour Schedule

(i) Curriculum

Curriculum shall include public basic courses and specialty courses.

1. Public Basic Courses. According to relevant documents issued and implemented by the Party and the Government, the ideological and political theory Chinese traditional culture, physical education, military science, career development and employment guidance for undergraduates, mental health education and IT shall be listed as public basic compulsory courses. The Marxist theory, the Party's history and national history, college Chinese, economic mathematics, public foreign language, education of innovation and entrepreneurship, education of innovation and entrepreneurship, health education, aesthetic education and professionalism shall be listed as compulsory courses or optional courses. The specialty shall also offer optional courses, expanded courses or special lectures (other activities) on human and scientific literacy such as safety education, environmental protection and social responsibility.

2. Specialty Courses. Specialty courses shall include professional foundation courses, core courses, extended courses, and relevant practical teaching and training courses.

(1) Professional Foundation Courses. Six to eight professional foundation courses offered shall include Basics of Economics, Basis of Modern Finance, Basis of Internet Finance, Basis of Accounting, Basis of Securities Investment, Basis of Insurance, Statistics of Financial Data, Economic Laws, Graphic and Image Processing, Computer Programming and other courses.

(2) Professional Core Courses. Six professional core courses offered shall be selected from Online Lending and Crowdfunding, Credit Reporting Technology and Practice, Internet Financial Marketing, Internet Financial Product Operation, Internet Financial Laws and Regulations, Internet Financial Platform Planning and Design and other courses.

(3) Professional Extended Courses. There shall be Internet Banking, Internet Securities, Internet Insurance, Microfinance Practice, Big Data Finance, Internet Financial Brand Management, Internet Financial Information Security, Interactive Interface Design, Mobile Internet Application Design, Internet Financial Entrepreneurship Guidance, etc. Professional extended courses shall be appropriately adjusted according to the regional industrial structure.

3. Titles of Core Courses and Main Teaching Contents.

Number	Titles of Core Courses	Main Teaching Contents
1	Network Lending and Crowdfunding	The origins and developments, operational characteristics of typical platforms and operation management, regulatory environments and measures, and others of P2P network lending, network micro-credit and crowdfunding
2	Credit Reporting Technology and Practice	Credit agencies, information collection and reciprocal sharing, credit reports, credit scores, credit ratings, legal systems for credit reporting, credit education and credit enhancement, new features and methods of credit reporting in the Internet era, etc
3	Internet Financial Marketing	Overview of Internet financial marketing; Internet financial market research; Internet financial channel marketing based on app store, search engine, mobile app effect advertising; Internet finance new media marketing based on copywriting, word of mouth, social network; supervision of Internet financial marketing and so on
4	Internet Financial Product Operations	Overview of Internet financial product operations, design of Internet financial operation activities, content operations, user operations, data operations, and mobile operations of Internet financial product
5	Internet Financial Laws and Regulations	Relationships between Finance and laws; supervision of Internet finance; investor protection; regulations of Internet-based payment, lending, crowdfunding, insurance, fund, trusts and consumer finance; electronic data and anti-money laundering, etc
6	Planning and Design of Internet Financial Platform	Strategic planning, platform planning, system requirements analysis , design of Internet finance platform and system security of Internet finance enterprises and project management, etc

4. Practical Teaching. This part shall be mainly comprised of practical training, internship, graduation project and social practice and others. The practical training shall be carried out in the laboratories on campus and the training bases outside the college. Social practice,

post internship and following internship shall be carried out in the financial institution practice base jointly built by the college and firm. The practical teaching shall mainly include practical training of Internet-based lending and crowdfunding, credit reporting, financial marketing, financial laws and regulations, financial data statistics, financial platform planning and design, financial innovation and entrepreneurship, mobile Internet application design, graduation design and post internship, etc. Such training and practice shall be implemented in strict accordance with the "Regulations on Student Internship Management in Vocational Schools" and the relevant requirements on the standards for professional post internship. Skills training and internship shall be not only the teaching of practical skills, but also an important part of professional courses teaching. The specialty therefore shall emphasize a lot the integration of teaching in theories and practices.

5. Other Requirements. The specialty, by taking the actual requirements of the society on college graduates, shall offer many selective courses, extended courses or seminars (other activities) in the fields of social responsibility, safety education, energy conservation and emission reduction, green development and environmental protection, management and other selective courses in humanities and for the improvement of scientific literacy, the related contents of which shall be integrated into the specialty courses. The specialty shall integrate innovation and entrepreneurship education into specialty courses and the related training of practical skills. The specialty shall also open some college-based other specialty courses, organize various activities for moral education, and encourage students to participate in voluntary activities as well as other social practical activities.

(ii) Class Hour Schedule

Total class hours shallbe 2 800 periods; every 18 class hours shall be converted into 1 credit. The class hours of public basic courses shall be required to be no less than 25% of the total. Time used for the practical training shall constitute more than 50% of class hours, in which the accumulative time for post internship shall be up to 6 months, consecutively or through several phases. The class hours for selective courses shall take up at least 10% of the total.

VIII. Basic Teaching Conditions

(i) Teachers

1. Structure of Teachers. The ratio of student to full-time professional teacher shall be no more than 25 : 1. Teachers with double professional qualifications shall add up to not

less than 60% of all professional teachers. And the specialty shall have good composition of teachers with the abilities of certain online teaching in terms of professional title, age structure etc.

2. Full-time teachers in the specialty shall be all in possession of college teachers' qualifications, with good ethics, commitment to their careers, and in full compliance with the laws and disciplines. They shall have all been educated in the specialties of finance, computer, statistics and the related, with bachelors or higher level of degrees, which ensure them a solid theoretical foundation and strong practical abilities in Internet finance. They shall be all qualified to teach by means of information technology, and to conduct curriculum and teaching reforms and scientific researches. And they shall be required to have at least six months' experience aggregately working in firms in every five years.

3. In principle, the leader of a specialty shall have deputy senior professional title or above, be able to grasp well the industrial and professional trends in domestic and international environments, and have close communications with the industry and enterprises, so as to understand the demand of the society for the talents in the specialty of marketing. He/she shall have strong competences in teaching design, doing researches in this field and leading the organization to carry out teaching and scientific researches, and therefore enjoy some influence in the local region and related fields of study.

4. Part-time teachers shall be mostly from firms in the industry. They shall be all with good ideological, political qualities, professional ethics and craftsmanship and rich practical experiences in Internet finance industry and boast career quality and professional competences. They shall be all able to teach the specialty courses, instruct in practical training sessions, guide the internships and conduct other teaching tasks for the specialty.

(ii) Teaching Facilities

The teaching facilities shall be the necessary specialty classrooms, practical training laboratories within the college and off-campus practical training bases, etc.

1. Basic Conditions for Specialty Classrooms. The specialty classrooms, with adequate electric powers, lights, temperature control and security precautions, shall be equipped with desks and chairs, blackboards, basic teaching instruments, Internet interfaces or good network environments that are adequate for the online and offline mixed teaching models. The room shall be equipped with emergency lighting devices and keep in good conditions, meet the requirements of emergency evacuation, have obvious signs and keep the escape routes clear.

2. Requirements for Practical Training Laboratories within the College. The laboratory for Internet practical skills training shall be equipped with a server, a projector, a whiteboard,

1 computer/person, full Wi-Fi coverage as well as development environment and development tools, web design tools, product prototype design tools, data processing tools and audio and video processing software, etc. The laboratory shall support the teaching and training of information technology, computer programming, graphic and image processing, interactive interface design, Internet financial platform planning and design, financial data statistics, Internet financial information security, mobile Internet application design and other courses.

The laboratory for Internet finance comprehensive skills training shall be equipped with a server, a projector, a whiteboard, 1 computer/person, full Wi-Fi coverage as well as Internet finance typical business practical operation software, B/S architecture, support deployment of cloud and local server, including background management, teacher end and student end three ports,1 accounts/people, virtual time, virtual currency, dynamically set the business cycle, to achieve the purpose of virtual simulation. The laboratory shall support the teaching and practical training of courses, such as Internet Financial Foundation, Network Lending and Crowdfunding, Credit reporting technology and practice, Internet banking, Internet Insurance, Internet Financial Laws and Regulations and others .

The laboratory for Internet financial innovation and entrepreneurship skills training shall be equipped with a server, a projector, a whiteboard, 1 computer/person, full Wi-Fi coverage with the Internet financial professional scene atmosphere, as well as discussion tables and chairs. Students shall complete the tasks of teaching and practical training of the Internet Financial Marketing, Internet Financial Product Operation and other courses by playing different roles. The laboratory shall be used as advertising video shooting and production, design entrepreneurial plan for different Internet financial modes, and carry out project roadshow so as to inspire students "innovative thinking and cultivate students" entrepreneurship and support the teaching and practical training of innovative and entrepreneurial courses.

3. Requirements for Off-campus Practical Training Bases. The specialty shall actively cooperate with Internet financial firms in production and learning to establish close-relationship off-campus practical training bases. The practical training bases shall boast over complete facilities, provide adequate positions and offer rich-experience professionals to guide the students. They shall have comprehensive management regulations and mechanism. The specialty shall have more than three off-campus training bases that are in close cooperation with the specialty.

4. Requirements for Internship Bases. The specialty shall cooperate effectively with various Internet financial institutions to establish off-campus internship bases to accommodate the students. The internship bases shall be able to provide adequate positions of following

internship and post internship to carry out teaching activities effectively. They shall be able to designate appropriate experienced employees to guide and manage students. The students shall be complete the tasks of their internship by observations, experiences and contacts. These bases shall be safe and insured and instituted with rules and regulations to guarantee the daily work, studies and lives of the interns.

5. Requirements for Information-based Teaching. The specialty shall offer information-based teaching of many courses, with digitalized teaching resources, online courses and research literature and other conveniences. The core courses of the specialty shall be conducted based on the Internet teaching platforms so that teachers are able to interact with students by ways of online and offline. The specialty also shall guide and encourage teachers to develop and utilize information-based teaching resources, platforms, innovative teaching methods so as to improve the effectiveness of teaching activities.

(iii) Teaching Resources

In order to satisfy the students' demands for the learning of their specialty, and the teachers' demands for teaching and researches, the specialty shall have in stock a lot of teaching materials, books and various digital resources.

1. Requirements for the Selection of Textbooks. According to the related state regulations, the specialty shall carefully select high quality textbooks and other teaching materials for the students. A panel of specialty teachers, professional experts and researchers shall be involved in the selection of these teaching resources. Complete teaching material selection regulations shall be established to find the optimal resources for the students. The specialty shall encourage cooperation with firms in the industry to develop college-based teaching materials for professional courses with distinctive features.

2. Requirements on Books and Other Research Literature. The specialty shall have adequate books and research literature to meet the demands of talents training, specialty construction, teaching and scientific researches. All these shall be easily accessible to the teachers and students. Such literature of the specialty shall be related to the business model, skills, methods, thinking and practical operations in the field of Internet finance. And the literature shall mainly include financial, economic, computer and cultural literature, especially books, literature and electronic magazines that are integrated into the new system, new regulations, new businesses, new products and new practices of development of firms in industry.

3. Requirements of Digital Resources. The specialty shall have relevant online learning resources, such as video animation of micro-lecture, teaching courseware, teaching cases, virtual simulation software, digital teaching materials, exercise library, product library, etc.

They shall be in various forms, rich types, easily accessible, and updated regularly to meet the demands of teaching.

IX. Quality Guarantee

(i) The college and departments (specialty) shall establish a quality monitoring mechanism to supervise the specialty construction and teaching process, and a quality monitoring and management system for the teaching. The specialty shall establish comprehensive quality standards for classroom teaching, teaching evaluation, internship and practical training, graduation project, specialty research, talents training program and resources banks. By means of teaching implementation, process monitoring, quality evaluation and continuous improvement of such, the quality of talents training in the specialty shall be guaranteed.

(ii) The college and departments (specialty) shall institute comprehensive teaching management mechanisms to improve the organization and operation of daily teaching affairs, to review and improve the curriculum construction and teaching qualities regularly. The specialty shall establish a mechanism, such as touring classes, visiting classes, evaluating teaching and learning, to inspect the classroom teaching to ensure strict discipline of teaching and lecture participation, to strengthen the functions of teaching organization, to deliver open lectures and demonstration classes and other teaching and research activities regularly.

(iii) The college shall establish mechanisms of tracking and feedback and of social evaluation for graduates so as to analyze the sources of students, their academic level at college, and employment of graduates in the hope of regularly evaluating the qualities of talent fostering and the achievement of the educational objectives.

(iv) Professional teaching and research organization shall make full application of the above results of evaluation and analysis to effectively boost the specialty teaching. Meanwhile, the specialty shall design and implement measures for diagnosis and improvement based on the problems in talent training so as to continuously enhance the qualities of talent training.

Teaching Standards for the Specialty of Digital Media Arts & Design

I. Specialty Title (Specialty Code)

Digital Media Arts & Design (650104)

II. Admission Requirements

Applicants shall be graduates from regular senior high schools, secondary vocational schools or with similar educational background.

III. Basic Schooling Duration

3 academic years

IV. Career Orientation

Specialty Category (Code)	Profession (Code)	Corresponding Industries (Code)	Major Occupational Categories (Code)	Examples of Major Job Categories (Technical Areas)	Examples of Vocational Qualification Certificates (Vocational Skill Level)
Major of Culture and Art (65)	Art & Design (6501)	Other Culture & Art (88)	Industrial Art & Creative Design Professional (2-09-06)	Vision Design Interaction Design Photography & Video Recording Animation Design Illustration Video Creation Post Production Market Promotion	Adobe Graphic Designer Adobe Flash Adobe Flash Interactive Designer Adobe Adobe Web Designer 3ds Max 3ds Max Producer Unity Unity Application Capability Certification

V. Educational Objectives

The specialty shall cultivate high-quality technical and skilled talents with career development basis, who shall be employed by firms in fields of Internet, E-commerce web visual design, advertising and media and video game design, etc. They shall fully grasp the knowledge of brand visual design and production, specifications for e-commerce web visual design and production, and master the skills of design in e-commerce interface, visual communication, user experience and interface interaction. They shall be capable to engage in design of e-commerce vision, brand vision, commercial illustration, digital publication, user experience, and online program design and production.

VI. Education Specifications

Graduates of this specialty shall meet the following requirements in terms of quality, knowledge and ability.

(i) Qualities

1. Graduates shall strongly support the leadership of the Communist Party of China, establish a common ideal of socialism with Chinese characteristics, and practice the core values of socialism with a deep sense of patriotism and Chinese national pride.
2. Graduates shall uphold the Constitution, abide by laws and observe regulations and disciplines.
3. Graduates shall abide by and perform moral guidelines and codes of conduct with senses of social responsibilities and consciousness of social participation.
4. Graduates shall have the qualities of honesty, faithfulness and dedication to work guided by good virtues as well as the craftsmanship of excellence.
5. Graduates shall have awareness of quality, security, career planning and innovative mindset.
6. Graduates shall have strong collective senses and teamwork spirits, good behaviors and strong self-management abilities.
7. Graduates shall feature physical and mental health, wholesome personalities and well-developed habits for physical exercise and personal hygiene.
8. Graduates shall be information literate, have the abilities of aesthetic appreciation, and possess good humanistic qualities.

(ii) Knowledge

1. Graduates shall be highly skilled talents and hence master necessary knowledge of English, mathematics, culture and marketing.
2. Graduates shall master basic knowledge of photography and art (e.g., sketch, color,

sculpt) in digital media art industry.

3. Graduates shall master basic knowledge of computer application, and well understand the dynamics of computer industry.

4. Graduates shall master basic knowledge of online program design and production.

5. Graduates shall well know the basic theories of graphic design, computer animation and audio/video edition.

6. Graduates shall master the basic knowledge and skills of relevant software for computer graphic design, computer animation production, audio/video edition, advertisement design and game development.

7. Graduates shall well master the basic knowledge of application and maintenance for computer software system.

8. Graduates shall master the basic knowledge of digital publication design and production.

9. Graduates shall have good knowledge of innovation and entrepreneurship. They shall grasp the meaning, types and procedure of innovative mindset and entrepreneurship, and have relevant knowledge of opportunities seeking and evaluation, environments analysis, team building, financing channel and procedure, business plan writing, and others in entrepreneurship. They shall aware of the registration process for micro-business, and have their own insights on talent recruitment, cultivation, management and development.

(iii) Competences

1. Graduates shall have good abilities in learning, adaption, communication, teamwork, language expression, verbal statement and problem solving.

2. Graduates shall have good abilities in computer software installation and configuration, and in computer error diagnosis and solution.

3. Graduates shall have good abilities in utilization of computer operation system, application software and office automation software.

4. Graduates shall have basic abilities in advertisement design and be skilled in advertisement production.

5. Graduates shall have good abilities in 2D animation production with professional software.

6. Graduates shall have basic abilities in digital animation design and production.

7. Graduates shall have good abilities in online festival design and production.

8. Graduates shall have basic abilities in digital publication.

9. Graduates shall have good entrepreneurship. They shall be able to develop directions, objectives, strategies and detailed plan for innovation and entrepreneurship according to the specific opportunities in external environments and resources and competencies in the

firms. They shall also have certain abilities in human resource management and financial management, and be capable of communicating and coordinating with relevant departments and individuals.

VII. Curriculum and Class Hour Schedule

(i) Curriculum

Curriculum shall include public basic courses and specialty courses.

1. Public Basic Courses. According to relevant documents issued and implemented by the Party and the Government, the ideological and political theory, Chinese traditional culture, physical education, military science, career development and employment guidance for undergraduates, mental health education shall be listed as public basic compulsory courses. Marxist theory, the Party's history and national history, practical writing in finance and economics, IT, advanced mathematics, public foreign language, education of innovation and entrepreneurship, health education, aesthetic education and professionalism for career of digital media art and design shall be listed as compulsory courses or optional courses.

2. Specialty Courses. Specialty courses shall include professional foundation courses, core courses, extended courses, and relevant practical teaching and training courses.

(1) Professional Foundation Courses. Seven professional foundation courses offered shall include Design Theory Basics, Sketch Basics, Graphic Design Basics, Basics of Internet Application Design, Creation of Digital Publishing Works, Basics of Interactive Technology, Interactive Prototyping, etc.

(2) Professional Core Courses. Five professional core courses offered shall be Graphic and Image Process, Graphic Design Basics, Post Digital Special Effects, 2D Animation Production, Basics of 3D Animation Design.

(3) Professional Core Courses. There shall be three types of professional extended courses. The first type is the courses in extending applicative abilities of the specialty, like Interactive Design Procedure and Methods, Network Audio-visual Content Creation, Creation of Digital Publishing Works; the second is the courses for introducing new technology in industrial development, such as Virtual Applicative Technology, Micro Film Creation, Digital Animation Creation; the third is the courses in showing advantageous features of the college, for example, Folk Custom Research and Investigation, Ink and Wash Painting.

3. Titles of Core Courses and Main Teaching Contents.

Number	Titles of Core Courses	Main Teaching Contents
1	Graphic and Image Process	Internet is the most common communication channel nowadays, and the main contents of the communication are graphic and image. This course is about the basic skills and procedure of image processing, focused on the color and tone of image, methods of changing color model, selection, path and their conversion, painting and detailing, drawing and editing, text process, layer, merge and calculation of channel, filter utilization, web page image production, image slicing, image input and output, among other relevant knowledge. Requirements: Students shall fully and systematically understand and grasp knowledge of computer image process with application software such as Adobe Photoshop, including basic concepts and techniques. They shall also grasp the utilization of image mapping panel and tools, utilization of flip panel, as well as other relevant skills and application techniques
2	Graphic Design Basics	This course includes six projects: (1) graphic design concepts; (2) font design; (3) image design; (4) color design; (5) layout design and (6) logo design. Through these six projects shall the students systematically grasp the basic principles and methods of graphic design, their design expression, practical abilities and innovative thinking abilities shall also be enhanced
3	Post Digital Special Effects	The main objectives of this course shall be to make students master basic methods of special effects creation in the late stage of film and television through learning relevant software, including keying, composing, recording sound adding, special effects giving, as well as coordination of feature cutting. Students shall be trained to fully control the production of video works through this course. Teaching methods such as works analysis, explanation of exercises; operational demonstration of cases and technology shall be applied to let students fully grasp the proper techniques of special effects creation. Training topics shall include the skills of special effects design, special effects application and other skills of special effects creation in the process of video works production. The course shall emphasize the cultivation of students' abilities in overall control and art creation of special effects. Requirements: Students shall master particular operation methods and applications of composite software in the late stage of professional film and television, tools, so as to demonstrate their creativities and bring their imaginations to reality. They shall be capable of applying various rich and magical visual effects to works of film and television so as to make well processed works of film and television from raw material
4	2D Animation Production	Internet is the most common communication channel nowadays, and the most vital content of the communication is Adobe Flash animation. This course shall mainly cover the introduction of Adobo Flash interface, utilization of various tools, simple animation production, two particular methods of making tween (transition) animation, component and instance, application of motion guide layer, principle and application of mask layer, utilization of image and audio, text processing, test and release of movie. Requirements: Students shall master the use of basic drawing tools for Adobe Flash MX, understand the principles of Adobe Flash MX animation, grasp various techniques such as transition, deformation and mask, etc., utilization of audio and bit image, understand and well grasp symbols and library for making simple interaction
5	Basics of 3D Animation Design	This course plays a key role in animation design and production industry. Students shall grasp the basic techniques of key frame animation, constraint animation, space-dynamic animation, character animation, particle animation and rendering special effects animation through learning this course. They shall also well understand the production procedure of 3D animation, which includes model creation, texture edition, animation production, special effects processing and post-editing

4. Practical Teaching. This part shall be mainly comprised of practical training, internship, graduation project and social practice and others. The practical training shall be carried out in laboratories on the campus and training bases outside the college. The main contents of practical training and internship shall include various projects such as basic design project, photography and camera works, MV digital special effects project, animation production, scene design, micro movie production project, online advertisement design, 3D object modelling, "Our School" scene modelling, virtual video game design project, interactive advertisement project, campus online program design and others. Such training and practices shall be implemented in strict accordance with the "Regulations on Student Internship Management in Vocational Schools" and the relevant requirements on the standards for professional post internship. Cognitive practice shall be scheduled in semester 1 or 2, following internship in semester 3 or 4, and post internship in semester 5 or 6. Skill training and internship shall not only be the teaching of practical skill, but also an important part of professional course teaching. The specialty shall therefore emphasize a lot the integration of theoretical study and skill practice.

5. Other Requirements. The specialty, by taking the actual requirements of the society on college graduates, shall offer many selective courses, extended courses or seminars (other activities) in the fields of social responsibility, safety education, energy conservation and emission reduction, green development and environmental protection, management and other selective courses in humanities and for the improvement of scientific literacy, the related contents of which shall be integrated into the specialty courses. The specialty shall integrate innovation and entrepreneurship education into specialty courses and the related training of practical skills. The specialty shall also open some college-based other specialty courses, organize various activities for moral education, and encourage students to participate in voluntary activities as well as other social practical activities.

(ii) Class Hour Schedule

Total class hours shall be 2 600 to 2 700 periods; every 18 class hours shall be converted into 1 credit. The class hours of public basic courses shall be required to be no less than 25% of the total. Time used for the practical training shall constitute more than 60% of class hours, in which the accumulative time for post internship shall be up to 6 months, consecutively or through several phases. The class hours for selective courses shall take up at least 10% of the total.

VIII. Basic Teaching Conditions

(i) Teachers

1. Structure of Teachers. The ratio of student to full-time professional teacher shall be no more than 25 : 1. Teachers with double professional qualifications shall add up to not less than 60% of all professional teachers. And the specialty shall have good composition of teachers in terms of professional title, age structure etc.
2. Full-time teachers in the specialty shall be all in possession of college teachers' qualifications, with good ethics, commitment to their careers, and in full compliance with the laws and disciplines. They shall have all been educated in the specialties of digital media art and design and the related, with bachelors or higher level of degrees, which ensure them a solid theoretical foundation and strong practical abilities in digital media art and design. They shall be all qualified to teach by means of information technology, and to conduct curriculum and teaching reforms and scientific researches. And they shall be required to have at least six months' experiences aggregately working in firms in every five years.
3. In principle, the leader of a specialty shall have deputy senior professional title or above, be able to grasp well the industrial and professional trends in domestic and international environments, and have close communications with the industry and enterprises, so as to understand the demands of the society for the talents in the specialty of digital media art and design. He/she shall have strong competences in teaching design and doing researches in this field, and therefore enjoy some influence in the local region and related fields of study.
4. Part-time teachers shall be mostly selected from firms in the industry. They shall be all with good ideological, political qualities and professional ethics, in possession of the middle and high level of professional qualifications in digital media art and design and related specialties, and boast career qualities and professional competences and rich practical experiences. They shall be all able to teach the specialty courses, instruct in practical training sessions, guide the internship and conduct other teaching tasks for the specialty.

(ii) Teaching Facilities

The teaching facilities shall be the necessary specialty classrooms, practical training laboratories and bases that are needed for usual curriculum teaching, internship, practical training, and that make information-based teaching possible.

1. Basic Conditions for Specialty Classrooms. The specialty classrooms, with adequate electric power, lights and security precautions, shall be equipped with desks and chairs, blackboards, multimedia teaching equipment, basic teaching instruments, internet interfaces or good network environments that shall be adequate for the delivery of specialty courses. The classrooms shall be big enough to accommodate all the students for the lectures.

2. Requirements for Practical Training Laboratories within the College. The specialty shall establish on-campus practical training base with the fundamental goal of cultivating students' professional abilities. It shall contain various training laboratories such as art design innovation laboratory, multimedia skill training laboratory, media design and production laboratory, network resource sharing laboratory and intelligent laboratory, etc. so as to meet the demands of productive practical training.

The specialty shall formulate measures to manage productive practical training project development in order to regulate these projects in various aspects, such as project approval and initiation, process management, quality control, financing, project acceptance and assessment, so as to make these projects trackable for responsibility and reward. A laboratory management regulation related to productive practical training shall also be established to discipline the students in these laboratories, and to evaluate the performance of these projects.

3. Requirements for Off-campus Practical Training Bases. The off-campus practical training bases shall be good firms or social intermediaries that are able to provide related typical professional activities for digital media art and design and emphasize the integration of the industry and education. The practical training bases shall boast over complete facilities, provide adequate positions and offer designated experienced professionals to guide the students. They shall have comprehensive management regulations and mechanism. The specialty shall have more than three off-campus training bases that are in close cooperation with the specialty.

4. Requirements for Internship Bases. The internship bases shall be selected from various representative firms and social intermediaries that are able to provide adequate internship positions of digital media art and design. They shall be able to designate appropriate experienced employees to guide and manage students. These bases shall be safe and insured and instituted with rules and regulations to guarantee the daily work, studies and lives of the interns.

5. Requirements for Information-based Teaching. The specialty shall offer information-based teaching of many courses, with digitalized teaching resources, research literature, answers to frequently asked questions and other conveniences. The specialty shall also guide and encourage teachers to develop and utilize information-based teaching resources,

platforms, innovative teaching methods so as to improve the effectiveness of teaching activities.

(iii) Teaching Resources

In order to satisfy the students' demands for the learning of their specialty, and the teachers' demands for teaching and researches, the specialty shall have in stock a lot of teaching materials, books and various digital resources.

1. Requirements on the Choice of Teaching Materials. According to the related state regulations, the specialty shall carefully select high quality textbooks and other teaching materials for the students. A panel of specialty teachers, professional experts and researchers shall be involved to the selection of these teaching resources. Complete teaching material selection regulations shall be established to find the optimal resources for the students.

2. Requirements on Books and Other Research Literature. The specialty shall have adequate books and research literature to meet the demands of talent training, specialty construction, teaching and scientific research. All these shall be easily accessible to teachers and students. Such books of the specialty shall be related to the theories, skills, methods, thinking and practical operations in the field of digital media art and design.

3. Requirements on Digitalized Resources. The specialty shall have relevant specialty literature, audio and video materials, digital teaching materials, teaching courseware, supplementary materials, case bases, policies and regulations banks, exercises and questions banks, practical training software, professional and skill qualification examination materials as well as the employment and entrepreneurship information. They shall be in various forms, rich types, easily accessible, and updated regularly to meet the demands of teaching.

IX. Quality Guarantee

(i) The specialty shall establish a quality monitoring mechanism to supervise the specialty construction and teaching process, and a quality monitoring and management system for the teaching. The specialty shall establish comprehensive quality standards for classroom teaching, teaching evaluation, internship and practical training, graduation project, specialty research, talent training program and resources banks. By means of teaching implementation, process monitoring, quality evaluation and continuous improvement of such, the qualities of talent training in the specialty shall be guaranteed.

(ii) The specialty shall institute comprehensive teaching management mechanisms to improve the organization and operation of daily teaching affairs, to review and improve the curriculum construction and teaching qualities regularly. The specialty shall establish a mechanism, such as touring classes, visiting classes, evaluating teaching and learning, to inspect the classroom teaching to ensure strict discipline of teaching and lecture participation, to strengthen the functions of teaching organization, to deliver open lectures and demonstration classes and other teaching and research activities regularly.

(iii) The specialty shall establish a tracking and feedback mechanism and a social evaluation mechanism for the graduates so as to analyze the sources of students, their academic achievements, and the employment situations of the graduates in the hope of regularly evaluating the quality of talent training and the achievement of the educational objectives.

(iv) The specialty shall make full application of the above results of evaluation and analysis to effectively boost the specialty teaching. Meanwhile, the specialty shall design and implement measures for diagnosis and improvement to continuously enhance the qualities of talent training.

Teaching Standards for the Specialty of Digital Media Application Technology

I. Specialty Title (Specialty Code)

Digital Media Application Technology (610210)

II. Admission Requirements

Applicants shall be graduates from regular senior high schools or secondary vocational schools or with similar educational background.

III. Basic Schooling Duration

3 academic years

IV. Career Orientation

Specialty Category (Code)	Profession (Code)	Corresponding Industries (Code)	Major Occupational Categories (Code)	Examples of Major Job Categories (Technical Areas)	Examples of Vocational Qualification Certificates (Vocational Skill Level)
Major Categories of Electronic Information (61)	Computer (6102)	Software Development (651) Digital Content Service (657)	Computer Software Engineering Technician (2-02-10-03) Other Computer and Application Engineering Technician (2-10-05-06) Film Editor (2-09-03-06) Video Special Effects Editor (4-13-02-03)	User Interface Design	ACAA Certification for UI Designer
				Front End Development	ACAA Certification for Front End Engineer
				Video Post-Production	ACAA Certification for Video Editor
				Video Special Effects Edition	ACAA Certification for Video Special Effects Engineer

V. Educational Objectives

This specialty shall cultivate high-quality technical and skilled talents, who are suitable for regional economic and social development while advocating the Party's basic line, for front-line business and positions of various firms in the field of Internet user interface design, front end design, post-production and video special effects edition, etc. They shall be comprehensive developed in virtue, intelligence, fitness, aesthetics, and advocate with fundamental qualities like honesty, cooperation and commitment, and stronger abilities of sustainable development. With a good mastery of professional knowledge, techniques and skills in basic operation of computer and Internet, image processing, graphic design, 3D modelling and web page design and development, they shall be able to work in the professions of UI design, front end design, video post-production, video special effects edition, etc.

VI. Educational Specifications

Graduates of this specialty shall meet the following requirements in terms of quality, knowledge and ability.

(i) Qualities

1. Graduates shall strongly support the leadership of the Communist Party of China, establish a common ideal of socialism with Chinese characteristics, and practice the core values of socialism with a deep sense of patriotism and Chinese national pride.
2. Graduates shall uphold the Constitution, abide by laws and observe regulations and disciplines.
3. Graduates shall abide by and perform moral guidelines and codes of conduct with senses of social responsibilities and consciousness of social participation.
4. Graduates shall have the qualities of honesty, faithfulness and dedication to work guided by good virtues as well as the craftsmanship of excellence.
5. Graduates shall have awareness of quality, security, career planning and innovative mind-set.
6. Graduates shall have stronger collective senses and teamwork spirits, good behaviors and strong self-management abilities.
7. Graduates shall feature physical and mental health, wholesome personalities and well-developed habits for physical exercise and personal hygiene.
8. Graduates shall be information literate, have the abilities of aesthetic appreciation, and possess good humanistic qualities.
9. Graduates shall demonstrate right professional ethics and moral values of computer industry.
10. Graduates shall demonstrate good professional skills and abilities in painting, color

scheme, shaping characters and designing video scene, processing and producing image, individually and independently designing and producing print advertisement as well as web pages. They shall also be able to create 3D model for characters, items (properties) and scene texture, individually and independently produce 3D static image, produce program and video advertisement with non-linear editor software, grasp the methods of digital special effects production, and also be able to design and produce subtitle and teaser. They shall have other abilities in simple mobile application design and development, interactive design and production, and integration of various media material such as text, image, graphic, animation, audio and video.

11. Graduates shall demonstrate good skills and abilities in "Internet Thinking", particularly in aspects of working independently, technologies, socialization, management, interaction and coordination, which are basic qualities of innovation and entrepreneurship. They shall be cultivated to demonstrate strongly interests in new things, with optimistic and positive mentalities, and thus be able to withstand frustration and failure. They shall be focus, optimistic, self-discipline, self-motivation, and with good executive capacities, so as to manage their own time, analyze and understand the trends of environments, and seize opportunities effectively.

(ii) Knowledge

1. Graduates shall be cultivated to be highly skilled talents with necessary knowledge of English, mathematics, literature and marketing.
2. Graduates shall well master basic knowledge of photography and art (e.g., sketch, color, sculpt, etc.) to work in digital media art industry.
3. Graduates shall well master basic knowledge of computer application, and well understand the dynamics of computer industry.
4. Graduates shall well master the basic knowledge of computer network and software design.
5. Graduates shall well know the basic theories of graphic design and audio/video edition.
6. Graduates shall have good basic knowledge of relevant software for UI design and audio/video edition.
7. Graduates shall well master the basic knowledge of operation and maintenance of computer software system.
8. Graduates shall have good basic knowledge of front end design and web page development.
9. Graduates shall have good knowledge of innovation and entrepreneurship, such as concepts, types and procedures of innovative mind-set and entrepreneurship, environment

analysis, seeking and evaluation of opportunities, team building, venture financing channel and procedure, business plan writing in entrepreneurship. They shall well know the registration process for small and micro businesses, and have unique insights into recruitment, cultivation, management, training and development of talents.

(iii) Competences

1. Graduates shall have good abilities in learning, adaption, communication, coordination, language expression, verbal statement and problem solving.
2. Graduates shall have good abilities in computer software installation and configuration, and computer fault-diagnosis and solution.
3. Graduates shall have good abilities in computer operation system, application software and office automation software.
4. Graduates shall have good basic abilities in advertisement design and production.
5. Graduates shall have good abilities in 3D modelling with professional software.
6. Graduates shall have good abilities in audio and video edition, and well grasp the operation of relevant mainstream software.
7. Graduates shall have good abilities in customized mobile application development.
8. Graduates shall have good entrepreneurial abilities. They shall be able to develop directions, objectives, strategies and detailed plans for innovation and entrepreneurship according to the specific opportunities in external environments and resources and competencies in the businesses. They shall also have certain abilities in human resource and financial management, and be capable of communicating and coordinating with relevant departments and individuals.

VII. Curriculum and Class Hour Schedule

(i) Curriculum

Curriculum includes public basic courses and specialty courses.

1. Public Basic Courses. According to relevant documents issued and implemented by the Party and the Government, an ideological and political theory, Chinese traditional culture, physical education, military science, career development and employment guidance for undergraduates, mental health education shall be listed as public basic compulsory courses. Marxist theory course, the Party's history and national history, advanced mathematics, public foreign language, education of innovation and entrepreneurship, health education, aesthetic education and professionalism for career of digital media application technology

shall be listed as compulsory courses or optional courses.

2. Specialty Courses. Specialty courses shall include professional foundation courses, core courses, extended courses, and relevant practical teaching and training courses.

(1) Professional Foundation Courses. Seven professional foundation courses offered shall include Basics of Art, Photography, Basics of Computer Application, Audio-visual Language and Practices, Digital Media Product Creativeness and Practices, High-level Language Program Design and 3D Modelling, etc.

(2) Professional Core Courses. Six professional core courses offered shall be Image and Graphic Processing, Basics of Graphic Design, Web Page Development, User Interface Design, Video Processing and Video Special Effects Production.

(3) Professional Extended Courses. There shall be three types of professional extended courses. The first type shall be the courses in extending applicative abilities of the specialty, like Advertisement Design and Production and Corporate Image Design; the second shall be the courses for introducing new technology in industrial development, such as New Media Operation and Web Front End Design; the third shall be the courses in showing features of the specialty, such as Short Video Production and Practice.

3. Titles of Core Courses and Main Teaching Contents.

Number	Titles of Core Courses	Main Teaching Contents
1	Graphic and Image Process	This course shall be about the basic skills and procedure of Internet-based image processing, focused on the color and tone of image, methods of color model switching, selection, path and their conversions, painting and decorations, drawing and editing, text process, layer, merge and calculation of channel, filter applications, web page image production, image slicing, image input and output, among other relevant knowledge Requirements: Students shall fully and systematically understand and grasp basic concepts and operations of computer image process with application software such as Adobe Photoshop. They shall also grasp the applications of image mapping panel and tools, flip panel, as well as other relevant operational skills and application techniques
2	Graphic Design Basics	Course shall contain six topics: (1) introduction to graphic design; (2) font design; (3) image design; (4) color design; (5) layout design and; (6) logo design. Through introduction to these six topics, the students shall systematically grasp the basic principles and methods of graphic design, and also improve their abilities in design expression, production and creative mind-set
3	Web Page Development	This course shall be mainly about the basic operational skills in web page development. Through this course shall the students be able to design multi-window web page with text, link, table, form, list, image, multimedia, frameset and various attributes of HTML5, and to independently design and develop dynamic website for small business based on DIV and CSS3

continued

Number	Titles of Core Courses	Main Teaching Contents
4	User Interface Design	This course shall start from the theories of human-machine interaction and take developmental dynamics and demands of market as its course design guideline. Through this course shall students well know the basic UI forms, principles of UI design, methods of user experience research, design psychology, theoretical background of human-machine interaction, and master the operational skills of basic design tools like Adobe Photoshop, as well as the interactive design guidelines of WUI, GUI, MUI, etc. Requirements: Students shall well master the basic principles and methods of icon design and production, button design, system login interface design, web interface design guidelines and principles, various phenomenon of color vision, as well as commercial web page design and development
5	Video Processing	Video can deliver richest data and information in the ways of Internet communication. Students shall master the features of video processing software as well as their interface, methods of material obtaining and edition, utilization of key frame, special effects switching, motion effects production, TV subtitling, audio edition and video end product output Requirements: Students shall well know the file formats supported by particular software, operational principles and methods of TV programming edition, special effects switching, motion effects, motive effects production, image composition, video subtitling, audio edition, and video output with relevant software
6	Video Special Effects Production	The main objectives of this course are to let students master the basic methods of film special effects production through learning relevant software, including keying, effects composing, recorded audio and its application, special effects application, as well as feature edition coordination. Students shall be able to fully master the skills of video special effects creation through works analysis, exercises comment, technical operation demonstration of examples learned this course. The main training topics of this course include special effect design, special effect application in video production process. The course shall focus on the cultivation of students' abilities in overall control and art creation in video special effect production Requirements: Students shall master specific operational skills of professional video special effect production software, well know various working procedure, and be able to realize their imaginations by employing software and their creativities. They shall be capable of applying various visual special effects to a video to produce an excellent works from materials without deeply processed

4. Practical Teaching. This part shall be mainly comprised of practical training, internship, graduation project and social practice and others. The practical training shall be carried out in laboratories on the campus and training bases outside the college. The main contents of practical training and internship shall include the skills training of painting, photography, computer application, image and graphic processing, graphic design, audio-visual language, web page development, UI design, digital media product innovation, video

processing, programming, video special effects production, 3D modelling, advertisement design, new media operation, web front end design and development, corporate image design, short video production and others. Such training and practice shall be implemented in strict accordance with the "Regulations on Student Internship Management in Vocational Schools" and the relevant requirements on the standards for professional post internship. Cognitive practice shall be scheduled in semester 1 or 2, following internship in semester 3 or 4, and post internship in semester 5 or 6. Skills training and internship shall be not only the teaching of practical skills, but also an important part of professional courses teaching. The specialty therefore shall emphasize a lot the integration of theoretical study and skill practice.

5. Other Requirements. The specialty, by taking the actual requirements of the society on college graduates, shall offer many selective courses, extended courses or seminars (other activities) in the fields of social responsibility, safety education, energy conservation and emission reduction, green development and environmental protection, management and other selective courses in humanities and for the improvement of scientific literacy, the related contents of which shall be integrated into the specialty courses. The specialty shall integrate innovation and entrepreneurship education into specialty courses and the related training of practical skills. The specialty also shall open some college-based other specialty courses, organize various activities for moral education, and encourage students to participate in voluntary activities as well as other social practical activities.

(ii) Class Hour Schedule

Total class hours shall be 2 600 to 2 700 periods; every 18 class hours shall be converted into 1 credit. The class hours of public basic courses shall be required to be no less than 25% of the total. Time used for the practical training shall constitute more than 50% of class hours, in which the accumulative time for post internship shall be up to 6 months, consecutively or through several phases. The class hours for selective courses shall take up at least 10% of the total.

VIII. Basic Teaching Conditions

(i) Teachers

1. Structure of Teachers. The ratio of student to full-time professional teacher shall be no more than 25 : 1. Teachers with double professional qualifications shall add up to not less than 60% of all professional teachers. And the specialty shall have good composition of

teachers in terms of professional titles, age structure etc.

2. Full-time teachers in the specialty shall be all in possession of college teachers' qualifications, with good ethics, commitment to their careers, and in full compliance with the laws and disciplines. They shall have all been educated in the specialties of computer science, art and the related, with bachelors or higher level of degrees, which ensure them a solid theoretical foundation and strong practical abilities in digital media application technology. They shall be all qualified to teach by means of information technology, and to conduct curriculum and teaching reforms and scientific researches. And they shall be required to have at least six months' experiences aggregately working in firms in every five years.

3. In principle, the leader of a specialty shall have deputy senior professional title or above, be able to grasp well the industrial and professional trends in domestic and international environments, and have close communications with the industry and enterprises, so as to understand the demand of the society for the talents in the specialty of digital media technology. He/she shall have strong competences in teaching design and doing researches in this field, and therefore enjoy some influence in the local region and related fields of study.

4. Part-time teachers shall be mostly from firms in the industry. They shall be all with good ideological, political qualities and professional ethics, in possession of the middle and high level of professional qualifications in literary and creation or IT related specialties, and boast career qualities and professional competences and rich practical experience in design or IT. They shall be all able to teach the specialty courses, instruct in practical training sessions, guide the internship and conduct other teaching tasks for the specialty.

(ii) Teaching Facilities

The teaching facilities shall be the necessary specialty classrooms, practical training laboratories and bases that are needed for usual curriculum teaching, internship, practical training, and that make information-based teaching possible.

1. Basic Conditions for Specialty Classrooms. The specialty classrooms, with adequate electric powers, lights and security precautions, shall be equipped with desks and chairs, blackboards, multimedia teaching equipment, basic teaching instruments, internet interfaces or good network environments that are adequate for the delivery of specialty courses. The classrooms shall be big enough to accommodate all the students for the lectures.

2. Requirements for Practical Training Laboratories within the College.

(1) The laboratory for intelligential practical skills training shall be equipped with a projector, a whiteboard, 1 computer/person, full Wi-Fi coverage as well as relevant

graphic processing, animation production, video processing, office application and web development software. The laboratory shall be used for the teaching and practical training of basics of computer application, audio-visual language creativeness and practices, high-level language program design, web front end design, new media operation and other courses.

(2) The laboratory for computer multi-media practical skills training shall be equipped with a projector, a whiteboard, 1 computer/person, full Wi-Fi coverage, assembly line demonstration as well as related graphic processing, animation production, video processing, office application web development and modelling software, which are necessary for the teaching and practical training in image and graphic processing, basics of graphic design, web page development, UI design, video processing, video special effects production, advertisement design and production, corporate design, short video production and practice and other courses.

3. Requirements for Off-campus Practical Training Bases. The off-campus practical training bases shall be good firms or social intermediaries that are able to provide related typical professional activities for digital media design and development and emphasize the integration of the industry and education. The practical training bases shall boast over complete facilities, provide adequate positions and offer designated experienced professionals to guide the students. They shall have comprehensive management regulations and mechanisms. The college shall have more than three off-campus training bases that are in close cooperation with the specialty.

4. Requirements for Internship Bases. The internship bases shall be selected from various representative firms and social intermediaries that are able to provide adequate internship positions of digital media design and development. They shall be able to designate appropriate experienced employees to guide and manage the students. These bases shall be safe and insured and instituted with rules and regulations to guarantee the daily work, studies and lives of the interns.

5. Requirements for Information-based Teaching. The specialty shall offer information-based teaching of many courses, with digitalized teaching resources, research literature, answers to frequently asked questions and other conveniences. The specialty also shall guide and encourage the teachers to develop and utilize information-based teaching resources, platforms, innovative teaching methods so as to improve the effectiveness of teaching activities.

(iii) Teaching Resources

In order to satisfy the students' demands for the learning of their specialty, and the teachers' demands for teaching and researches, the specialty shall have in stock a lot of teaching materials, books and various digital resources.

1. Requirements on the Choice of Teaching Materials. According to the related state regulations, the specialty shall carefully select high quality textbooks and other teaching materials for the students. A panel of specialty teachers, professional experts and researchers shall be involved to the selection of these teaching resources. Complete teaching material selection regulations shall be established to find the optimal resources for the students.

2. Requirements on Books and Other Research Literature. The specialty shall have adequate books and research literature to meet the demand of talents training, specialty construction, teaching and scientific research. All these shall be easily accessible to the teachers and students. Such books of the specialty shall be related to the theories, skills, methods, thinking and practical operation in the field of specialty.

3. Requirements on Digitalized Resources. The specialty shall have relevant specialty literature, audio and video materials, digital teaching materials, teaching courseware, supplementary materials, case bases, policies and regulations banks, exercises and questions banks, practical training software, professional and skill qualification examination materials as well as the employment and entrepreneurship information. They shall be in various forms, rich types, easily accessible, and updated regularly to meet the demand of teaching.

IX. Quality Guarantee

(i) The specialty shall establish a quality monitoring mechanism to supervise the specialty construction and teaching process, and a quality monitoring and management system for the teaching. The specialty shall establish comprehensive quality standards for classroom teaching, teaching evaluation, internship and practical training, graduation project, specialty research, talents training program and resources banks. By means of teaching implementation, process monitoring, quality evaluation and continuous improvement of such, the qualities of talents training in the specialty shall be guaranteed.

(ii) The specialty shall institute comprehensive teaching management mechanisms to improve the organization and operation of daily teaching affairs, to review and improve the curriculum construction and teaching qualities regularly. The specialty shall establish a mechanism, such as touring classes, visiting classes, evaluating teaching and learning, to inspect the classroom teaching to ensure strict discipline of teaching and lecture participation, to strengthen the functions of teaching organization, to deliver open lectures and demonstration classes and other teaching and research activities regularly.

(iii) The specialty shall establish a tracking and feedback mechanism and a social evaluation mechanism for the graduates so as to analyze the sources of students, their academic achievements, and the employment situations of the graduates in the hope of regularly evaluating the qualities of talent training and the achievement of the educational objectives.

(iv) The specialty shall make full application of the above results of evaluation and analysis to effectively boost the specialty teaching. Meanwhile, the specialty shall design and implement measures for diagnosis and improvement to continuously enhance the qualities of the talents training.

Teaching Standards for the Specialty of Secretary

I. Specialty Title (Specialty Code)

Secretary (670301)

II. Admission Requirements

Applicants shall be graduates from regular senior high schools, secondary vocational schools or with similar educational background.

III. Basic Schooling Duration

3 academic years

IV. Career Orientation

Specialty Category (Code)	Profession (Code)	Corresponding Industries (Code)	Major Occupational Categories (Code)	Examples of Major Job Categories (Technical Areas)	Examples of Vocational Qualification Certificates (Vocational)
Major Categories of Education and Sports (67)	Secretary (6703)	Office Service (7293) Other Service and Management in various Organizations (7219)	Secretary (3-01-02-02) Administrative Clerk (3-01-01-01)	Clerk Secretary Administrative Assistant	Typist Archivist Human resources Professional

V. Educational Objectives

The specialty shall cultivate high-quality technical and skilled talents with firm ideals and beliefs, virtues and skills who boast high level of scientific and cultural knowledge, good professional ethics, spirits of craftsman and innovation as well as strong abilities in working and entrepreneurship. They shall be trained in such important abilities as to support lifelong development and to meet requirements of the times. Also, they shall develop their own entrepreneurship. With a good mastery of professional knowledge, techniques and skills in secretary, they shall be able to work in relevant technical fields with its career clusters like secretaries, administrative clerks of basic Party and government organizations, enterprises and institutions and other social organizations. They shall be competent to work in the professions of clerks, secretaries, administrative clerks.

VI. Education Specifications

Graduates of this specialty shall meet the following requirements in terms of quality, knowledge and ability.

(i) Qualities

1. Graduates shall strongly support the leadership of the Communist Party of China, establish a common ideal of socialism with Chinese characteristics, and practice the core values of socialism with a deep sense of patriotism and Chinese national pride guided by Xi's thought on socialism with Chinese characteristics for a new era.
2. Graduates shall uphold the Constitution, abide by laws and observe regulations and disciplines. Also, graduates shall have the qualities of honesty, faithfulness, respect of life, passion of work, and they shall abide by and perform moral guidelines and codes of conduct with a sense of social responsibility and a consciousness of social participation.
3. Graduates shall have awareness of quality, environment, security, information literacy, the craftsmanship, innovative mind-sets, global visions and keen insights.
4. Graduates shall have a strong sense of responsibility, humility, loyalty, strict confidentiality, hard work, patience and shall be meticulous, just, enthusiastic, principled and flexible with no unauthorized offside guided by good professional ethics and accomplishments, strong self-discipline abilities and loyal dedication.
5. Graduates shall have self-management abilities, awareness of career planning, stronger collective senses and teamwork spirits.
6. Graduates shall feature physical and mental health, wholesome personalities and well-developed habits for physical exercise and personal hygiene, mastering basic sports knowledge and some skills of sports.
7. Graduates shall be information literate, have the ability of aesthetic appreciation, possess good humanistic qualities and be able to cultivate one or two artistic specialties or hobbies.

(ii) Knowledge

1. Graduates shall master necessary theories of ideology and politics, basic knowledge of science and culture and knowledge of Chinese excellent traditional culture.
2. Graduates shall well understand laws and regulations related to the specialty, knowledge

of environmental protection, and principle of keeping secrets and others.

3. Graduates shall master the basics of modern Chinese application and document compilation including writings for new media and document processing.

4. Graduates shall master the basic knowledge of secretary's interpersonal communication.

5. Graduates shall master basic knowledge of common office automation software and office equipment, basic knowledge of modern information search, screening and processing, and basic knowledge of new media technologies such as the Internet.

6. Graduates shall master the basic skills of daily office affairs, file processing and secretarial etiquette.

7. Graduates shall master the basic knowledge of conference affairs and all kinds of government affairs and the organization of various business activities.

8. Graduates shall master the basic skills of communication for public relations, organization image shaping and managing, and crisis management.

9. Graduates shall master the basic knowledge of financial management and enterprise management.

(iii) Competences

1. Graduates shall have good abilities in inquiry learning, lifelong learning, problem analysis and solving.

2. Graduates shall have good abilities in logical thinking, experience thinking, and transposition thinking and have abilities of philosophical thinking, aesthetic thinking, ethical thinking, computational thinking, data thinking, innovative thinking and Internet thinking.

3. Graduates shall have abilities in writing common official documents, affair documents, business documents, communication documents and new media documents.

4. Graduates shall have abilities in communicating and coordinating among people, departments and organizations in accordance with the requirements of the secretarial position.

5. Graduates shall have abilities to deal with all kinds of emergencies and situations correctly, and the strong abilities of dealing with interpersonal conflicts and public relations.

6. Graduates shall have abilities to work together on the Internet, process information on computer, use all kinds of office automation software, operate and maintain common office equipment skillfully, and troubleshoot their simple malfunltion.

7. Graduates shall have abilities to handle common office affairs, input and process text quickly and accurately, and use new media for promotional activities.

8. Graduates shall have the abilities to plan, organize and manage general meetings and common activities of various enterprises and institutions and to provide assistant services

for large conferences and events.
9. Graduates shall have abilities of collecting, sorting, keeping and using documents and archives, and abilities of collecting, analyzing and using the information, and the digital processing of document integration.
10. Graduates shall have strong abilities of adapting to corporate culture and self-adjustment, managing stress and emotion, and adapting to all kinds of secretarial work environments.
11. Graduates shall have strong abilities of understanding, execution, service and teamwork to assist leaders in making decision scientifically.

VII. Curriculum and Class Hour Schedule

(i) Curriculum

The curriculum shall include public basic courses and specialty courses.
1. Public Basic Courses. According to relevant regulations issued and implemented by the Party and the government, ideological and political theory, Chinese excellent traditional culture, physical education, military theory and training, career development and employment guidance for undergraduates, mental health education shall be listed as public basic compulsory courses. The Party history and national history, college Chinese, foreign language, information technology, education of innovation and entrepreneurship, health education, aesthetic education and professionalism for career shall be listed as compulsory courses or optional courses. According to the actual situation, the college can set up college-based curriculum with its own characteristics.
2. Specialty Courses. Specialty courses shall include professional foundation courses, core courses, extended courses, and relevant practical teaching and training courses. Each specialty can have its own curriculum name, but they shall include the following main teaching contents.
(1) Professional Foundation Courses. The six to eight professional foundation courses offered shall include Introduction to Secretarial Occupation, Basics Writing, Practical Modern Chinese, Speech and Eloquence, Secretarial Etiquette, Basics of Management, Secretarial Psychology, Communication Application of New media, Basics of Secretary's Financial Management and Customer Service, etc.
(2) Professional Core Courses. The six to eight professional core courses offered shall include Applied Writing, Secretarial Interpersonal Communication, Office Automation, Modern Office Affairs Processing, Meeting Management, Public Relations Practice,

Clerical and Archival Management, etc.

(3) Professional Extended Courses. There shall be four types of professional extended courses. The first type is the courses embodying the development needs of new business type in the new era, such as Multimedia Technology and Application, Document Integration and Network Information Collection. The second is the courses for promoting the sustainable development of secretarial professionals, such as Human Resources Management, Marketing, Business Law Practice and Business English. The third is the courses in showing advantageous features of the college and the local culture and history. And the fourth type will be the specialty orientation courses opened based on the special characteristics of the local economy, such as business secretary, executive secretary, and secretary concerned with foreign affairs, etc.

3. Titles of Core Courses and Main Teaching Contents.

Number	Titles of Core Courses	Main Teaching Contents
1	Applied Writing	According to the structural characteristics of official documents and writing requirements, students shall be able to write all kinds of official documents with full elements, in correct format, using standard language, choose correct language in accordance with the specific writing purpose. According to the requirements of market research, students shall be able to write research reports in standard format, with full elements, and clear conclusion. According to the characteristics of applied daily documents, students shall be able to write various commonly used documents in complete and concise structure, with appropriate diction. According to the propaganda requirements, students shall be able to write news articles, posters and other communication documents with prominent themes. According to the characteristics and requirements of new media communication, students shall be able to write new media texts, such as essays for WeChat public accounts, enterprise blogs and texts for other new media platforms
2	Secretarial Interpersonal Communication	Using psychological knowledge of interpersonal communication to accurately analyze the needs of communication objects, and develop corresponding communication strategies. Making comprehensive use of skills in listening, sound language, and written language for better communication. Using verbal communication according to specific circumstances and needs. Carrying out non-language communication by using visual and body language, domain language, dress language. Applying the knowledge and skills to getting along with leaders, colleagues, subordinates in different management hierarchies. Applying related communication skills of telephones, new media and others to conduct modern-media-based communication. Using external communication strategies to correctly handle customer complaints and disagreements. Applying related knowledge and skills to conduct cross-cultural communication
3	Office Automation	Using the basic knowledge of office automation software to carry out word processing, table processing, presentation slides design and other office work. Using the basic knowledge of multimedia technology to complete office work with multimedia software such as graphic/image, audio and video, etc. Applying the basic knowledge of the Internet to completing online ordering, information collection, data transmission and other online office affairs. Applying the basic ability of operating office automation equipment and common office equipment, especially digital office equipment and mobile office equipment to engaging in office activities. Understanding the applications of Internet plus, new media, big data in the office field to comprehensively use new office automation technology for the improvement of office efficiency

continued

Number	Titles of Core Courses	Main Teaching Contents
4	Modern Office Affairs Processing	Carrying out daily office affairs management tasks according to the basic functions of the office, business scope and main working content. Applying the management principle of being efficient and orderly, and of quantitative balancing to managing the office time efficiently. Conducting all kinds of reception work based on the requirements and procedures of modern business etiquette. Managing the office environment based on the principle of being clean and standardization. Carrying out information management by applying internet technology and digital information technology
5	Meeting Management	Applying regular meeting management knowledge to organizing and managing administrative office meetings, mobilization meetings, site meetings, forums, tea forums, meetings of the board of directors, and share holder meetings, etc. Applying meeting management knowledge to organizing and managing seminars, forums, investment meetings, business negotiations, press conferences, social meetings and celebrations, etc. Applying modern communication technology, network technology and multimedia technology to organizing and managing online video conferences. Following the basic process and requirements of conference management to work out meeting planning, budgeting and implementation. Applying knowledge of meeting objective management to evaluating and summarizing meeting outcomes
6	Public Relation Practice	Using public relations to spread knowledge. Carrying out public relations news planning and communication, network communication, public opinion guidance, public coordination and communication when necessary. Making comprehensive use of traditional, Internet-based, big data and other new means to design and implement public relations investigations and write relevant reports based on the purpose of such investigations. Using the knowledge of public relations planning to carry out such tasks by following the basic operational procedures and serving the specific needs. Organizing and implementing public relations activities related to secretarial work according to the thematic requirements of such work. Applying the knowledge of shaping and managing of the organization image to positioning and promoting the organization image appropriately. Applying the related knowledge to preventing and dealing with public relations crisis in its primary stage
7	Clerical and Archival Management	Applying the knowledge of archives management to all kinds of documents filing. Performing the job of borrowing, approving and registering documents according to the requirements of document management procedures. Carrying out preservation and storage tasks of files in the forms of or concerning audios and videos, material objects, science and technologies and personnel according to the different characteristics of document resources. Conducting the tasks of file identification, destruction and transference according to the file management norms, procedures and time requirements. Applying the technology of archives digitization to completing the construction of electronic archives

4. Practical Teaching. This part of teaching shall be mainly comprised of practical training, internship, graduation project and social practice and others. The practical training is to be carried out in laboratories on the campus and training bases outside the college. The main contents of practical training and internship shall include the skills training of secretarial position cognition, interpersonal communication, document preparation, management of archival information, office automation, secretarial eloquence, secretarial etiquette, business activities (meeting) planning, office integrated management and others. Students

shall engage in their internship in basic organizations of the Party and government, various enterprises and institutions in industries to offer office service and other organization management service. Skills training and internship shall be not only the teaching of practical skills, but also an important part of professional courses teaching. The specialty therefore shall emphasize a lot the integration of theoretical study and skill practice. Such training and practice shall be implemented in strict accordance with the "Regulations on Student Internship Management in Vocational Schools" and the relevant requirements on the "Standards for Professional Post Internship in Vocational Schools".

5. Other Requirements. The specialty, by taking the actual requirements of the society on college graduates, shall offer many selective courses, extended courses or seminars (other activities) in the fields of social responsibility, safety education, energy conservation and emission reduction, green development and environmental protection, management and other selective courses in humanities and for the improvement of scientific literacy, the related contents of which shall be integrated into the specialty courses. The specialty shall integrate innovation and entrepreneurship education into specialty courses and the related training of practical skills. The specialty shall also open some college-based other specialty courses, organize various activities for moral education, and encourage students to participate in voluntary activities as well as other social practical activities.

(ii) Class Hour Schedule

Total class hours shall be 2 500 periods; every 18 class hours shall be converted into 1 credit. The class hours of public basic courses shall be no less than 25% of the total. Time spent for the practical training shall constitute more than 50% of class hours, in which the accumulative time for internship shall be up to 6 months, consecutively or through several phases. The class hours for selective courses shall take up at least 10% of the total.

VIII. Basic Teaching Conditions

(i) Teachers

1. Structure of Teachers. The ratio of student to full-time professional teacher shall be no more than 25 : 1. Teachers with double professional qualifications shall add up to no less than 60% of all professional teachers. And the specialty shall have good composition of teachers in terms of professional titles, age structure, etc.

2. Full-time teachers. Full-time teachers in the specialty shall all be in possession of college teachers' qualifications, with good faith, moral ethics, solid knowledge and heart

of benevolence. They shall all have been educated in the specialties of Chinese linguistics and literature, linguistics, secretary science, journalism and management, with bachelors or higher level of degrees, which ensure them a solid theoretical foundation and strong practical abilities in secretary. They shall all be qualified to teach by using information technology, and to conduct curriculum and teaching reforms and scientific researches. And they shall be required to have at least six months' experience aggregately working in firms in every five years.

3. The leading teacher of the specialty. In principle, the leading teacher of the specialty shall have deputy senior professional title or above, be able to grasp well the industrial and professional trend in domestic and international environments of management services and secretaries, and have close communications with the industry and enterprises, so as to understand the demands of the society for the talents in the specialty of secretary. They shall have strong competence in teaching design and doing researches in this field, and therefore enjoy some influence in the region and related fields of study.

4. Part-time teachers. Part-time teachers shall be mostly from enterprises and institutions. They shall be all with good ideological, political quality, professional ethics and craftsmanship, and solid secretarial knowledge and rich work experiences, in possession of the middle and high level professional qualifications in related specialties, and serve as at least middle management staff in large and medium-sized enterprises. They shall all be able to teach the specialty courses, instruct in practical training sessions, guide for the internship and conduct other teaching tasks for the specialty.

(ii) Teaching Facilities

The teaching facilities shall be the necessary specialty classrooms, practical training laboratories and bases that are needed for usual curriculum teaching, internship, practical training.

1. Basic Conditions for Specialty Classrooms. The specialty classrooms are generally equipped with black (white) boards, multimedia computers, projection equipment, audio equipment, Internet access or full Wi-Fi environment, and network security measures, with emergency lighting installed and maintained at good condition, clear signs and escape passage unobstructed, meeting the emergency evacuation requirements,.

2. Requirements for Practical Training Laboratories within the College.

(1) Training room for business etiquette and business reception. It shall be used for the teaching and training of business reception, business etiquette and other items, equipped with a vertical mirror, professional suits, skirts, shirts, business shoes, ceremonial scarves, ceremonial ties, makeup, body clothes (winter, summer), training shoes, Chinese tableware,

Western tableware, reception desks, conference tables, chairs, sofas, coffee tables, tea sets, tableware pieces, business cards and other related articles, portable loudspeakers and wireless loudspeakers, etc.

(2) Training room for conference management and business activities. It shall be used for the teaching and training of conference management, business activities planning and other courses, equipped with a freely assembled boardroom table, chairs, a retractable screen, a computer, a projector (fixed or portable), microphones (fixed or portable), acoustics, a podium, name plates, check-in brochures, pens, notebooks, tea sets, cameras and other conference supplies. The specialty shall be recommended to install a conference and business activities VR training system and a video conferencing training room.

(3) Training room for office automation. It shall be used for the teaching and training of office automation, speed recording and other courses and skills, equipped with a server, a projector, a whiteboard, switch, a computer (one for each student) that can run test terminals on frequently used browsers, with an operating system, adequate office software, graphics and image processing software and intelligent mobile office software. It shall be equipped with a photocopier, a fax machine, a scanner, burners, projectors, digital cameras, recording gadgets, and other office equipment. The specialty shall also be encouraged to prepare some speed recorders.

(4) Training room for document integration. It shall be used for the teaching and training of courses related to documents and archives, practical writing, modern office affairs processing, new media writing and operation, etc., with computers, word processors, optical character recognition machines, projection equipment, a whiteboard, a document management system, an electronic classroom, Flash, OCR text recognition software, and with network access or Wi-Fi. It shall also be equipped with file boxes, filing cabinets, mobile hard drives, photocopiers, cameras, etc. to meet the written and electronic storage requirements.

3. Requirements for Off-campus Practical Training Bases. The off-campus practical training bases shall be the Party and government organizations at the basic level, enterprises and institutions that can carry out college-enterprise collaboration, and guarantee the practical training and internship. Cooperative enterprises shall provide full-time teachers, practice opportunities, positions, and part-time teachers to undertake teaching tasks. The practical training bases shall have complete facilities, provide adequate positions and offer designated experienced professionals to guide the students. They shall have comprehensive management regulations and mechanism. The specialty shall have more than four such off-campus training bases that are in close cooperation with the specialty.

4. Requirements for Internship Bases. The internship bases shall be selected from regional

or industry-representative enterprises with secretarial functions available for the students, equipped with a corresponding number of corporate guidance teachers to guide and manage student's practice. The base shall comply with the security requirements of laws and regulations, and have rules and regulations to ensure the daily work, studies and lives of interns, and have the capacity to provide students with insurance during internship. In addition, secretarial major shall make full use of internal resources and use offices and departments as practice places.

5. Requirements for Information-based Teaching. The specialty shall construct an online multimedia teaching environment to satisfy the requirements of information teaching. The specialty shall also establish the online teaching platform, encourage the teachers to develop and utilize the online courses and professional resources to improve teaching methods and teaching effects in the specialty. At the same time, the school shall also build independent, convenient learning platform for students.

(iii) Teaching Resources

In order to satisfy the students' demands for the learning of their specialty, and the teachers' demands for teaching and research, the specialty shall have in stock a lot of teaching materials, books and various digital resources.

1. Requirements on the Choice of Teaching Materials. The specialty shall preferentially choose national planning textbooks for higher vocational education and related provincial planning textbooks. A panel of specialty teachers, professional experts and researchers shall be involved to the selection of these teaching resources. A complete teaching material selection mechanism shall been established to find the optimal resources for the students. Also, the specialty shall encourage cooperative enterprises to develop school-based teaching materials, and carefully select high quality textbooks and other teaching materials for the students.

2. Requirements on Books and Other Research Literature. The specialty shall have adequate books and research literature to meet the demands of talents training, specialty construction, teaching and scientific research. All these shall be easily accessible to the teachers and students. Such books of the specialty shall be related to the skills, methods, thinking and practical operation in the field of secretary and related to management, economics, marketing, information technology and culture.

3. Requirements on Digitalized Resources. The specialty shall have relevant specialty multimedia materials such as graphic/image, audio and video materials and animation, teaching courseware, a case bank, virtual simulation software, electronic teaching material and supplementary materials. They shall be various in forms, rich in types, easily

accessible, and updated regularly to meet the demand of teaching. Also, the specialty shall make full use of the relevant resources from the national teaching resources bank.

IX. Quality Guarantee

(i) The specialty shall establish a quality monitoring mechanism to supervise the specialty construction and teaching process, and a quality monitoring and management system for the teaching. The specialty shall establish comprehensive quality standards for classroom teaching, teaching evaluation, internship and practical training, graduation project, specialty research, talents training program and resources banks. By means of teaching implementation, process monitoring, quality evaluation and continuous improvement of such, the quality of talents training in the specialty shall be guaranteed.

(ii) The specialty shall institute comprehensive teaching management mechanism to improve the organization and operation of daily teaching affairs, to review and improve the curriculum construction and teaching quality regularly. The specialty shall establish a mechanism, such as touring classes, visiting classes, evaluating teaching and learning, to inspect the classroom teaching to ensure strict discipline of teaching and lecture participation, to strengthen the functions of teaching organization, to deliver open lectures and demonstration classes and other teaching and research activities regularly.

(iii) The specialty shall establish a tracking and feedback mechanism and a social evaluation mechanism for the graduates so as to analyze the sources of students, their academic achievements, and the employment situations of the graduates in the hope of regularly evaluating the qualities of talent training and the achievement of the educational objectives.

(iv) The specialty shall make full application of the above results of evaluation and analysis to effectively boost the specialty teaching. Meanwhile, the specialty shall design and implement measures for diagnosis and improvement to continuously enhance the qualities of the talents training.